Das politische Frankreich

Gesellschaft, Wirtschaft, Politik & Kultur

Herausgegeben von
Frank Baasner, Siegfried Frech und
Dominik Grillmayer

Das politische Frankreich

Gesellschaft, Wirtschaft, Politik & Kultur

Herausgegeben von
Frank Baasner, Siegfried Frech und
Dominik Grillmayer

LÄNDERWISSEN

WOCHEN
SCHAU
VERLAG

Bibliografische Information der Deutschen Nationalbibliothek

Die Deutsche Nationalbibliothek verzeichnet diese Publikation in der Deutschen Nationalbibliografie; detaillierte bibliografische Daten sind im Internet unter http://dnb.d-nb.de abrufbar.

© WOCHENSCHAU Verlag,
Dr. Kurt Debus GmbH
Frankfurt/M. 2019

www.wochenschau-verlag.de

Alle Rechte vorbehalten. Kein Teil dieses Buches darf in irgendeiner Form (Druck, Fotokopie oder einem anderen Verfahren) ohne schriftliche Genehmigung des Verlages reproduziert oder unter Verwendung elektronischer Systeme verarbeitet werden.

Titelgestaltung: Ohl Design
Titelbild: © AAtw – stock.adobe.com
Gesamtherstellung: Wochenschau Verlag
Gedruckt auf chlorfrei gebleichtem Papier
ISBN 978-3-7344-0767-3 (Buch)
E-Book ISBN 978-3-7344-0768-0 (PDF)

Inhalt

Einführung 9
Einführung: Frankreich
Eine politische Länderkunde
Frank Baasner, Siegfried Frech, Dominik Grillmayer

Geschichte 29
Im Krisenmodus
Eine andere Geschichte der V. Republik
Matthias Lemke

Politisches System 53
Das politische System Frankreichs
Stabiles Regieren mit Exekutivdominanz
Joachim Schild

Parteien 73
Frankreichs Parteiensystem im Wandel
Christine Pütz

Regieren 89
Die Wahlen 2017 und Macrons erstes Amtsjahr
Dominik Grillmayer

Integration 105
Sechs Thesen zu Frankreichs Islamdebatte
Nino Galetti, Nele Katharina Wissmann

Sozialstaat 123
Das französische Sozialmodell vor alten und neuen
Herausforderungen
Benjamin Schreiber

Wirtschaft 147
Frankreichs Wirtschaft
Eileen Keller

Deutschland und Frankreich 167
Die deutsch-französischen Beziehungen
Eine neue Dynamik im deutsch-französischen
Tandem?
Jonas Metzger, Thomas Freisinger

Zivilgesellschaftliche Beziehungen zwischen 187
Deutschland und Frankreich
Lisa Möller

Frankreichs Europapolitik 205
Frankreich und die Europäische Union
Clémentine Roth

Außenpolitik 229
Frankreichs Weltpolitik zwischen Anspruch
und Wirklichkeit
Ronja Kempin

Regionalismus 247
Elsass-Ballade, Europa-Blues
Jo Berlien

Medien und Kultur 265
Frankreichs Presse- und Medienlandschaft
Nicolas Hubé

Frankreich erzählt (sich) 287
Ein Land im Spiegel der Literatur
Wolfgang Asholt

Abstracts 305

Autorinnen und Autoren 311

Einführung: Frankreich

von Frank Baasner, Siegfried Frech, Dominik Grillmayer

Eine politische Länderkunde

Frankreich im Aufbruch?

Wer hätte Ende 2016 bzw. Anfang 2017 gedacht, dass Emmanuel Macron die französischen Präsidentschaftswahlen gewinnen würde (vgl. Grillmayer 2016)? Er setzte sich in der Stichwahl am 7. Mai 2017 mit 66 Prozent der Stimmen gegen die rechtspopulistische Konkurrentin Marine Le Pen durch. Die Rechtspopulistin hat im Wahlkampfduell mit Macron den Kürzeren gezogen. 21 Millionen Franzosen gaben dem Kandidaten der Mitte bei einer historisch niedrigen Wahlbeteiligung von 48 Prozent ihre Stimme. Aber es votierten eben auch immerhin elf Millionen für Marine Le Pen.

Unmittelbar nach dem Wahlsieg stellten Analysten und Medien einhellig dieselbe Frage: Wird dem französischen Präsidenten der Neuanfang gelingen, den sein reformbedürftiges Land so dringend braucht? Die durch den Wahlsieg ausgelöste Euphorie, auch und gerade in Deutschland, lässt sich nur im Rückblick auf die jüngste politische und ökonomische Situation Frankreichs verstehen. Die Agenda, mit der sich Macron im Mai 2017 konfrontiert sah, war wirklich nicht einfach. Die vielen Reformbaustellen gleichen einer Herkulesaufgabe. Die in Macron gesetzten Erwartungen sind hoch.

Namhafte Frankreichkenner konstatierten ein Jahr vor den Präsidentschafts- und Parlamentswahlen des Jahres 2017 eine manifeste Wachstums-, Sozial- und politische Vertrauenskrise (vgl. Uterwedde 2016). Einschlägige Analysen sprachen von einer Identitätskrise ungekannten Ausmaßes, beschworen gar eine „französische Agonie" (Michaela Wiegel). Ein „Mehltau", der für jeden greifbar sei, habe das Land befallen (Ulrike Guérot). Obgleich die politische und ökonomische Verfasstheit des Landes von Frankreichkennern, von Journalisten und Publizisten als desolat charakterisiert wurde, muss an dieser Stelle die Frage erlaubt sein, inwieweit manche Expertisen Klischees bedienten und sich letztlich zu einem „Fantasiapark des Niedergangs" – so Ullrich Fichtner im Wochenmagazin „Der Spiegel" Anfang 2017 – verdichteten.

Gleichwohl offenbart ein nüchterner Blick auf Frankreich den krisenhaften Zustand, der sich vor dem Amtsantritt Macrons in Politik, Wirtschaft und Gesellschaft gleichermaßen zeigte. Die ökonomische Situation war seit der globalen Finanzkrise 2008/09 ernüchternd: Die Wirtschaft dümpelte jahrelang vor sich hin. Die Staatsverschuldung bewegt sich auf einem hohen Niveau, Ratingagenturen haben das Land zwischenzeitlich herabgestuft. Die Arbeitslosenquote lag bei knapp zehn Prozent. Der Anteil unsicherer und prekärer Jobs ist hoch. Reformen waren also dringend geboten (vgl. den Beitrag von Eileen Keller in diesem Band). Größter Missstand ist die Jugendarbeitslosigkeit, die seit Anfang der 1980er Jahre vergleichsweise hoch ist und derzeit bei über 20 Prozent liegt (vgl. Peugny 2016). Frankreichs einst höchst gelobtes Sozialmodell zeigt merkliche Schwächen (vgl. den Beitrag von Benjamin Schreiber in diesem Band). Renommierte Wirtschaftsmagazine dekretierten noch vor einem Jahr selbstgerecht, Frankreich sei der „kranke Mann Europas" und ein reformunwilliger Staat. Weniger um Sachlichkeit bemühte Tageszeitungen und Magazine – so „Bild" und „Focus" – bemühten anmaßend das Wortspiel „Krankreich" und beschworen ein „neues Griechenland".

Nicht von ungefähr überboten sich die Präsidentschaftskandidaten deshalb vor den Wahlen des Jahres 2017 an Reformeifer. Seit seinem Amtsantritt versucht Emmanuel Macron mit großer Entschlossenheit das nachzuholen, was seine Vorgänger versäumt haben. Nicolas Sarkozy und Françoise Hollande haben ihren Ankündigungen wenig folgen lassen. Sie beschworen zwar die historische Größe Frankreichs, verloren aber dringliche Probleme der Gegenwart aus den Augen. Bezeichnete die Presse Sarkozy zu Beginn seiner Präsidentschaft (2007–2012) noch als „Hyperpräsident", machten ihm die Auswirkungen der Finanzkrise 2008/2009 – d.h. sinkendes Wachstum, schrumpfende Kaufkraft, steigende Arbeitslosigkeit – einen Strich durch die Rechnung und stutzten ihn zum „président normal" zurecht (vgl. Liehr 2016: 150 ff.). Ebenso vermochte sein glückloser Nachfolger Hollande mit nur halbherzigen Reformen das Versprechen sozialer Gerechtigkeit nicht einzulösen. Kein französischer Präsident wurde so oft im Regen fotografiert; gleichsam eine Metapher für die Stimmung in Frankreich (vgl. Demesmay

2016: 13). Der Vertrauensverlust der französischen Bevölkerung zeigte sich in kontinuierlich absackenden Popularitätswerten Hollandes. Die Verhängung des Ausnahmezustandes und die Bombardierung von IS-Stellungen als Reaktion auf die Terroranschläge im Jahr 2015 linderten sein Umfragetief nur kurzfristig.

Macron hat es innerhalb weniger Monate geschafft, was seine Vorgänger Sarkozy und Hollande jahrelang zu bewerkstelligen versuchten: Frankreich spielt wieder in der ersten Liga mit, nicht zuletzt als europäische Führungsmacht mit wachsendem Einfluss auf der internationalen Bühne (vgl. die Beiträge von Clémentine Roth und Ronja Kempin in diesem Band).

Seit seiner Wahl hat Macron trotz einiger Vetospieler (z.B. unter den französischen Gewerkschaften) bereits zahlreiche, zum Teil kontrovers diskutierte Reformen angestoßen. Die bisherigen Reformfortschritte sind beachtlich (vgl. Grillmayer/Keller/Seidendorf 2018). Die „Mutter aller Reformen" ist die gleich im Sommer 2017 angegangene Flexibilisierung des Arbeitsrechts. Kernelemente des Gesetzespakets, das im Herbst 2017 über den Weg der Präsidialverordnung (und damit im Eilverfahren) vom Parlament verabschiedet wurde, sind die teilweise Lockerung des Kündigungsschutzes, die Deckelung von Abfindungen bei Entlassung und eine Stärkung des sozialen Dialogs in den Unternehmen. Damit verbindet sich vor allem die Hoffnung, Arbeitgebern eine bessere Planbarkeit zu ermöglichen und sie von arbeitsrechtlichen Auflagen zu befreien, die Neueinstellungen erschweren. Gleichzeitig wurden Unternehmen durch eine Reihe von Maßnahmen finanziell entlastet – mit dem Ziel, deren Investitionstätigkeit zu fördern.

Im Gegenzug zielen die seit dem Jahreswechsel in Angriff genommenen Reformen stärker auf eine bessere Absicherung der Arbeitnehmer und sollen u.a. das Versprechen des Präsidenten einlösen, dass Flexibilisierung und Schutz bei ihm

Einführung: Frankreich

Hand in Hand gehen. Im Mittelpunkt stehen hier die Arbeitslosenversicherung und das französische Aus- und Fortbildungssystem.

Um die Startbedingungen möglichst aller junger Franzosen zu verbessern und damit mehr Chancengleichheit zu realisieren, setzen Macrons Reformen darüber hinaus auch beim Bildungssystem an. Im Februar 2018 hat Bildungsminister Blanquer Reformen auf den Weg gebracht, mit denen die Ausbildungswege an den weiterführenden französischen Schulen eine grundlegende Neuausrichtung erfahren und der Zugang zu den Universitäten neu geregelt wird.

In der Diskussion um die Zukunft Europas hat Macron im vergangenen Jahr in der sogenannten Sorbonne-Rede am 26. September 2017, überschrieben mit „Ein souveränes, geeintes und demokratisches Europa", bemerkenswerte Vorschläge zur Weiterentwicklung der Europäischen Union (EU) eingebracht (vgl. den Beitrag von Clémentine Roth in diesem Band). In dieser Rede skizzierte er tiefgreifende Reformen, u.a. in den Politikfeldern Finanzen und Wirtschaft, Sicherheit und Verteidigung, Digitalisierung sowie Migration, und plädierte für eine Stärkung des EU-Parlaments. In der Rede entwickelte Macron maßgeblich den Begriff einer europäischen Souveränität, die auf „verschiedene europäische Ziele der Einigung von Politiken gerichtet ist, von einer europäischen Sicherheitspolitik über eine europäische Staatsanwaltschaft bis hin zu einer Eurozone mit einer grundlegend restrukturierten Legitimität" (Guérot 2018: 44). Im Grunde sprach er die seit Jahren vertagten Kernelemente für eine tatsächliche Wirtschafts- und Währungsunion an. Die programmatische Rede Macrons war eine konsequente Fortschreibung seines proeuropäischen Kurses im Wahlkampf. Für die Realisierung seiner europapolitischen Pläne setzte Macron von Anfang an auch auf die deutsch-französische Kooperation (vgl. den Beitrag von Jonas Metzger und Thomas Freisinger in diesem Band). Allerdings wurden die ehrgeizigen Reformpläne des französischen Präsidenten in Deutschland monatelang mit demonstrativem, aber unverbindlichem Wohlwollen aufgenommen. Dies lag auch an der langwierigen Regierungsbildung in Deutschland, während der das Thema EU-Reform mehr oder weniger auf Eis lag. Ende April 2018 traten dann die traditionellen Konfliktlinien zwischen Deutschland und Frankreich wieder offen zutage: Dies betraf vor allem den von Macron vorgeschlagenen eigenen Haushalt der Eurozone sowie den von der EU-Kommission geforderten Europäischen Währungsfonds. In Berlin gibt es seit jeher Befürchtungen, dass letztlich mehr deutsches Geld in andere EU-Länder fließen könnte. Immer wieder wird die Gefahr einer Vergemeinschaftung der Schulden in Europa beschworen. Die im Juni 2018 begonnene Annäherung der Positionen Deutschlands und Frankreichs hat allerdings erste Ergebnisse auf europäischer Ebene gezeitigt. Einmal mehr hat sich erwiesen, dass die deutsch-französische Kooperation unverzichtbar ist, wenn Fortschritte in Europa erzielt werden sollen.

Macron glänzt auch auf der außenpolitischen Bühne und hat im ersten Jahr seiner Regierungszeit Frankreichs Rolle in der Weltpolitik mehr Nachdruck verliehen (vgl. den Beitrag von Ronja Kempin in diesem Band). Der selbstbewusste Umgang mit Donald Trump und Wladimir Putin – dem er vor versammelter Presse die Leviten las –, sein Staatsbesuch in China und die diplomatische Haltung im Syrienkonflikt brachten ihm den Titel „Europas neuer Chefdiplomat" (Handelsblatt, 08.01.2018) ein; und letztlich zollte auch Frankreich dem internationalen Einsatz seines Präsidenten Respekt.

Zu den Beiträgen im Einzelnen

Ausgewiesene Frankreichexperten und -expertinnen beleuchten in diesem Band wichtige Aspekte der historischen,

Einführung: Frankreich

politischen, wirtschaftlichen und gesellschaftlichen Entwicklung Frankreichs: Welche Langzeitfaktoren prägen die politischen, ökonomischen und sozialen Strukturen Frankreichs? Wie ist es um die Pfadabhängigkeit von Politik und Wirtschaft bestellt? Gibt es ein Spannungsverhältnis zwischen „Wandel und Beharrung" (Henrik Uterwedde)? Wird es gelingen, das Land weiter zu modernisieren und den sozialen Ausgleich zu erneuern? Welche Rolle und Position wird Frankreich zukünftig in Europa und in der Welt einnehmen? Wie sieht Frankreichs Medien- und Literaturlandschaft aus?

Frankreich zählt zu den ältesten Nationen Europas (vgl. Hinrichs 2005; Schulze 1994: 172 ff.). Das Politikverständnis und die politische Kultur des Landes wurzeln wesentlich in der französischen Geschichte, die hinreichend Grund für nationale Erbauung und die französische „Idee der Größe" gab – eine „verklärte, vergoldete Erzählung" (Liehr 2016: 79). Die Durchsetzung der Republik verlief nach 1789 keineswegs geradlinig. Gerade das 19. und 20. Jahrhundert war durch widersprüchliche Entwicklungen, durch ein Wechselspiel von Restauration und Revolution, gekennzeichnet. Anstatt dem klassischen linearen Muster, die Geschichte wie an einem Faden oder Zeitstrahl verlaufend präsentiert, stehen im Beitrag von *Matthias Lemke* zeitgeschichtliche Wendepunkte und Zäsuren im Mittelpunkt. Er skizziert die Geschichte der V. Republik entlang ihrer Krisen, die der Republik ihren besonderen Charakter verliehen haben. Bereits die Gründung der V. Republik war von der Erfahrung politischer Instabilität im Institutionengefüge der Vorgängerrepublik geprägt. Die IV. Republik scheiterte auch an ihrer Unfähigkeit, die Konflikte in den Kolonien (Indochina, Nordafrika) zu lösen. Als im Mai 1958 die IV. Republik infolge ständig wechselnder Regierungen und des Algerienkonflikts auseinanderbrach, kehrte der 1946 als Ministerpräsident zurückgetretene Charles de Gaulle erneut an die Macht zurück. Mit der Verfassung der V. Republik erhielt er jene exekutiven

Vollmachten, die er zwölf Jahre zuvor gefordert hatte. Die beiden Gründungskrisen wurden von sogenannten Bestandskrisen abgelöst, die die V. Republik durchzogen und prägten: Das semipräsidentielle Regierungssystem – charakterisiert durch eine starke Exekutive und eine im Zaum gehaltene Legislative – wurde durch die Maiereignisse 1968 erstmals nachhaltig erschüttert. Ein kontinuierlich stabiler Rechtsextremismus, Kohabitations-Regierungen ab den 1980er Jahren, die Ausgrenzung sozioökonomisch marginalisierter Milieus sowie eskalierende Ungleichheitsverhältnisse sind weitere Bestandskrisen. Die jüngste Krise schließlich sind die islamistisch motivierten Attentate der Jahre 2015 und 2016, die zum Ausnahmezustand führten.

Frankreich ist das Paradebeispiel für ein semi-präsidentielles Regierungssystem (vgl. Furtak 2018: 138–176). Dass Frankreich ein solches System aufweist, erklärt sich aus der Geschichte der III. und IV. Republik (vgl. Martens 2005a, 2005b) und vor allem aus der Person Charles de Gaulles. Nach den fortwährenden Kabinettswechseln in den vorangegangenen Republiken sollte zum Zweck der Stabilität des politischen Systems die „Autorität des Staates" einem starken Staatspräsidenten zustehen. Der französische Präsident ist traditionell einer der mächtigsten Regierungschefs der westlichen Welt. Das politische System der V. Republik ist durch die dominierende Rolle des Staatspräsidenten charakterisiert. Ein weiteres Kernmerkmal ist das eher schwache Parlament, das mit der Verfassung von 1958 „diszipliniert" wurde. Dies hat in der Folge die Machtposition des Präsidenten enorm gestärkt. Ohne institutionelle oder starke politische Gegengewichte ist er mit umfangreichen Rechten ausgestattet und damit zentraler Akteur im französischen Institutionengefüge. Dennoch ist er auf die Zustimmung anderer Akteure (Parlament, Premierminister) angewiesen. Seit mehr als 60 Jahren ist Frankreich durch stabiles Regieren aufgrund seiner Verfassung und verlässlicher parlamentarischer Mehrheiten

Einführung: Frankreich

geprägt. Trotz merklicher Unzufriedenheit mit der politischen Elite genießt die Demokratie als Regierungsform aufgrund eben dieser Stabilität breite Zustimmung innerhalb der französischen Bevölkerung. Nach der Erörterung der Institutionenordnung sowie zentraler Verfassungsgrundsätze, die die Befugnisse der politischen Akteure und das Zusammenspiel der Institutionen bestimmen, nimmt *Joachim Schild* die durch Neugründungen, Spaltungen und kurzlebige Bündnisse geprägte Parteienlandschaft Frankreichs in den Blick. Abschließend werden das französische Wahlrecht und Wahlsystem skizziert.

Lange waren Präsidentschaftswahlen in Frankreich Duelle zwischen Konservativen und Sozialisten. Das Wahljahr 2017 jedoch hat einschneidende Umwälzungen in der französischen Parteienlandschaft mit sich gebracht. Der deutliche Wahlsieg Emmanuel Macrons ließ den Stimmenanteil der etablierten Parteien deutlich schrumpfen, d.h. das etablierte Parteiensystem Frankreichs ist in Auflösung begriffen. Macron hat die parteipolitische „Systemlogik" der V. Republik durchbrochen (vgl. auch den Beitrag von Dominik Grillmayer in diesem Band). Die Veränderung der Parteienlandschaft erklärt sich u.a. zum einen durch eine neue Konfliktlinie in der gesellschaftspolitischen Debatte (Öffnung versus Abschottung und Re-Nationalisierung), zum anderen durch sich seit geraumer Zeit abzeichnende Entwicklungen in Frankreichs Parteiensystem. *Christine Pütz* nimmt in ihrem Beitrag drei Phänomene in den Blick: Sie skizziert das zersplitterte Parteiensystem und erörtert die Um- und Neustrukturierung entlang der neuen gesellschaftlichen Konfliktlinie Abschottung versus Öffnung. Abschließend beschreibt sie die auf Macron bezogene Sammlungsbewegung En Marche als Ausdruck einer Systemkrise.

Um die Aufbruchsstimmung in Frankreich verstehen zu können, ist ein Rückblick auf die Wahlen des Jahres 2017 notwendig. Das Wahljahr 2017 hat in Frankreich zu einer

Reihe von Überraschungen geführt. Wer hätte Anfang des Jahres 2017 gedacht, dass Emmanuel Macron als Sieger aus den Präsidentschaftswahlen hervorgeht? Und wer traute anschließend seiner Bewegung En Marche, die mittlerweile unter dem Namen La République en Marche firmiert, eine absolute Mehrheit in der ersten Parlamentskammer, der Assemblée nationale, zu? Am Ende des Wahlmarathons in vier Runden (die Präsidentschafts- und Parlamentswahlen zusammengenommen) fand sich Macron in einer komfortablen Situation wieder, die es ihm ermöglicht, durchzuregieren und seine im Wahlkampf angekündigte Reformagenda Schritt für Schritt umzusetzen. *Dominik Grillmayer* skizziert in seiner Wahlanalyse zunächst die Ausgangslage im Vorfeld der Wahlen und konzentriert sich sodann auf diejenigen Faktoren, die für den Wahlsieg von Emmanuel Macron ausschlaggebend waren. Bereits die Bilanzierung des ersten Jahres im Amt zeigt, dass angesichts der gesellschaftlichen Spaltung und Frankreichs verkrusteter Strukturen versöhnende Impulse und einschneidende Reformen notwendig und auch machbar sind.

Frankreich ist in den Jahren 2015 und 2016 drei Mal in den Fokus der Weltöffentlichkeit gerückt. Die Terroranschläge im Januar und November 2015 sowie am französischen Nationalfeiertag am 14. Juli 2016 haben weltweit Entsetzen und Solidaritätsbekundungen hervorgerufen. Das Land kommt seitdem nicht zur Ruhe. Die Terroranschläge und das terroristische Bedrohungspotential stellen den inneren Zusammenhalt Frankreichs auf eine schwere Probe. Die Verunsicherung kommt nicht von ungefähr: waren die Urheber der Anschläge doch größtenteils in Frankreich geborene Jugendliche, die zur zweiten Generation der Einwanderer gehören (vgl. Roy 2017). Das Bild der muslimischen Bevölkerung wird seit den Attentaten dominiert von fanatischen Minderheiten (vgl. Liehr 2016: 86 f.). Frankreich hat sich zwar früh als Einwanderungsland definiert, aber keine effiziente Integ-

Einführung: Frankreich

rationspolitik betrieben. Frankreichs Verhältnis zum Islam ist bis heute diffizil. Die französische Islamdebatte wird u. a. durch Frankreichs Kolonialgeschichte und das Laizismus-Gebot erschwert. Sechs Thesen von *Nino Galetti* und *Nele Katharina Wissmann* führen durch die Gemeinsamkeiten und Unterschiede der französischen und deutschen Islamdebatte und benennen zugleich integrationspolitische Handlungsoptionen. Die Thesen zeigen aber auch jene Bereiche auf, in denen Frankreich gesellschaftspolitische Anstrengungen unternehmen muss, um eine effiziente Integrationspolitik gestalten zu können. Die Islamdebatte lässt keine Schwarz-Weiß-Malerei zu. Sie kann nur dann erfolgreich ablaufen, wenn man sich – so das Fazit – der Heterogenität der Einstellungen der Muslime in Frankreich bewusst ist und dieser Diversität gerecht wird.

Der nach dem Zweiten Weltkrieg geschaffene moderne Sozialstaat trug nicht nur zur Erneuerung der französischen Gesellschaft bei. Vielmehr nimmt er in der Politik eine herausragende Rolle ein, ist er doch ein Teil der Identität Frankreichs (vgl. Uterwedde 2017: 128 f.). Aufgrund seines ausgesprochen hohen Leistungsniveaus ist Frankreichs sozialer Wohlfahrtsstaat eine nationale Errungenschaft. Angesichts ökonomischer, finanzieller und demografischer Herausausforderungen kann sich Frankreich diese hohe soziale Absicherung allerdings nicht mehr leisten. Ein schwaches Wirtschaftswachstum, hohe Arbeitslosigkeit und ein gespaltener Arbeitsmarkt gefährden die finanzielle Tragfähigkeit der Sozialsysteme. Der Umbau des Sozial- und Wohlfahrtsstaates steht auf der politischen Tagesordnung seit Jahrzehnten ganz oben. *Benjamin Schreiber* skizziert die Grundzüge des französischen Sozialmodells und erörtert vier zentrale Herausforderungen, die trotz Reformanstrengungen immer noch existent sind und den Problemdruck erhöhen. Zu diesen Herausforderungen zählen die wachsenden Finanzierungsprobleme des Sozialsystems, dessen Effizienz, die Legitimität, Transparenz sowie Akzeptanz des Systems und schließlich die Frage der Absicherung neuer sozialer Risiken, mit denen die französische Gesellschaft konfrontiert ist.

Der „Kapitalismus à la française" (Henrik Uterwedde) ist ein spezifischer wirtschaftlicher Weg. Für Frankreichs ökonomischen Aufhol- und Modernisierungsprozess nach 1944 ist vor allem die staatliche Lenkung und Steuerung verantwortlich (vgl. Kimmel/Uterwedde 2005: 12). Das in den letzten Jahren ernüchternd gezeichnete Bild von Frankreichs Wirtschaft darf nicht darüber hinwegtäuschen, dass die französische Wirtschaft in längerfristiger Betrachtung eine durchaus dynamische Entwicklung samt einem tiefgreifenden Strukturwandel durchlaufen hat (vgl. Uterwedde 2017: 101). Nichtsdestotrotz hat Frankreichs Wirtschaft in den vergangenen Jahren eher durch Negativschlagzeilen auf sich aufmerksam gemacht. Von Reformunfähigkeit über mangelnde Wettbewerbsfähigkeit bis hin zu einem überkommenen, nicht mehr an die aktuellen Rahmenbedingungen angepassten Sozialmodell reichen die Vorwürfe. Gleichzeitig wurden bereits unter François Hollande erste Reformen angestoßen, die das Angebotsproblem des Landes in Angriff nahmen, und viele konjunkturelle Indikatoren zeigen eine Verbesserung auf. Um die Stärken, aber auch Schwächen von Deutschlands wichtigstem Wirtschaftspartner verstehen und einordnen zu können, muss man diese in den französischen Entwicklungskontext der vergangenen Jahrzehnte sowie in die wirtschaftspolitischen Rahmenbedingungen einbetten. In einem ersten Schritt gibt *Eileen Keller* einen kurzen Überblick über wichtige makroökonomische Kennzahlen der französischen Volkswirtschaft. Anschließend wird diese analytisch im Rahmen von Typologien unterschiedlicher Wirtschaftsordnungen verortet. Davon ausgehend werden in einem dritten Schritt wichtige Implikationen für das derzeitige Funktionieren und die Entwicklung der französischen Wirtschaft erörtert.

Einführung: Frankreich

Auf (europa-)politischer Ebene ist kein Staatenpaar trotz gelegentlicher Differenzen so eng miteinander verbunden. Frankreich und Deutschland – es gibt in der Europäischen Union (EU) keine zwei Mitgliedstaaten, die für den europäischen Integrationsprozess derart gewichtig waren und es weiterhin sein werden. Das Besondere dieser Beziehung erklärt sich durch die Aussöhnung zweier lang verfeindeter Länder nach 1945. Ein wesentliches institutionelles Fundament der deutsch-französischen Partnerschaft ist der Élysée-Vertrag von 1963, der einen qualitativen Sprung in der Annäherung beider Staaten darstellt und die nach dem Zweiten Weltkrieg begonnene Aussöhnung „krönte". *Jonas Metzger* und *Thomas Freisinger* skizzieren die Etappen der Annäherung und die wechselvollen Beziehungen zwischen Frankreich und Deutschland. Mit den Kontroversen vergangener Jahre – vor allem im Bereich der europäischen Integrations-, der Wirtschafts- und Währungspolitik – wussten beide Länder in der Regel produktiv umzugehen. Tragfähige Kompromisse führten zu richtungsweisenden Impulsen und Entscheidungen in der EU. Und dennoch ist das Gleichgewicht der deutsch-französischen Beziehungen in beiden Ländern ein sensibles Thema. Gelegentliche Verstimmungen belasten die erfolgreiche Kooperation. Daher stellt sich die spannende Frage, ob es Emmanuel Macron und Angela Merkel gelingen wird, das deutsch-französische Tandem wieder in Schwung zu bringen.

Lisa Möller nimmt in ihrem Beitrag die zivilgesellschaftlichen Beziehungen zwischen Deutschland und Frankreich in den Blick, die sich nach 1945 zu einer Erfolgsgeschichte entwickelten. Eingangs wird zunächst der sozialwissenschaftliche Terminus „Zivilgesellschaft" erläutert. Daran schließt sich ein historischer Abriss der zivilgesellschaftlichen Beziehungen zwischen beiden Ländern an. Der historische Überblick zeigt, dass politische Annäherungen stets Hand in Hand mit zivilgesellschaftlichen Annäherungen gingen. Jenseits der Politik gibt es inzwischen eine Vielzahl von zivilgesellschaftlichen Netzwerken zwischen beiden Ländern. Dies wird exemplarisch mit den vielfältigen Aktivitäten deutsch-französischer Kooperationen (z.B. Städtepartnerschaften, Deutsch-Französische Gesellschaften, Deutsch-Französisches Jugendwerk) belegt. Nach dieser Bestandsaufnahme werden vier aktuelle Problemfelder skizziert, mit denen sich die zivilgesellschaftlichen Netzwerke derzeit konfrontiert sehen.

Frankreich spielte von Beginn an eine entscheidende Rolle im europäischen Einigungsprozess. Wenngleich die Rolle des Landes in der EU ambivalent ist: Dem Bestreben, eine handlungsfähige Gemeinschaft auf den Politikfeldern der Außen-, Sicherheits-, Wirtschafts- und Währungspolitik schaffen zu wollen, steht die Zurückhaltung gegenüber, Kompetenzen auf die supranationale Ebene zu übertragen (vgl. Uterwedde 2017: 179f.; Müller-Brandeck-Bocquet 2005: 384ff.). Als Mitglied der Europäischen Union (EU) ist Frankreich in ein dichtes Netz von Kooperationen eingebunden. Dies schränkt zwar seine nationale Handlungsfähigkeit und Entscheidungsfreiheit ein, schafft aber auch neue politische Möglichkeiten. Die enge Kooperation der Mitgliedstaaten und das Mehrebenensystem der EU haben dazu geführt, dass die Mitgliedsländer der EU ihre nationalen Politiken einander angleichen und damit politisch enger zusammenrücken mussten. Dieses Phänomen wird gemeinhin als Europäisierungsprozess bezeichnet. Trotz langer und tiefgreifender Kooperation bestehen jedoch weiterhin grundsätzliche Unterschiede zwischen Deutschland und Frankreich. Diese unterschiedlichen Vorstellungen beziehen sich unter anderem auf die Frage der Finalität Europas, die Legitimität der angewandten Verfahren, die Szenarien bezüglich der weiteren Entwicklung der EU oder die Rolle der Akteure, die Frankreichs Europapolitik mitbestimmen. *Clémentine Roth* erörtert zunächst die politischen Parameter und zentralen Leitbilder

der französischen Europapolitik. Danach wird Frankreichs Rolle in der EU umrissen. Abschließend widmet sich die Autorin denjenigen Institutionen und Akteuren, die die französische Europapolitik wesentlich definieren, koordinieren und vertreten.

Frankreich beansprucht einen besonderen „Rang" im internationalen Bereich. Wichtig für die Weltgeltung ist u.a. der ständige Sitz im UN-Sicherheitsrat. Frankreich fühlt sich nachgerade verpflichtet, in Fragen der internationalen Politik eindeutig Position zu beziehen. So spiegeln die verfassungsgemäßen außen- und sicherheitspolitischen Vollmachten des französischen Staatspräsidenten Frankreichs Anspruch auf eine herausgehobene Rolle in der internationalen Politik wider. In der Tradition seiner Vorgänger berief sich Emmanuel Macron im August 2017 folgerichtig auf den Anspruch, Frankreich müsse auch weiterhin außen- und sicherheitspolitisch eine unabhängige, mit besonderem Sendungsbewusstsein ausgestattete Großmacht sein. Diese Leitmotive und die daraus abgeleiteten Instrumente der Sicherheits- und Außenpolitik setzen Frankreich in deutliche Konkurrenz zum weltpolitischen Führungsanspruch der USA. Der Aufbau einer eigenen Nuklearstreitmacht, Frankreichs zeitweiliger Rückzug aus der NATO und die eigenständige Politik in Afrika festigten die französische Sonderrolle im Rahmen der internationalen Beziehungen. Angesichts geringer werdender Haushaltsmittel und schwindender Einflusssphären (z.B. in Afrika) hat sich inzwischen allerdings eine eher nüchterne Sichtweise durchgesetzt. Trotz militärischem Engagement gegen den internationalen Terrorismus muss Frankreich – so *Ronja Kempin* – eine angemessene Balance zwischen seinen außen- und sicherheitspolitischen Ansprüchen und seinem realen Handlungsvermögen finden.

Trotz der Dezentralisierung in den 1980er Jahren haben „elsässische Identitätsfragen" (Günter Liehr) durchaus ihre Berechtigung. Regionen sind keine ausschließlich geographischen Gegebenheiten. Sie sind immer auch ein Geflecht von Menschen, die ein gemeinsames regionales Bewusstsein verbindet. *Jo Berlien* ist ein Grenzgänger, der zwischen Straßburg und Deutschland pendelt. Tagtäglich wird er mit deutsch-französischen Befindlichkeiten und mit Fragen der elsässischen Identität konfrontiert. Die zwischen Schwarzwald und den Vogesen gelegene Region Elsass hatte es nie leicht mit ihrer Identität – und mit ihren Sprachen sowieso nicht. Mehrmals zwischen Frankreich und Deutschland hin- und hergerissen, wechselten die Elsässer zwischen 1871 und 1945 viermal ihre Nationalität. Der elsässische Künstler Tomi Ungerer bezeichnete seine Heimat einst als „Toilette Europas". Immer sei sie besetzt! Die Elsässer mussten sich im Wechsel der Zeitläufte mehrmals anderen politischen Kulturen und Sprachen anpassen. Dies erklärt letztlich auch das ambivalente Verhältnis zu Deutschland nach 1945. Viele Elsässer sehen sich immer noch zuerst als Elsässer und dann (vielleicht) als Franzosen. *Jo Berlien* reiht Alltagsszenen, Beobachtungen, Fakten und Gesprächsauszüge zu einem Kaleidoskop aneinander. Ein Kaleidoskop freilich, das mit Klischees spielt, vermeintliche Gewissheiten ins Wanken bringt, gängige Vorurteile erschüttert, Elsässern, Deutschen und Franzosen den Spiegel vorhält.

Die französische Presse- und Medienlandschaft erlebt seit geraumer Zeit einen gewaltigen Strukturwandel. Der Zeitschriftenmarkt leidet unter dramatischen Einbrüchen. Die Auflagenhöhen der Printmedien gehen zurück, Gratiszeitungen verdrängen seriöse Tageszeitungen, der Qualitätsjournalismus gerät ins Hintertreffen, Werbeeinnahmen und die Kapitaldecke der Pressehäuser sinken kontinuierlich. Printmedien und traditionelle Medienformate werden durch das Internet radikal verändert. Dies betrifft auch die audiovisuellen Medien. All dies hat letztlich Konsequenzen für die Art und Qualität der Berichterstattung. Eine weitere Besonderheit kommt hinzu: Frankreichs Medienmarkt ist hoch konzentriert und liegt in der Hand von einigen wenigen finanzstarken Industriekonzernen. *Nicolas Hubé* beschreibt die Umbrüche in der Medienbranche, schildert die daraus resultierenden Konsequenzen und warnt vor dem Verlust redaktioneller Unabhängigkeit, die lange Zeit ein hervorstechendes Merkmal der französischen Presse war.

2017 war Frankreich Gastland der Frankfurter Buchmesse. In Deutschland blieb weitgehend unbemerkt, dass sich seit den 1980er Jahren eine neue Literatur entwickelte. Dies änderte sich erst mit dem Erfolg von Michel Houellebecq, dessen Bücher – zuletzt „Unterwerfung" – auch in Deutschland zur Kenntnis genommen werden. Der Beitrag von *Wolfgang Asholt* über die zeitgenössische französische Literaturlandschaft setzt mit der Wende der 1980er Jahre ein. Drei Charakteristika prägen fortan die Literatur Frankreichs: Das Subjekt und damit auch die Autorinnen und Autoren selbst rücken in den Mittelpunkt. Die außerliterarische Realität, das Sich-Einlassen auf die Zeitgeschichte, und schließlich das Erzählen und die Geschichte gewinnen (gleichsam im doppelten Sinne) an Gewicht. Anhand von Autorinnen, Autoren und von deren Werken wird zunächst das autobiographisch-autofiktional motivierte literarische Schaffen skizziert, gefolgt von der „Wiederentdeckung" der Zeitgeschichte und der Aufarbeitung einer schwierigen und oft auch schmerzhaften Vergangenheit mit erzählerischen Mitteln. Indem Erster und Zweiter Weltkrieg, die Shoah, Frankreichs Kolonialzeit und der Algerienkrieg zu Referenzpunkten werden, wird die Literatur zu einem Teil der französischen Erinnerungskultur. Ein weiterer Schwerpunkt ist der literarischen Auseinandersetzung mit der sozialen, politischen und kulturellen Realität gewidmet. Der „Zustand der Welt" und die Reflexion der Gegenwart spiegeln sich in neueren französischen Werken wider. Ohne diese literarischen Bilder – so das Fazit von *Wolfgang Asholt* – sind Frankreichs Politik, Gesellschaft und Kultur kaum angemessen zu verstehen.

Alle Autorinnen und Autoren wollen mit ihren Beiträgen detaillierte Informationen vermitteln und Fakten bereitstellen, die für das Verständnis der jüngsten Entwicklungen und aktuellen Herausforderungen in Frankreich wichtig sind. Ohne die zuverlässige Mitarbeit aller Autorinnen und Autoren wäre dieses Buch nicht zustande gekommen. Ihnen allen sei an dieser Stelle herzlich gedankt.

Ludwigsburg/Stuttgart, Juni 2018

Literatur

Demesmay, Claire (2016): Ein Präsident im Regen. François Hollandes Amtszeit. In: Aus Politik und Zeitgeschichte, Heft 48/2016, S. 13–18.

Furtak, Florian T. (2018): Demokratische Regierungssysteme. Eine Einführung. Wiesbaden.

Grillmayer, Dominik/Keller, Eileen/Seidendorf, Stefan (2018): Ein Jahr Macron. Reformen, Regierungsstil, Herausforderungen. Aktuelle Frankreich-Analysen, Nr. 32, Mai 2018. Herausgeber: Deutsch-Französisches Institut Ludwigsburg. URL: https://www.dfi.de/pdf-Dateien/Veroeffentlichungen/afa/afa32.pdf [01.06.2018].

Grillmayer, Dominik (2016): Vorwahlkampf in Frankreich. Aktuelle Frankreich-Analysen, Nr. 31, November 2016. Herausgeber: Deutsch-Französisches Institut Ludwigsburg. URL: https://www.dfi.de/pdf-Dateien/Veroeffentlichungen/afa/afa31.pdf [01.06.2018].

Guérot, Ulrike (2018): Wer wird für die europäische Demokratie streiten? Ein Essay zur Zukunft unseres Zusammenlebens. In: Journal für politische Bildung, 1/2018, S. 38–44.

Guérot, Ulrike (2017): Die große Unruhe. In: Kulturaustausch. Zeitschrift für internationale Perspektiven, 4/2017, S. 16–18.

Hinrichs, Ernst (Hg.) (2005): Kleine Geschichte Frankreichs. Bonn.

Kufer, Astrid/Giunaudeau, Isabelle/Premat, Christophe (Hg.) (2009): Handwörterbuch der deutsch-französischen Beziehungen. Baden-Baden.

Liehr, Günter (2016): Frankreich. Ein Länderporträt. 3., aktualisierte und erweiterte Auflage, Berlin.

Martens, Stefan (2005a): Vom Ersten Weltkrieg bis zum Ende des Vichy-Regimes (1914–1944). In: Hinrichs, Ernst (Hg.): Kleine Geschichte Frankreichs. Bonn, S. 361–416.

Martens, Stefan (2005b): Frankreich seit dem Ende des Zweiten Weltkriegs. In: Hinrichs, Ernst (Hg.) (2005): Kleine Geschichte Frankreichs. Bonn, S. 417–473.

Müller-Brandeck-Bocquet, Gisela (2005): Frankreich in der Europäischen Union. In: Kimmel, Adolf/Uterwedde, Henrik (Hg.) (2005): Länderbericht Frankreich. Geschichte – Politik – Wirtschaft – Gesellschaft. 2. Auflage, Bonn, S. 384–401.

Peugny, Camille (2016): Opfert Frankreich seine Jugend? In: Aus Politik und Zeitgeschichte, Heft 48/2016, S. 19–23.

Pfeil, Ulrich (2016): Zum Stand der deutsch-französischen Beziehungen. In: Aus Politik und Zeitgeschichte, Heft 48/2016, S. 34–38.

Roy, Oliver (2017): Vatermörder. In: Kulturaustausch. Zeitschrift für internationale Perspektiven, 4/2017, S. 32–33.

Schulze, Hagen (1994): Staat und Nation in der europäischen Geschichte. München.

Uterwedde, Henrik (2017): Frankreich – eine Länderkunde. Opladen, Berlin, Toronto.

Uterwedde, Henrik (2016): Wohin steuert Frankreich? In: Gesellschaft – Wirtschaft – Politik (GWP), Heft 2/2016, S. 171–176.

Wiegel, Michaela (2016): Was ist los mit Frankreich? In: Aus Politik und Zeitgeschichte, Heft 48/2016, S. 9–12.

Im Krisenmodus

von Matthias Lemke

Eine andere Geschichte der V. Republik

Die V. Republik steht vor spannenden Zeiten …

Die Verfassung der V. Französischen Republik wurde am 4.10.1958 von René Coty (1882–1962), dem amtierenden Präsidenten der IV. Republik, offiziell verkündet. Demnach feiert sie in diesem Jahr einen runden, ihren 60. Geburtstag. Doch sind sich viele Beobachter unsicher, ob sie ihn erleben wird. Im Rahmen der Präsidentschafts- und Parlamentswahlkämpfe im Jahr 2017 waren häufig Abgesänge auf ein überfordertes Institutionengefüge zu vernehmen. Die V. Republik sei erledigt, hieß es, die VI. Republik stehe vor der Tür. Nun scheint nach dem Sieg Emmanuel Macrons (*1977) bei der Präsidentschaftswahl im Mai 2017 und dem seiner Bewegung *La République en Marche* bei der Parlamentswahl im Juni 2017 die große Herausforderung durch den Rechts- wie

Linkspopulismus fürs erste gebannt. Frankreich kann sich nach Jahren des Stillstandes als reformfähig beweisen. Und dennoch verstummen jene Stimmen nicht, die das derzeitige Institutionengefüge am Abgrund sehen. Etwa Michel Houellebecq, der in seinem bereits 2015 erschienenen Roman „Unterwerfung" für das Jahr 2022 das Aufgehen des Semipräsidentialismus in eine Theokratie mitsamt Scharia, Patriarchat und Polygamie prophezeite. Oder Didier Eribon, der in „Rückkehr nach Reims" zeigte, wieso die Arbeiterklasse massenhaft von der Linken zum *Front National* (FN) übergelaufen ist und der nicht müde wird zu betonen, dass der Wahlsieg Macrons nichts anderes sei, als der entscheidende Katalysator für die Präsidentschaft Marine Le Pens spätestens ab 2022. Kurz vor dem Eintritt ins Pensionsalter steht die V. Republik, so viel ist sicher, vor spannenden Zeiten.

Republik in der Krise

Will man die Geschichte einer Verfassung, des von ihr etablierten Institutionengefüges und der darin ausgetragenen politischen Kämpfe schreiben, dann bietet es sich an, nach Strukturen zu suchen. Strukturen, die helfen, die komplexe Vielfalt an Informationen, die in einer solchen Geschichte stecken, zu sortieren. Die Amtszeiten von Präsidenten könnten eine solche Struktur liefern, Regierungskoalitionen könnten dies ebenso, oder auch bedeutende politische Ereignisse. Bis heute hat die V. Republik acht Präsidenten und dreiundzwanzig Premierminister gezählt, eine Menge, die sich nicht wirklich zur Strukturierung eines Zeitraums von 60 Jahren eignet.

Daher bietet sich eine Abkehr von diesen klassischen Strukturierungsmustern an, weg von einer linearen Einteilung einer vermeintlich wie an einem Faden verlaufenden Geschichte, hin zu den politischen Ereignissen, den Wendepunkten und Krisen, die der V. Republik ihren besonderen

Charakter verliehen haben. Die V. Republik (vgl. ausführlich Berstein/Milza 2009), so hat François Mitterrand (1916–96) in einem Essay (1964) geschrieben – bevor er selbst Präsident wurde – sei ein institutionalisierter Staatsstreich. Damit hatte er nicht den Verfassungstext selbst kritisiert, wonach der Präsident über eine außerordentlich umfangreiche Fülle an Kompetenzen verfügt, angefangen von der politischen Richtlinienkompetenz bis hin zu den in Artikel 16 festgelegten *Pleins pouvoirs* für den Krisenfall, sondern Charles de Gaulles (1890–1970) Regierungspraxis: „Ich nenne das gaullistische Regime eine Diktatur, weil es, alles in allem, dieser am meisten ähnelt […]" (Mitterand 1964: 74). Mitterands Satz lässt sich so interpretieren, dass die politische Praxis der V. Republik permanent für Missbrauch offen war und die Institutionen die Republik nicht hinreichend vor Machtmissbrauch schützen konnten. Politik in der V. Republik war und ist demnach immer auch Politik im Krisenmodus, Republik gegen Diktatur. Warum also nicht die Geschichte der V. Republik als eine Geschichte der Krisen, Krisenphänomene und ihrer politischen Gestaltung erzählen?

Krise ist ein urpolitisches Motiv. Nimmt man den Begriff bei seinem Ursprung, dann bezeichnet er zunächst einmal nichts anderes als eine fundamental zugespitzte Entscheidungssituation. Reinhard Koselleck hat in seinem Beitrag zu „Krise" in den „Geschichtlichen Grundbegriffen" festgehalten, dass schon bei Aristoteles[1] eine politische Referenz eines solchen Krisenbegriffs festzustellen sei, insofern er die von Thukydides her überlieferte Bedeutung von Krise als „Scheidung", „Streit" oder „Entscheidung" (Kosseleck 1982: 617) explizit in den politischen Prozess eingebunden habe: „Vor allem als Urteil, Prozeß und Rechtsfindung, schlechthin als Gericht hatte Krisis einen hohen verfassungspolitischen Rang, durch den die einzelnen Bürger und ihre politische Gemeinschaft zusammengebunden wurden. Das ‚Für und Wider' wohnte also dem Wort ursprünglich inne und zwar in der

Weise, daß die fällige Entscheidung schon mitgedacht wurde" (Kosseleck 1982: 618). Gerade was den politischen Wortgebrauch anbelangt, so Koselleck, sei der Anwendungsbereich von Krise im Sinne einer verfassungsrechtlich relevanten, existenziellen Entscheidungssituation, mit der ein politischer Wandel einhergeht, denkbar breit gefächert. Während in der neuzeitlichen französischen Literatur Jean-Jacques Rousseau im „Émile" (1762) den Krisenbegriff als Fortschrittskritik gebraucht, bleibt es Denis Diderot vorbehalten, Krise als Krankheitsmetapher in den politischen Diskurs einzuführen. Bei Henri de Saint-Simon und seinen Schülern bis hin zu Auguste Comte findet sich eine geschichtsphilosophische Aufladung des Begriffes, die ihn als Vergegenwärtigung langfristig gewachsener politischer, sozialer und ökonomischer Transformationen begreift, die zu einem gegebenen Zeitpunkt in einen gewaltsamen Umsturz, in eine Revolution münden werden (vgl. Koselleck 1982: 631).

Gründungskrisen

Auch wenn Frankreich derzeit nicht vor einer Revolution steht, so haben Krisen, die langfristig anwuchsen und dann akut entscheidungsbedürftig wurden, seine Geschichte durchzogen und geprägt. Für den Entstehungskontext der V. Republik sind zwei Gründungskrisen von zentraler Bedeutung: die Erfahrung politischer Instabilität im Institutionengefüge der IV. Republik, die Georgette Elgey (1965) einmal als „Republik der Illusionen"[2] bezeichnet hat, und der Dekolonisierungsprozess in Algerien.

Instabilität

Die erste der zwei großen Gründungskrisen reicht bis zum Moment ihrer Entstehung. Die V. Republik ist aus der Krise geboren. Denn die institutionellen Defizite der IV. Republik waren zu einem erheblichen Teil ursächlich für den von de

Gaulle maßgeblich angeleiteten Transformationsprozess, der schließlich in ihrer Überwindung zugunsten einer „auf Stabilität ausgelegten Regierung" (Vogel 2001: 101) mündete. Ihr Gründervater, der während der Besatzung (1940–44) aus dem Londoner Exil den Widerstand gegen Nazideutschland organisiert und damit der Demütigung des Zweiten Weltkrieges – Niederlage und Kollaboration durch das Regime von Vichy – ein Zeichen unbedingten politischen Willens entgegengesetzt hatte, griff im Mai 1958 damit erneut entscheidend in die politischen Geschicke des Landes ein.

In jenem Mai stand das ohnehin massiv herausgeforderte parlamentarische Institutionengefüge der IV. Republik vor der vollständigen „Lähmung" (Loth 1992: 173). Nachdem bereits über Jahre hinweg die durch das Verhältniswahlrecht noch beförderten Partikularinteressen die Bildung einer handlungsfähigen Regierung verhindert hatten und die fälligen politischen Reformen ausgeblieben waren, traten „vielfältige Frustrationen und schleichende Entfremdung zwischen Regierenden und Regierten" (ebd.) immer deutlicher zu Tage. Von den 21 Regierungen, die sie in den zwölf Jahren von 1946 bis 1958 verschlissen hatte, ist jene unter Führung von Pierre Mendès France (1907–82) ein besonders eindringliches Beispiel für die verfahrene politische Lage. Seine Regierung beruhte auf einer Sechs-Parteien-Koalition, die unter anderem aus Linken, Gaullisten und Sozialisten bestand. Als politisches Gegengewicht zu den rechten Poujadisten war sie im Parlament auf die Unterstützung durch die Kommunisten angewiesen. Die Koalition hielt knappe acht Monate. Obwohl Mendès France politische Durchsetzungsfähigkeit attestiert wurde, konnte er seine Politik der Fortsetzung politischer, ökonomischer und gesellschaftlicher Modernisierung nicht langfristig etablieren. Und auch der angestrebte Wechsel in der Kolonialpolitik zugunsten einer Unabhängigkeit der Kolonien blieb, trotz des erreichten Friedensschlusses im Indochinakrieg, unvollendet: „Am 5. Februar 1955 wurde

Mendès France mit dem Vorwurf gestürzt, dass er die französischen Rechte in Algerien leichtfertig aufs Spiel gesetzt habe" (Martens 2014: 441).

Diese politische Instabilität häufig wechselnder Regierungen und fehlender Kontinuität im Regierungshandeln kontrastiert scharf mit der aufstrebenden wirtschaftlichen Entwicklung Frankreichs. Jean Fourastié hat für diese Epoche den Begriff der *Trente Glorieuses* geprägt. Nach dem Ende des Zweiten Weltkrieges konnte nicht nur die Infrastruktur des Landes rasch und anhand moderner architektonischer Überlegungen wieder auf- und ausgebaut werden. Auch auf sozialer Ebene fand mit der Einführung einer paritätisch finanzierten Sozialversicherung und eines flächendeckenden Mindestlohns eine nachhaltige Modernisierung statt.

Im Unterschied zur sozialen und ökonomischen Modernisierung gelang es unter Ministerpräsident Guy Mollet (1905–75), einem der Nachfolger von Mendès France, aber nicht, das vielleicht dringendste politische Problem in den Griff zu bekommen: Algerien. In Mollets „Amtszeit eskalierte der Krieg so weit, daß seine Kosten einen Stopp des sozialen Reformprogramms erzwangen und das Vertrauen in das Regime gründlich erschüttert wurde" (Loth 1992: 175). Zu den Ursachen hat Michel Debré (1912–96), der erste Premierminister der V. Republik, einmal angemerkt, dass es der IV. Republik nicht an Bürgerschaft, sondern an Führung gefehlt habe (vgl. Debré 1981: 15). Die V. Republik jedenfalls hatte wegen dieses fehlenden politischen Handlungsvermögens ihre zweite große Gründungskrise.

Dekolonisierung

Diese zweite Krise durfte lange nicht so genannt werden: Algerienkrieg. Im Zeitraum vom 1.11.1954 bis 18.3.1962 tobte eine knapp achtjährige, blutige Auseinandersetzung darüber, ob die drei algerischen Departements, welche aus französischer Sicht seit ihrer Eingliederung 1848 integraler Bestandteil des Mutterlands waren, künftig unabhängig werden sollten.

Im Rahmen dieser asymmetrischen Auseinandersetzung standen sich zunächst zwei Seiten gegenüber, die *Front de libération nationale* (FLN), die mit einer Anschlagserie zu Allerheiligen 1954 den Kampf um die Loslösung Algeriens von der französischen Kolonialmacht und den Aufbau einer algerischen Volksdemokratie mithilfe von Guerillataktiken begann, und die französische Armee, die für die französische Regierung der Umsetzung dieser Ziele entgegentreten sollte. So stellte der damalige französische Innenminister François Mitterrand am 5.11.1954 vor dem Innenausschuss politische Entschlossenheit und Härte zur Schau: „Die einzige Form der Verhandlung ist der Krieg" (Mitterrand, zit. nach Droz/Lever 1982: 62). Eine Haltung, die er zwei Tage später noch einmal bekräftigte: „Algerien ist Frankreich und Frankreich wird auf seinem Gebiet keine andere Autorität als seine eigene anerkennen" (ebd.). Entsprechend dieser Vorgabe führte die französische Armee den Kampf mit aller Härte und hatte die FLN im Rahmen der Challe-Offensive 1959 kurz vor einer militärischen Niederlage. Aber auch dieser militärische Erfolg konnte letztlich nicht die Unabhängigkeit Algeriens verhindern, denn die neue Regierung unter Staatschef de Gaulle bereitete zwischenzeitlich eine politische Lösung des Konflikts vor, die eine Unabhängigkeitsoption für Algerien beinhaltete.

Das erkennbare Interesse der französischen Regierung, Algerien in die Unabhängigkeit zu entlassen, provozierte den Konflikteintritt einer dritten Partei, der im Winter 1960/61 gegründeten, rechtsnationalistischen *Organisation de l'armée secrète* (OAS). Bestehend aus zahlreichen Militärangehörigen wollte sie mit allen, auch mit terroristischen Mitteln, den Verbleib Algeriens bei Frankreich erreichen, erforderlichenfalls auch gegen die französische Regierung. Nachdem mit dem Putsch der Generäle vom 21.4.1961 der Versuch gescheitert war, militärisch noch einmal gegen die von de Gaulle verfolgte Politik der Sezession zu mobilisieren, verlegte sich die OAS zunehmend auf das Verüben von Anschlägen. Neben jenen in Frankreich, bei denen mehrere dutzend Menschen ums Leben kamen und verletzt wurden, richtete sich die Gewalt auch gegen Infrastrukturen in Algerien. Die OAS war damit aber letztlich nicht erfolgreich und befand sich nach dem gescheiterten Attentat auf Charles de Gaulle am 22.8.1962 und der Hinrichtung des Attentäters Jean Bastien-Thiry am 11.3.1963 in Auflösung.

Neben der militärischen Härte, die durch Folter, Deportationen und Übergriffe auf die Zivilbevölkerung gekennzeichnet war, markierte das Massaker von Paris ein weiteres dunkles Kapitel des Algerienkriegs. Am 17.10.1961 kam es in der Hauptstadt zu einer nicht genehmigten, aber friedlichen Demonstration von bis zu 30.000 Menschen algerischer Herkunft. Unter Führung des Pariser Polizeipräfekten Maurice Papon (1910–2007), der Ende der 1990er Jahre wegen Verbrechen gegen die Menschlichkeit im Rahmen seiner Kollaboration mit den nationalsozialistischen Besatzern zu zehn Jahren Haft verurteilt wurde, gingen Bereitschaftspolizeieinheiten mit Waffengewalt gegen die Demonstrierenden vor. Die Folgen dieses Einsatzes von Waffengewalt sind in der Forschung umstritten. Nach Schätzung Jean-Luc Einaudis (2001) sind durch das aus seiner Sicht rassistisch motivierte Vorgehen der Polizei bis zu 393 Menschen zu Tode gekommen. Jim House und Neil MacMaster haben in ihrer Analyse (2008) diese Zahl als viel zu hoch kritisiert und konnten nachweisen, dass zahlreiche Personen auf der Liste Einaudis schon vor dem 17.10.1961 gestorben, oder aber doppelt gezählt worden waren. Der Polizeibericht hingegen erwähnt für den fraglichen Tag lediglich zwei tote Demonstranten. Zudem waren mehrere tausend Personen bis zu drei Tage in Sportstätten, die zu Lagern umfunktioniert worden waren, interniert. Die französische Presse hat nicht über die Ereignisse berichtet, und das Einsetzen einer öffentlichen Erinnerungskultur über diesen „verdrängten Krieg" (Renken 2006: 409) hat bis zur Jahrtausendwende auf sich warten lassen.

Mit dem Abkommen von Évian vom 18.3.1962 wurde der Algerienkrieg zumindest formell beendet. Es enthält den Friedensschluss zwischen Frankreich und der FLN und eröffnete den Weg zu einem algerischen Referendum über die eigene Unabhängigkeit, das frühestens drei, spätestens aber sechs Monate nach Unterzeichnung des Abkommens abgehalten werden sollte. Am 1.7.1962 stimmten 99,72 Prozent[3] der in Algerien eingetragenen Wähler für die Unabhängigkeit. Das Votum wurde zwei Tage später, am 3.7.1962, von de Gaulle anerkannt, womit der provisorischen Regierung in Algier die volle Souveränität übertragen wurde. Mit Blick auf Frankreich selbst, so Wilfried Loth, habe die „Lösung der Algerienfrage vollends zu einer Präsidialisierung des Regimes" (Loth 2015: 196) beigetragen.

Bestandskrisen

Neben diesen Gründungskrisen der V. Republik, die deren historisches wie politisches Erbe ausmachen und bis heute in ihre politische Praxis hineinwirken, durchziehen weitere Krisen, die ich Bestandskrisen nennen möchte, ihre Geschichte. Viele von ihnen weisen immer wieder Berührungspunkte zu den Gründungskrisen auf und zeigen damit, wie stark einzelne, akute Krisenereignisse mit langfristig wirkenden Ursachen verwoben sind.

Semipräsidentialismus

Als Antwort auf die notorische politisch-institutionelle Instabilität der IV. Republik, die ein wesentlicher Katalysator für das Entstehen der V. Republik war, übernahm Charles de Gaulle die Regierungsgeschäfte und ließ eine neue Verfassung ausarbeiten. Drei Monate später legte er am 3.9.1958 einen Verfassungsentwurf vor. Die gängige Klassifikation demokratischer politischer Systeme und ihrer Verfassungen unterscheidet Parlamentarismus und Präsidentialismus. Während sich ersterer nach Winfried Steffani (1979) durch eine doppelköpfige Exekutive und die Abberufbarkeit der Regierung auszeichnet, sind für letzteren eine monistische Exekutive und die Nicht-Abberufbarkeit der Regierung typisch.

Das mit der neuen Verfassung etablierte Institutionengefüge indes geht in dieser Klassifikation nicht auf. Denn es besteht sowohl aus einem seit 1965 direkt vom Volk gewählten Präsidenten, der während seiner Amtszeit nicht abberufbar ist, als auch aus einem vom Präsidenten zu ernennenden, allerdings auf die Mehrheitsverhältnisse in der *Assemblée nationale* angewiesenen und zudem abberufbaren Premierminister. Damit ist ein Teil der Exekutive abberufbar, ein anderer nicht. Maurice Duverger hat diesen Mischcharakter der Verfassung als „gaullistisches Konsulat" (1963: 69) und später als Semipräsidentialismus (1980) bezeichnet (vgl. dazu kritisch Steffani 1996). Semipräsidentielle Regierungssysteme, und idealtypisch das der V. Republik, zielen durch ihre Konstruktion darauf ab, repräsentative[4] und unitaristische[5] Elemente zu integrieren. Dadurch können sie eine weitgehende Stabilität der politischen Prozesse, mitunter zu Lasten der Legislative[6], ermöglichen.

Diese semipräsidentielle Variante repräsentativ-demokratischer Institutionen stellt für sich genommen keine Krise der V. Republik dar. Wohl aber ist die Stabilisierungslogik ihres Institutionengefüges nur vor dem Hintergrund der Blockadeerfahrung eines politisch nicht mehr integrierbaren Parlamentarismus verständlich. Dass indes auch das Stabilitätsversprechen des Semipräsidentialismus unter bestimmten Umständen an Grenzen stößt, wurde ab den 1980er Jahren im Rahmen mehrerer *Cohabitations*-Regierungen deutlich. Insofern verfügt auch die Verfassung de Gaulles über ihre ganz eigene Krisenerfahrung.

Achtundsechzig

Vor der Regierungskrise stand jedoch die Systemkrise. Der „globale Mythos" (Requate 2011: 161) des Mai 68 steht nicht nur, wohl aber in besonderem Maße in Frankreich als Inbegriff eines ebenso unbedingten wie unerwarteten Aufbegehrens. Über Wochen haben Studierendenproteste und ein Generalstreik das Land nahezu lahmgelegt. Die Studierendenproteste, die am 3.5.1968 mit der Schließung der gerade neu eröffneten Wissensfabrik in Nanterre begannen, und der Generalstreik, waren noch wenige Monate vorher nicht abzusehen. Denn die antiautoritären Proteste der studierenden Bürgerkinder wiesen kaum Schnittmengen mit den Interessen der Industriearbeiter auf. Noch am 15.3.1968 hatte Pierre Viansson-Ponté in *Le Monde* den später berühmt gewordenen Artikel „Quand la France s'ennuie" (Frankreich langweilt sich) veröffentlicht, in dem er sich unter anderem darüber beklagte, dass der französischen Gesellschaft allgemein und der Studierendenschaft im Besonderen eine gewisse politische Lethargie zu Eigen sei. Bis zum 16.6.1968, als die Polizei schließlich die seit Wochen besetzte Sorbonne räumte, war indes von politischer Apathie nichts zu spüren. Im Gegenteil: Ein zögerlich agierender Präsident de Gaulle, sowie ein in den ersten Protesttagen auf Auslandsreise befindlicher Premierminister Georges Pompidou (1911–74) schienen ein institutionelles Vakuum zu offenbaren, das für eine neue, eine politisch-partizipative Gestaltung offen schien, die umzusetzen Studierende wie Gewerkschaften für sich reklamierten.

Die Frage, wie das alles zusammenpasste, ist auch heute noch nicht leicht zu beantworten, die generelle Einordnung der Ereignisse des Mai 68 bleibt umstritten. Eher linke Interpreten, wie der Soziologe Alain Touraine (1969), sahen in den Protesten eine postindustrielle Version des Klassenkampfes zwischen neuen Berufsgruppen und einer technokratischen Elite. Michel Crozier lieferte mit dem Schlagwort der „blockierten Gesellschaft" (1971) eine organisationssoziologische Interpretation, die die Maiereignisse als Modernisierungskrise zunehmend erstarrender politischer und gesellschaftlicher Institutionen beschrieb. Auf der konservativen Seite haben Luc Ferry und Alain Renault in ihrem Buch „La Pensée 68" (1985) die Proteste als Ergebnis einer zunehmenden, dekadent-egoistischen Individualisierung und damit als Ausdruck eines manifesten Werteverfalls beschrieben. Beide Antwortrichtungen machen deutlich, wie komplex die gesellschaftlichen Zusammenhänge und Ursachen gewesen sind, die in den Mai 68 mündeten – und wie erbittert auch im Nachhinein der Kampf um Deutungshoheit über die Ereignisse geführt wurde.

Deutlich einfacher zu beantworten ist die Frage nach den politischen Konsequenzen der Proteste. Zur neuen, partizipativen Umgestaltung der Republik, wie sie insbesondere von den Studierenden sowie von linken Gruppen erhofft wurde, ist es nicht gekommen, wohl aber zur Neuausrichtung und Modernisierung der politischen Parteien. Während sich auf der Rechten der Abgang de Gaulles und Aufstieg Pompidous, der in der Krise erstmals als aktiv handelnder Premierminister in Erscheinung getreten war, abzuzeichnen begann, zeichnete sich auf der Linken ein Bündnis von Sozialisten und Kommunisten unter Führung von Mitterrand ab. Die *Parti Socialiste* (PS), die 1969 aus dem Zusammenschluss der *Section française de l'Internationale ouvrière* (SFIO) mit der *Parti radical socialiste* und der *Parti socialiste unifié* (PSU) hervorgegangen war und die sich 1971 auf dem Parteitag von Épinay weiter vergrößern konnte, hatte spätestens mit dem Beginn der Präsidentschaft Mitterrands, der am 21.5.1981 seinen liberalen Vorgänger Valéry Giscard d'Estaing (*1926) im Amt ablöste, den Machtkampf im Lager der Linken gegen die *Parti communiste française* (PCF) für sich entschieden.

Im Krisenmodus

Rechtsextremismus

Auch der französische Rechtsextremismus hat Teile seiner Wurzeln in der IV. Republik. Pierre Poujade gehörte zur Schicht der Kleinunternehmer und machte die ungerechte Besteuerungspolitik als wesentliche Ursache für die Krise seiner Zeit aus. Die von ihm 1955 gegründete *Union de défense des commerçants et artisans* hatte dabei wenig Berührungsängste mit antisemitischen und extrem rechten Positionen und zog 1956 mit einem landesweiten Stimmanteil von 11,6 Prozent mit 52 Abgeordneten in die *Assemblée nationale* ein.

Einer der Abgeordneten der populistischen Poujadisten-Bewegung war Jean-Marie Le Pen (*1928). Le Pen war am 5.10.1972 an der Gründung der rechtsnationalen Sammlungsbewegung *Front National* (FN) beteiligt und war für über 38 Jahre, bis zum 16.1.2011, als er von seiner jüngsten Tochter Marine Le Pen (*1968) im Amt abgelöst wurde, dessen Vorsitzender. Unter seinem Vorsitz war der FN geprägt von antisemitischen und rassistischen Ausfällen, Aufrufen zu Gewalt und unverblümter Fremdenfeindlichkeit (vgl. Dély 2017). Und obwohl sich derlei wie ein roter Faden durch seine Handlungen und Reden zog, so gelang es Jean-Marie Le Pen dennoch, bei den Präsidentschaftswahlen 2002 gegen den amtierenden Premierminister Lionel Jospin in die Stichwahl einzuziehen. Mit 17,8 gegen 82,2 Prozent unterlag er dort dem zu diesem Zeitpunkt bereits äußerst unbeliebten Amtsinhaber Chirac. Unter dem Vorsitz seiner Tochter begann, nachdem sie knappe zehn Jahre später die Führung im Familienunternehmen FN übernommen hatte, eine „Teufelsaustreibung" (ebd.: 31) in Form einer personellen wie inhaltlichen Säuberung der Partei. Die personelle Säuberung gipfelte im Parteiausschluss des Gründers am 20.8.2015, die inhaltliche dauerte bis unmittelbar vor der Stichwahl 2017 zur Präsidentschaft an. Der FN gab sich nicht mehr antisemitisch und rechtsextrem, sondern globalisierungskritisch, etatistisch und anti-neoliberal. Damit schaffte es Le Pen, fünfzehn Jahre nach ihrem Vater wieder in die Stichwahl, wo sie mit 33,9 Prozent gegen Emmanuel Macron unterlag. Den Stimmenanteil Jean-Marie Le Pens vermochte sie dabei fast zu verdoppeln.

Mit dem FN unter der Führung von Marine Le Pen hat ein offen artikulierter französischer Nationalismus, fotogen, modern, mediengerecht, Einzug in die nationale Ebene der V. Republik gehalten. Dabei ist eher die Verpackung neu, als der Inhalt: „Als die große Nachfolgerin des alten Chefs der extremen Rechten bleibt sie [Marine Le Pen] diesem ideologischen Erbe treu, das sie gelegentlich an die Geschmäcker der Zeit anpasst" (ebd.: 171). Hierin liegt auch der zentrale Unterschied zum deutschen Rechtsextremismus, der immer wieder starken Konjunkturen und Veränderungen unterworfen war. Seit nunmehr über fünfundvierzig Jahren konnte der FN seine Machtbasis kontinuierlich ausbauen, von lokalen Mandatsträgern über Rathäuser, regionale, nationale und europäische Abgeordnete bis unmittelbar vor die Türen des Élysée-Palastes.

Cohabitation

Neben institutionellen oder politischen Krisenphänomenen finden sich in der Geschichte der V. Republik auch solche, in denen beides zusammenkam. Eine *Cohabitation* war der Verfassung nach nie vorgesehen, sie war eine Art politisch bedingter Systemfehler in der institutionellen Logik. Dieser tritt auf, wenn Präsident und Premierminister unterschiedlichen politischen Lagern angehören. Bislang ist dieser Fall dreimal (1986–88, 1993–95 und 1997–2002) eingetreten, allerdings ohne dass, wie im Vorfeld immer wieder befürchtet worden war, eine echte Verfassungskrise eingetreten wäre. Stattdessen hat sich in den entsprechenden Zeiträumen eine Verschiebung der Machtarithmetik zugunsten des Premierministers ergeben. Während dieser jenseits von Kohabitationsphasen hinter die Richtlinienkompetenz des Präsidenten zurücktritt, kommt ihm im Falle der Zusammenkunft unterschiedlicher politischer Lager in der Exekutive wegen seiner Mehrheitsführerschaft im Parlament eine gewichtigere Rolle zu.

In der ersten *Cohabitation* von 1986–88 traf der sozialistische Präsident Mitterrand mit dem konservativen Premierminister und späteren Präsidenten Jacques Chirac (*1932) von *Rassemblement pour la République* (RPR) zusammen. Nachdem Mitterrand 1988 zum zweiten Mal zum Präsidenten gewählt worden war, löste er das Parlament auf, womit auch die *Cohabitation* endete. In der zweiten während der Präsidentschaft Mitterrands, die von 1993–95 dauerte, war Édouard Balladur (*1929), der ebenfalls dem RPR angehörte, als Premierminister machtpolitischer Gegenpol des Präsidenten. Dazu kam es, weil es in der regulären Parlamentswahl am 21. und 28.3.1993 zu einem Machtwechsel in der *Assemblée nationale* gekommen war, die fortan von einer rechten Mehrheit dominiert wurde. Die dritte *Cohabitation* schließlich, die von 1997–2002 den konservativen Präsidenten Chirac (*1932) mit Lionel Jospin (*1937), Premierminister der *Parti socialiste*, zusammenbrachte, war die längste und letzte ihrer Art bislang. Alle drei zeichneten sich durch die Notwendigkeit aus, gerade in außenpolitischen Belangen, etwa 1994 im Rahmen des französischen Engagements in Ruanda, einen Kompromiss zwischen den politischen Interessen der Regierung und denen des Präsidenten zu finden. Die Befürchtung, wonach die französische Politik dadurch gelähmt oder gar reformunfähig geworden wäre, hat sich nicht bewahrheitet.

Mit der Verfassungsänderung vom 2.10.2000[7] wurde, in Reaktion auf die Kohabitationserfahrung, die Amtszeit des Präsidenten von sieben auf fünf Jahre verkürzt. Damit wurde bis heute eine zeitliche Angleichung der Wahltermine des Präsidenten und der *Assemblée nationale* erreicht, wobei der Präsident immer vor dem Parlament gewählt wird. Durch die zeitliche Nähe und die Abfolge der Wahltermine, welche der Wahl der Legislative nicht nur zeitlich den zweiten Rang zuweist, soll Protestwahlverhalten gegen die jeweils andere Institution im Laufe einer Amts- beziehungsweise Legislaturperiode unterbunden und dem politischen Lager des Präsidenten eine hinreichende Machtbasis in der Legislative geschaffen werden. Sofern die *Assemblée nationale* nicht auf Anordnung des Präsidenten aufgelöst wird und dadurch außerordentliche Neuwahlen erforderlich werden, funktioniert dieser Mechanismus auch künftig.

Ausgrenzung

Ausgrenzung hat in Frankreich einen Ort, die *Banlieue*[8]. Sie markiert wohl die bekannteste, aber bei weitem nicht die einzige sozioökonomische Trennlinie in einer Republik der Gleichen. Jenseits dieser Linie werden die „feinen Unterschiede" sichtbar, wie Pierre Bourdieu die Ergebnisse der ebenso zahlreichen, subtilen wie manifesten sozialen Unterscheidungsmodi und Kapitalien genannt hat. Die französische Gesellschaft ist eine zutiefst gespaltene Gesellschaft. Als Bourdieu 1979 „La distinction" veröffentlichte[9], konnte er darin nicht nur zeigen, auf welch subtile Arten sich diese Spaltung manifestiert, angefangen von Schulabschlüssen, über Wohnungseinrichtungen bis hin zum Musikgeschmack. Kulturelles und soziales Kapital erwiesen sich darüber hinaus als besonders bedeutend, wenn es darum geht, die bestehenden Ungleichheitsverhältnisse fortzuschreiben und zu zementieren.

Édouard Louis' autobiographischer Roman „En finir avec Eddy Bellegeule" (2014) ist insofern ein herausragendes zeitgenössisches Zeugnis dieser Ausgrenzung, weil es die Härte erahnen lässt, mit der auch heute noch in einer westeuropäischen Gesellschaft Ungleichheitsverhältnisse fortgeschrieben und soziale Konformität erzwungen wird. In seinem Buch erzählt Louis von seiner Jugend in der französischen Provinz,

Im Krisenmodus 45

in einem Dorf in der Picardie im Nordosten Frankreichs. Wegen seiner homosexuellen Orientierung sieht er sich in seinem sozialen Umfeld, sowohl in der Familie, als auch in der Schule oder auf der Straße, ständiger verbaler Anfeindung, Ausgrenzung und körperlicher Gewalt ausgesetzt. Das Leben in der Provinz generell ist durch massiven Alkoholmissbrauch und festgefügte Rollenbilder gekennzeichnet, die Frauen trotz eines Studienabschlusses als Kassiererinnen und Männer als Fabrikarbeiter entwerfen. Angesichts seiner wiederholten Unfähigkeit, bestehenden (Geschlechter-)Normen gerecht zu werden, und angesichts des fortdauernden Drucks, sich anzupassen, bleibt für Eddy schließlich nur die Flucht in ein großstädtischeres Umfeld, allerdings nicht, wie bei Eribon, nach Paris, sondern nach Amiens.

Ausnahmezustand

Das Krisenphänomen der Ausgrenzung, dem Betroffene mitunter nur noch mit Flucht zu begegnen wissen, führt schließlich zu einem in der französischen Gegenwart besonders drängenden Problemzusammenhang, nämlich der als zunehmend prekär empfundenen Sicherheitslage. Bereits vor der Serie islamistisch motivierter Attentate seit 2015 hat es immer wieder gewalttätige Ausschreitungen in französischen Metropolen gegeben. Besonders in Erinnerung geblieben sind jene vom Dezember 2005, anlässlich derer der damalige Innenminister und spätere Präsident Nicolas Sarkozy (*1955) unterschiedslos von Gesindel sprach, das für die Gewalt verantwortlich sei, und gegen das nur eine Reinigung mit dem Kärcher helfe. Der institutionelle Hochdruckreiniger, mit dem die V. Republik immer wieder, und seit den Anschlägen vom 13.11.2015 dauerhaft, auf akute Herausforderungen der öffentlichen Sicherheit reagiert hat, ist der *État d'urgence*.

Das Gesetz Nr. 55–385 über den Ausnahmezustand[10] vom 3.4.1955 sieht zwei Voraussetzungen für die Anwendung eines *État d'urgence* vor, den Fall der „unmittelbaren Bedrohung, die zu schwerwiegenden Gefährdungen der öffentlichen Ordnung führt", oder Ereignisse, „die wegen ihrer Beschaffenheit und Schwere eine öffentliche Katastrophe darstellen". Französische Regierungen haben seit 1955 immer nur auf die erste Voraussetzung zurückgegriffen, sei es angesichts des Algerienkrieges 1955, 1958 und 1961, sei es wegen Neukaledonien 1985 oder wegen der Vorstadtunruhen 2005. Auch nach den Anschlägen vom 13.11.2015 wurde der *État d'urgence* auf diese eine Voraussetzung gestützt (vgl. Lemke 2017: 227–258). Neben der aktuellen Anwendung, die den Ausnahmezustand auf ganz Frankreich sowie auf die Überseeterritorien ausdehnt, ist jene von 2005 von besonderem Interesse, denn sie verdeutlicht die dem *État d'urgence* innewohnende, zeitübergreifende Problematik. Nachdem Jacques Chirac im Dezember 2005 den Ausnahmezustand in den Vorstädten der großen Metropolen verhängt hatte, kommentierte *Le Monde* diese Entscheidung mit einem Verweis auf den Konflikt in Algerien, für den das Gesetz ursprünglich, und zudem noch in der IV. Republik verabschiedet worden war. Bei *Le Monde* hieß es dazu: „Ein Gesetz aus dem Jahre 1955 wieder auszugraben sendet eine Nachricht von erstaunlicher Brutalität an die Jugendlichen in den Vororten: Dass Frankreich, nach 50 Jahren, beabsichtigt, sie wie ihre Eltern zu behandeln" (*Le Monde*, zitiert nach Aoláin/Gross 2006: 201). Worauf *Le Monde* hier verweist, ist der Umstand, dass offensichtlich historisch ererbte Muster der Zuschreibung von Äußerlichkeit für die tagespolitische Entscheidungsfindung eine zentrale Rolle spielen. Dies führt im Rahmen von sicherheitspolitischen Erwägungen zu einer verminderten Rechtsgeltung für Personengruppen, deren tatsächlicher Grad an Integration in die politische wie soziale Kultur Frankreichs als unterdurchschnittlich eingeschätzt wird. Das Neue an der Situation des Jahres 2005 besteht in der Vermengung des Instruments des Ausnahmezustandes mit dem wahltaktischen Kalkül, wodurch dem Souverän jenseits der *Banlieue* eine

Im Krisenmodus

Ausschließung des Souveräns in der *Banlieue* angeboten wird. Darüber hinaus greifen klassische Reaktionsmuster, die auch in anderen Dekolonisierungskonflikten bereits funktioniert haben. Es werden Repressionsmaßnahmen gegen Gruppen durchgesetzt, die von der Exekutive nicht als Bürger und folglich nicht als schutzwürdige Mitglieder der politischen Gemeinschaft betrachtet werden. Eine solche Asymmetrie in der Wahrnehmung setzt sich in der Sprache der Amtsträger der Republik fort. Sarkozy profitierte von dieser Situation, weil er die latent bestehenden Konfliktlinien zwischen Mutterland und ehemaligen Kolonien so zugespitzt formuliert hat. Es war im Rahmen eines Besuches in La Courneuve, währenddessen er am 29.6.2005 gegenüber Einwohnern und im Beisein mehrerer Fernsehteams die Hochdruckreiniger-Metapher benutzte, um zu verdeutlichen, dass die Staatsmacht das Problem des zunehmenden Vandalismus und der Gewaltkriminalität nunmehr rigoros, im Rahmen einer Politik der *Tolérance Zéro*, angehen werde.

Nach den Anschlägen vom 13.11.2015 ist Frankreich dauerhaft im Ausnahmezustand, die Maßnahmen sind seither sechs Mal verlängert worden. Gegenwärtig[11] plant die französische Regierung unter Premierminister Édouard Philippe neue Wege für die Aufrechterhaltung bestehender sicherheitspolitischer Maßnahmen. Laut *Le Monde*[12] hat sie einen Gesetzentwurf erarbeitet, der am 7.6.2017 dem Rat für Verteidigung und Nationale Sicherheit vorgelegt werden solle. Der Entwurf „renforçant la lutte contre le terrorisme et la sécurité intérieure" (deutsch: „zur Stärkung des Kampfes gegen den Terrorismus und der inneren Sicherheit") enthalte, so *Le Monde*, zahlreiche Regelungen des Gesetzes 55–385, die in allgemeines Recht überführt werden sollen. So könnten künftig die Ausweisung von Gefahren- beziehungsweise Sicherheitszonen die Möglichkeit, Aufenthaltsverbote oder Hausarreste auszusprechen, sowie die Möglichkeit, Orte oder Einrichtungen zu schließen, von denen vermutet wird, dass sie im

Zusammenhang mit terroristischen Aktivitäten stehen, möglich sein, ohne dass es dafür noch der Ausrufung eines Ausnahmezustandes bedarf. Die entsprechenden Regelungen sollen in den *Code de la sécurité intérieure*, dort in das neu zu schaffende Kapitel „surveillance et autres obligations individuelles" (deutsch: Überwachung und andere personenbezogene Maßnahmen) aufgenommen werden. Nach sechsmaliger Verlängerung ist der Ausnahmezustand in Frankreich mit Ablauf des 1.11.2017 aufgehoben worden. Gleichzeitig trat das von Präsident Macron am 30.10.2017 unterzeichnete Gesetz über die Stärkung der Inneren Sicherheit und des Kampfes gegen den Terrorismus in Kraft. Es enthält, zunächst befristet für die Dauer von drei Jahren, zahlreiche Maßnahmen, die vorher nur im Ausnahmezustand möglich waren. Insofern mag der Ausnahmezustand de jure aufgehoben worden sein. Die Kompetenzverschiebung zugunsten der Exekutive dauert aber an, so dass von einer Normalisierung des Ausnahmezustandes gesprochen werden kann.

Fluctuat nec mergitur

Sie schwankt, aber sie geht nicht unter, so lautet seit dem 24.11.1853 das offizielle Motto im Wappen der Stadt Paris.[13] Dieses Bekenntnis zur Selbstbehauptung wäre auch ein gutes Motto, zumindest aber eine gute Selbstbeschreibung für die V. Republik, die sich zwischen Gründungs- und Bestandskrisen zu behelfen wusste und die trotz widriger Umstände immer wieder zurechtgekommen ist. Und auch wenn auf die hyperaktive, aber ergebnisarme Präsidentschaft Sarkozys zuletzt jene des sich selbst als „normal" beschreibenden Präsidenten François Hollande (*1954) folgte, die für viele Beobachter von lähmendem Stillstand geprägt war, so haben es die Institutionen der V. Republik trotz Terrorismus, stagnierender Wirtschaft, sozialer Spaltung und populistischer Herausforderung von rechts und links 2017 erneut vermocht, eine zukunftsweisende Antwort zu finden. Ob die Bewegung Emmanuel Macrons das Vertrauen rechtfertigen wird, das große Teile der Bevölkerung derzeit hinsichtlich der Überwindung der Stagnation des Landes in sie setzen, wird sich allerdings erst noch zeigen müssen. Dass Macron die etablierten Parteistrukturen der V. Republik, und dabei insbesondere das überkommene Links-Rechts-Schema, erheblich ins Wanken gebracht hat, steht indes schon heute außer Frage.

Darüber hinaus Zukunftsprognosen zu stellen, gehört sicher nicht zu den primären Aufgaben eines historischen Überblicks. Doch wird man vor dem Hintergrund der bereits gezeigten Krisenreaktionskompetenz der Institutionen der V. Republik, ihrer politisch Verantwortlichen und ihrer Bürgerinnen und Bürger doch Grund zu der Annahme haben dürfen, dass die VI. Republik noch länger auf sich warten lassen wird.

Anmerkungen

1 Vgl. Aristoteles, Pol. 1289b, 12.
2 So der Untertitel des ersten Bandes ihrer vierbändigen Geschichte der IV. Republik.
3 Vgl. Proclamation des Résultats du Référendum sur l'Autodétermination du 1ᵉʳ Juillet 1962 ; URL: http://www.joradp.dz/JO6283/1962/001/FP3.pdf [18.07.2017].
4 Die Regierung ist gegenüber dem direkt vom Volk nach Mehrheitswahlrecht in Ein-Personen-Wahlkreisen gewählten Parlament verantwortlich.
5 Der Chef des Exekutive verfügt über eine eigene demokratische Legitimation, hat eigene, unveräußerliche Kompetenzen; vgl. Martens (2014: 445): „Der Präsident bestimmt die Richtlinien der Außenpolitik, hat den Oberbefehl über die Streitkräfte, beruft den Premierminister und ernennt auf dessen Vorschlag die Regierung. Darüber hinaus hat er das Recht, das Parlament jederzeit aufzulösen bzw. sich per Referendum direkt an das Volk zu wenden."
6 In diesem Zusammenhang bedarf Artikel 49 (3) der Verfassung gesonderter Erwähnung. Er gestattet es der Regierung, ein Gesetzesvorhaben auch ohne Aussprache am Parlament vorbei zu entscheiden. Das Gesetz gilt als angenommen, wenn nicht innerhalb von 24 Stunden ein Misstrauensantrag gegen die Regierung im Parlament eingebracht wird. In der V. Republik haben Regierungen bisher (Juni 2017) 45 Mal von dieser Regelung, die als Stärkung

der Handlungskompetenzen der Exekutive betrachtet wird, Gebrauch gemacht.

7 Vgl. Loi constitutionnelle N° 2000-964 du 2 octobre 2000; URL: http://www.conseil-constitutionnel.fr/conseil-constitutionnel/francais/la-constitution/les-revisions-constitutionnelles/loi-constitutionnelle-n-2000-964-du-2-octobre-2000.137742.html [18.07.2017].

8 Eine beeindruckende Detailstudie des Lebens in der *Banlieue* ist jüngst Alexander Smotczyk und Maurice Weiss mit ihrem Dokumentarfilm „Endstation Bataclan" (2016) gelungen. Darin zeichnen sie die tägliche Route von einem der Bataclan-Attentäter, Samy Amimour, nach. Bevor sich Amimour entschloss, Attentäter und Massenmörder zu werden, war er Busfahrer bei der RATP, den Pariser Verkehrsbetrieben, gewesen. Amimour war auf der Linie 148 eingesetzt, die von Bobigny Pablo Picasso durch die Tarifzone 3 im Nordosten von Paris verläuft.

9 Deutsch: Die feinen Unterschiede. Kritik der gesellschaftlichen Urteilskraft (1981).

10 Die jeweils aktuelle Version des Gesetzes kann abgerufen werden unter: https://www.legifrance.gouv.fr/affichTexte.do?cidTexte=JORFTEXT000000695350 [18.07.2017].

11 Aktuelle Informationen zum Ausnahmezustand in Frankreich unter: emergency.hypotheses.org.

12 Der fragliche Artikel findet sich unter http://www.lemonde.fr/police-justice/article/2017/06/07/le-gouvernement-compte-faire-entrer-l-etat-d-urgence-dans-le-droit-commun_5140018_1653578.html?utm_term=Autofeed&utm_campaign=Echobox&utm_medium=Social&utm_source=Twitter#link_time=1496834609 [18.07.2017].

13 Vgl. http://www.paris.fr/services-et-infos-pratiques/culture-et-patrimoine/histoire-et-patrimoine/histoire-et-memoire-2419#fluctuat-nec-mergitur-un-blason-et-une-devise-pour-paris_19 [18.07.2017].

Literatur

Aoláin, Fionnuala ní/Gross, Oren (2006): Law in Times of Crisis. Emergency powers in theory and practice. Cambridge, New York.

Berstein, Serge/Milza, Pierre (2009): Histoire de la France au XXe siècle. Tome 3: De 1958 à nos jours. Paris.

Bourdieu, Pierre (1979): La distinction. Critique sociale du jugement. Paris.

Crozier, Michel (1971): La Société bloquée. Paris.

Debré, Michel (1981): The Constitution of 1958. Its raison d'être and how it evolved. In: Andrews, William/Hoffmann, Stanley (Hrsg.): The Fifth Republic at Twenty. Albany.

Dély, Renaud (2017): La vraie Marine Le Pen. Un bobo chez les fachos. Paris.

Droz, Bernard/Lever, Évelyne (1982): Histoire de la guerre d'Algérie. Paris.

Duverger, Maurice (1980): A New Political System-Model: Semi-Presidential Government. In: European Journal of Political Research, 2/1980, S. 165–187.

Duverger, Maurice (1963): Die Entwicklung der Demokratie in Frankreich. In: Löwenthal, Richard (Hrsg.): Die Demokratie im Wandel der Gesellschaft – Vorträge gehalten im Sommersemester 1962. Berlin 1963.

Einaudi, Jean-Luc (2001): Octobre 1961: un massacre à Paris. Paris.

Elgey, Georgette (1965): Histoire de la IVe République. 4 tomes. Paris.

Eribon, Didier (2016): Rückkehr nach Reims. Berlin.

Ferry, Luc/Renault, Alain (1985): Le Pensée 68. Essai sur l'anti-humanisme contemporain. Paris.

Houellebecq, Michel (2015): Unterwerfung. Köln.

House, Jim/MacMaster, Neil (2008): Paris 1961 – Les Algériens, la terreur d'Etat et la mémoire. Paris.

Koselleck, Reinhard (1982): Krise. In: Brunner, Otto/Conze, Werner/Koselleck, Reinhard (Hrsg.): Geschichtliche Grundbegriffe. Historisches Lexikon zur politisch-sozialen Sprache in Deutschland. Band 3 H–Me. Stuttgart, S. 617–650.

Lemke, Matthias (2017): Demokratie im Ausnahmezustand. Wie Regierungen ihre Macht ausweiten. Frankfurt am Main, New York.

Loth, Wilfried (2015): Charles de Gaulle. Stuttgart.

Loth, Wilfried (1992): Geschichte Frankreichs im 20. Jahrhundert. Frankfurt am Main.

Louis, Édouard (2014): En finir avec Eddy Bellegeule. Paris.

Martens, Stefan (2014): Frankreich seit dem Ende des Zweiten Weltkrieges. In: Hinrichs, Ernst (Hrsg.): Geschichte Frankreichs. Von Heinz-Gerhard Haupt, Ernst Hinrichs, Stefan Martens, Heribert Müller, Bernd Schneidmüller, Charlotte Tacke. 2. Auflage, Stuttgart, S. 424–506.

Mitterrand, François (1964): Le Coup d'État permanent. Paris.

Renken, Frank (2006): Frankreich im Schatten des Algerienkrieges. Die Fünfte Republik und die Erinnerung an den letzten großen Kolonialkonflikt. Göttingen.

Requate, Jörg (2011): Frankreich seit 1945. Göttingen.

Steffani, Winfried (1995): Semi-Präsidentialismus: ein eigenständiger Systemtyp? Zur Unterscheidung von Legislative und Parlament. In: Zeitschrift für Parlamentsfragen, 4/1995, S. 621–641.

Steffani, Winfried (1979): Parlamentarische und präsidentielle Demokratie. Strukturelle Aspekte westlicher Demokratien. Opladen.

Touraine, Alain (1969): La société post-industrielle. Paris.

Viansson-Ponté, Pierre (1968): Quand la France s'ennuie. In: Le Monde, 15.03.1968 ; URL http://www.lemonde.fr/le-monde-2/article/2008/04/30/quand-la-france-s-ennuie_1036662_1004868.html [18.07.2017].

Vogel, Wolfram (2001): Demokratie und Verfassung in der V. Republik. Frankreichs Weg zur Verfassungsstaatlichkeit. Opladen.

Das politische System Frankreichs

von Joachim Schild

Stabiles Regieren mit Exekutivdominanz

Kernmerkmale der Verfassung und Institutionenordnung

Die Entstehung und die Kernmerkmale der Verfassung und Institutionenordnung der V. Französischen Republik sind nur vor dem Hintergrund der Funktionsdefizite der III. und IV. Republik zu verstehen. In den Vorgängerrepubliken stand ein sich als alleiniger Inhaber der nationalen Souveränität betrachtendes Parlament im Zentrum der politischen Willensbildung. Ihm standen Regierungen auf Abruf gegenüber, die in kurzen Abständen vom Parlament gestürzt wurden.

Die von General Charles de Gaulle und Michel Debré entworfene Verfassungsordnung der V. Republik verfolgte das Hauptziel einer Stärkung der Exekutive und der Gewährleistung ihrer Handlungsfähigkeit auch in Krisensituationen. Diesem Zweck diente vor allem die Stärkung der Machtposition des Staatspräsidenten. Das Parlament war der Hauptverlierer des Übergangs von der IV. zur V. Republik: Eine Vielfalt von Verfassungsbestimmungen begrenzt seine Handlungsfreiheit und seine Einflussnahme auf politische Entscheidungen, insbesondere die Möglichkeit, Regierungen zu Fall zu bringen.

Seit mehr als 60 Jahren zeichnet sich Frankreich durch stabiles Regieren auf der Grundlage einer im Kern nicht veränderten Verfassung sowie verlässlicher parlamentarischer Mehrheiten aus. Dabei hat sich die Verfassung der V. Republik vom 4. Oktober 1958 durchaus als anpassungs- und wandlungsfähig erwiesen. Sie hat nicht nur ihren Gründer, Charles de Gaulle, überlebt, sondern auch den Machtwechsel zur Linken 1981, drei Phasen der „Kohabitation" von Präsidenten und Regierungen unterschiedlicher Couleur (1986–1988, 1993–1995 und 1997–2002) sowie die zunehmende Einbettung der „einen und unteilbaren Republik" Frankreich in europäische Integrationsstrukturen.

Die Verfassung der V. Republik definiert Frankreich in Artikel 1 als „eine unteilbare, laizistische, demokratische und soziale Republik", die seit einer Verfassungsänderung von 2003 als „dezentral organisiert" gekennzeichnet wird – ein bemerkenswerter Wandel im Musterland des Zentralismus.

Der Erfolg der stabilen, aber anpassungsfähigen Verfassungsordnung der V. Republik hatte jedoch stets einen Preis. Die V. Republik ist – wenn auch weniger als früher – durch eine hohe Machtkonzentration, eine ausgeprägte Exekutivdominanz sowie eine Schwäche institutioneller, politischer, territorialer und rechtsstaatlicher Gegengewichte gekennzeichnet. Es ist eine im internationalen Vergleich besonders ausgeprägte Konzentration politischer Entscheidungsprozesse auf nationaler Ebene in den Händen des Staatspräsidenten

Das politische System Frankreichs

und des Élysée-Palastes zu konstatieren. Problematisch wird dies angesichts der komplexen Kontextbedingungen des Regierens im 21. Jahrhundert, die die politischen Handlungsmöglichkeiten auch des (scheinbar) mächtigsten Staatspräsidenten empfindlich beschränken.

Politische Kultur

Waren die ersten Jahre der V. Republik noch durch einen Grundsatzkonflikt um die neue Verfassungsordnung geprägt, so genießt die Verfassungsordnung heute breite Zustimmung innerhalb der Bevölkerung.[1] Eine hohe Zustimmung der Bürgerinnen und Bürger zur Demokratie als Regierungsform und zur Verfassung der V. Republik geht seit den frühen 1990er Jahren einher mit einer ausgeprägten Unzufriedenheit mit dem aktuellen Funktionieren der Demokratie und starken Entfremdungstendenzen zwischen Bürgern und ihren als abgehoben wahrgenommenen politischen Eliten. So verneinten im Dezember 2016 in einer Umfrage 89 Prozent der Teilnehmer die Frage, ob nach ihrer Meinung die Politiker sich im Allgemeinen um das kümmern, was Leute wie sie beschäftigt.[2] Die Wahl Emmanuel Macrons zum Staatspräsidenten und die Tatsache, dass seine erst 2016 gegründete Partei *La République en Marche* aus dem Stand eine absolute Mehrheit der Sitze in der Nationalversammlung erzielen konnte (308 von 577 Sitzen), sind Ausdruck eines ausgeprägten Wunsches nach personeller Erneuerung.

Seit der Mitte der 1980er Jahre lässt sich ein politisch-kultureller Umbruch beobachten.[3] Die sozioökonomische „Klassenkonfliktlinie" hat erheblich an Bedeutung für das Wahlverhalten verloren, wiederholte Regierungswechsel zwischen der politischen Linken und Rechten seit 1981 ließen die inhaltlichen Trennlinien zwischen der gemäßigten Linken und Rechten verschwimmen. Dies hat die Wahl Präsident Macrons und der ihn unterstützenden Kandidaten für die Nationalversammlungswahlen begünstigt, die sich einer einfachen Links-Rechts-Zuordnung bewusst entzogen haben.

An Bedeutung gewonnen hat seit den 1980er Jahren ein soziokultureller Wertekonflikt zwischen traditionalistischen, autoritären und ethnozentristischen Wertemustern einerseits und libertären Selbstentfaltungswerten und universalistischen Werten andererseits, der auf Parteiebene im Wertegegensatz zwischen dem rechtsextremen *Front National* (FN) und den französischen Grünen seinen klarsten Ausdruck findet.

Seit den frühen 1990er Jahren ist eine Spaltungslinie erkennbar geworden, die Befürworter und Gegner, Gewinner und Verlierer europäischer Integration und von Globalisierungsprozessen voneinander trennt. Diese Spaltungslinie prägt insbesondere den Präsidentschaftswahlkampf 2017. In der Stichwahl standen sich mit Macron und der FN-Kandidatin Marine Le Pen ein Vertreter eines globalisierungs- und europaoffenen Kurses und die Vertreterin einer Politik der nationalen Abschottung gegenüber.

Präsident

Das französische Regierungssystem kann aufgrund der Abberufbarkeit der Regierung aus politischen Gründen durch das Parlament – im französischen Fall durch die erste Kammer, die Nationalversammlung – dem Typus des parlamentarischen Regierungssystems zugeordnet werden. Aufgrund der zentralen Rolle des direkt gewählten Staatspräsidenten spricht der Politikwissenschaftlicher Winfried Steffani von einem parlamentarischen Regierungssystem mit Präsidialdominanz.[4]

Die dominierende Stellung des Präsidenten in Nicht-Kohabitationsphasen ergibt sich zum einen aus Artikel 5, dem zufolge er „über die Einhaltung der Verfassung [wacht]. Er gewährleistet durch seinen Schiedsspruch die ordnungsgemäße Tätigkeit der Verfassungsorgane sowie die Kontinuität des Staates". Zum anderen stützt sie sich auf verfassungsmäßig verbriefte Kompetenzen, die er ohne ministerielle Gegenzeichnung wahrnehmen kann. Dies betrifft das Recht, den Premierminister zu ernennen (Art. 8, Abs. 1), die Nationalversammlung aufzulösen (Art. 12), den Notstand auszurufen (Art. 16) und drei der neun Mitglieder des Verfassungsrats zu ernennen. Im Ministerrat hat er den Vorsitz inne (Art. 9), ebenso in den obersten Räten und Komitees der nationalen Verteidigung, ist er doch Oberbefehlshaber der Streitkräfte (Art. 15). Er verhandelt und ratifiziert internationale Verträge (Art. 52), und Artikel 5 macht ihn zum „Garant(en) der nationalen Unabhängigkeit, der Integrität des Staatsgebietes und der Einhaltung der [völkerrechtlichen, J.S.] Verträge".[5]

Daneben besitzt er umfangreiche Rechte, die der Gegenzeichnung durch den Premierminister oder eines Vorschlags der Regierung bedürfen, für deren volle Nutzung er demnach von der Unterstützung seitens einer präsidentiellen Mehrheit im Parlament abhängig ist. So kann er nur auf Vorschlag der Regierung oder auf der Grundlage einer gemeinsamen Initiative beider Parlamentskammern über einen Gesetzesentwurf per Referendum nach Artikel 11 entscheiden lassen.

Mit einer Verfassungsrevision per Referendum von 2000 wurde die Amtszeit des Präsidenten mit fünf Jahren (vorher sieben) der Dauer der Legislaturperiode der Nationalversammlung angepasst. Damit werden Kohabitationsperioden unwahrscheinlicher. Der Wahlkalender wurde seit dieser Verfassungsreform bewusst so gestaltet, dass die Präsidentschaftswahl vor der Parlamentswahl stattfindet. Letztere haben 2002, 2007, 2012 und 2017 stets dem frisch gewählten Präsidenten eine parlamentarische Mehrheit in der Nationalversammlung beschert. Diese Amtszeitverkürzung in Kombination mit der Wahlreihenfolge hat die Machtbalance innerhalb der Exekutive noch stärker als zuvor in Richtung des

Präsidenten verlagert.[6] Als unumstrittener Mehrheitsführer steht er mehr denn je im Zentrum des politischen Geschehens. Diese Machtkonzentration beim Präsidenten wurde durch den „hyperpräsidentiellen" Regierungsstil von Staatspräsident Nicolas Sarkozy (2007–2012) und auch von Emmanuel Macron (2017–) noch akzentuiert.

Erstmals wurde mit der Verfassungsänderung von 2008 die Wiederwählbarkeit von Präsidenten beschränkt. Sie können maximal zwei aufeinanderfolgende Amtsperioden wahrnehmen. Damit sollte eine regelmäßige Erneuerung des Spitzenpersonals der V. Republik gewährleistet werden.

Regierung

Die Regierung ihrerseits „bestimmt und leitet die Politik der Nation. Sie verfügt über die Verwaltung und die Streitkräfte", so Artikel 20. Der Premierminister „leitet die Amtsgeschäfte der Regierung" und „ist für die nationale Verteidigung verantwortlich" (Art. 21). Ihm steht, neben den beiden Parlamentskammern, die Gesetzesinitiative zu (Art. 39). Er und seine Regierung verfügen über das Arsenal des „rationalisierten Parlamentarismus", um die Parlamentsarbeit in ihrem Sinne prozedural steuern und inhaltlich beeinflussen zu können.

Diese Bestimmungen erlauben offenkundig eine parlamentarische Lesart der Verfassung, die in den Kohabitationsphasen auch praktiziert wurde. Während der drei Kohabitationsphasen (1986–1988, 1993–1995 und 1997–2002) avancierte der Premierminister zum zentralen politischen Akteur und der Präsident sah sich auf die ihm ausdrücklich in der Verfassung zugeschriebenen Rechte beschränkt.

Der Premierminister verdankt seine Ernennung in Nicht-Kohabitationszeiten dem Präsidenten und ist politisch von ihm abhängig. De facto, wenn auch nicht de jure, entscheidet der Präsident auch über die Entlassung des Premierministers,

Das politische System Frankreichs 59

Abbildung 1: Grundstruktur des Regierungssystems Frankreichs

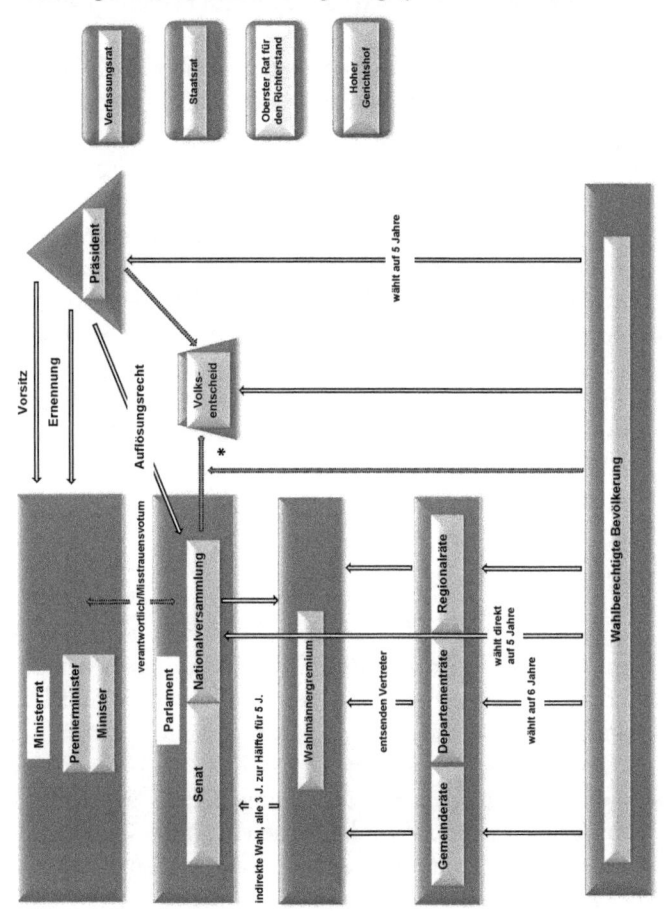

* Zunächst konnte lt. Verfassung nur der Präsident einen Volksentscheid herbeiführen. Seit 2005 steht dieses Recht auch einem Fünftel der Abgeordneten zu, die dabei von einem Zehntel der Wahlberechtigten unterstützt werden müssen.
Quelle: Eigene Darstellung in Anlehnung an Ruß 2014, S. 134.

sofern ihm keine gegnerische Mehrheit im Parlament gegenübersteht.

Die Regierung der V. Republik funktioniert als Kollegialorgan. Formelle Abstimmungen finden im Ministerrat nicht statt.[7] Die französische Regierung kennt kein Ressortprinzip im Sinne einer eigenverantwortlichen Zuständigkeit der Minister für ihr Ressort.

Interministerielle Konflikte werden vom Premierminister oder dessen politischen Mitarbeitern hierarchisch entschieden. Je nach Regierungsstil kann auch der Präsident am Premierminister vorbei direkt mit einzelnen Ministern kooperieren und die letzte Entscheidung treffen. Insbesondere in der Amtszeit von Präsident Nicolas Sarkozy (2007–2012) kam es zu einer deutlichen Aufwertung des Élysée-Palastes und der Präsidentenberater, die nicht selten an den zuständigen Ministern „vorbeiregierten".

Parlament

„Die V. Republik gilt als Paradebeispiel für eine weitgehende Entmachtung des Parlaments."[8] Das Verhältnis zwischen Exekutive und Legislative ist von den Bestimmungen und Traditionen des „rationalisierten Parlamentarismus" geprägt. Ein Ausdruck hiervon ist der per Verfassung (Art. 34) definierte Gegenstandsbereich der Gesetzgebung. Dieser lässt der Regierung einen weiten Verordnungsbereich (Art. 37). Die Bestimmungen des „rationalisierten Parlamentarismus" dienen vor allem dazu, die Regierungsfähigkeit der Exekutive auch dann zu erhalten, wenn im Parlament keine klare Mehrheit für die Regierung vorhanden ist. So kann die Regierung die Tagesordnung des Parlaments in zwei von vier Sitzungswochen pro Monat vorrangig bestimmen (Art. 48, Abs. 1). Sie kann die Abstimmung über Änderungsanträge zu ihren Gesetzesvorlagen, die ihr nicht genehm sind, verhindern und über Gesetze oder Teile davon en bloc abstimmen lassen

(Art. 44, Abs. 3). Als ultimatives Disziplinierungsmittel kann der Premierminister nach Beratung im Ministerrat einen Gesetzestext mit der Vertrauensfrage verbinden. Die Vorlage gilt dann als angenommen, wenn kein Misstrauensantrag in der Nationalversammlung eingebracht und angenommen wird (Art. 49, Abs. 3). Demnach können Gesetze das Parlament ohne Abstimmung passieren, falls kein Misstrauensantrag gestellt wird.

Frankreich besitzt ein asymmetrisches Zwei-Kammer-System. Dabei hat die Nationalversammlung, so die Regierung dies beschließt, das letzte Wort im Falle der Nichteinigung zwischen beiden Kammern in einem Vermittlungsverfahren (Art. 45, Abs. 4). Gleichberechtigt ist der Senat – von der Verfassung mit der Aufgabe der Vertretung der Gebietskörperschaften betraut (Art. 24, Abs. 4) – lediglich im Falle von verfassungsändernden Gesetzen und verfassungsausführenden Gesetzen *(lois organiques)*, die seine eigene Rolle und Funktion betreffen (Art. 46, Abs. 4).

Die Zahl der ständigen Ausschüsse ist in beiden Kammern auf maximal acht begrenzt (Art. 43, Abs. 1), was die Kontrolle der Regierung durch die fehlende Parallelität zwischen Ressort- und Ausschussstruktur nicht eben erleichtert.

Das Parlament wurde seit 1990 in mehreren Etappen aufgewertet. So wurde 1995 per Verfassungsänderung eine durchgängige Sitzungsperiode von neun Monaten (Oktober bis Juni) statt der vorherigen zwei Sitzungsperioden à drei Monate eingeführt. Dies stärkte ohne Frage die Kontrollfunktion des Parlaments gegenüber der Exekutive. Die Stärkung des Parlaments bildete ein wesentliches Anliegen der Verfassungsreform von 2008. Seine Aufwertung blieb jedoch begrenzt. Gestärkt wurden seine Kontrollrechte, sein Einfluss auf Ernennungen seitens des Präsidenten, seine Stellung im Gesetzgebungsverfahren sowie seine außen- und sicherheitspolitischen Befugnisse. In der Außenpolitik erhielt das Parlament eine Mitsprache bei Auslandseinsätzen der Armee, muss diese allerdings nicht vorab genehmigen. Auch bei EU-Erweiterungen kann es zukünftig eine mitentscheidende Rolle spielen.

Die Oppositionsrechte wurden in begrenztem Umfang aufgewertet. So hat die Opposition an einem Tag im Monat das Recht, die parlamentarische Tagesordnung mitzubestimmen, was Abgeordnete der Mehrheit nicht selten veranlasst, der Sitzung fernzubleiben. Durch eine Änderung der Geschäftsordnung der Nationalversammlung vom 27. Mai 2009 wurde die Einrichtung von Untersuchungsausschüssen zu einem Oppositionsrecht (Art. 141, Abs. 2 der Nationalversammlungsgeschäftsordnung).

Verfassungsrat

Die bedeutsamste Aufwertung eines Verfassungsorgans in der V. Republik erfuhr jedoch nicht das Parlament in seiner Beziehung zur Exekutive, sondern der Verfassungsrat. Er entwickelte sich zu einem echten Gegengewicht zur Exekutive im System der V. Republik.

Schon 1971 hatte der Verfassungsrat eigenmächtig eine materielle verfassungsrechtliche Prüfkompetenz für sich beansprucht und seine Rolle damit nicht länger auf die formal-prozedurale Kontrolle der Kompetenzverteilung/-ausübung zwischen Exekutive und Legislative beschränkt, sondern auch auf Grundrechtsfragen ausgeweitet.

Die Verfassungsänderung vom 29. Oktober 1974 machte die Anrufung des Verfassungsrats faktisch zum Oppositionsrecht, konnte der Verfassungsrat doch nunmehr durch 60 Abgeordnete oder 60 Senatoren angerufen werden.[9] Von 1986 bis 2006 landete rund ein Viertel aller Gesetze vor dem Verfassungsrat, und die Hälfte der dort verhandelten Vorlagen wurde teilweise oder ganz kassiert.[10]

Seit der Verfassungsreform von 2008 ist es Gerichten erstmals möglich, auf dem Wege der konkreten Normenkontrolle auf Betreiben einer Streitpartei den Verfassungsrat anzurufen und von ihm die Frage beantworten zu lassen, ob die beanstandete Rechtsnorm die „Rechte und Freiheiten, die die Verfassung garantiert" (Art. 61-1), verletzt (*question prioritaire constitutionnelle*, QPC). Es handelt sich hierbei um einen sehr bemerkenswerten Verfassungswandel, der sich von der tradierten rousseauistischen Vorstellung vom souveränen Gesetz(geber) zugunsten von rechts- und verfassungsstaatlichen Prinzipien und Verfahren verabschiedet.

Eine Veränderung der lebenden Verfassung mit potenziell weitreichenden Folgen bestand in der in mehreren Schritten erfolgten Beschränkung der Möglichkeit der Mandatskumulierung. Durch Ämter- bzw. Mandatshäufung *(cumul des mandats)* sind Politiker auf mehreren Ebenen gleichzeitig präsent – auf lokaler Ebene meist in Exekutivämtern – und können in Paris die Interessen „ihrer" Stadt oder „ihres" Departements bzw. Wahlkreises wirksam vertreten. Mehr als 80 Prozent der Nationalversammlungsabgeordneten hatten in der Legislaturperiode 2012–2017 gleichzeitig ein lokales Mandat inne. Im Januar 2014 verabschiedete die Nationalversammlung gegen erhebliche Widerstände der Lokalnotablen ein Gesetz, das diese Mandatskumulierung beschränkt. So können Abgeordnete und Senatoren seit dem 1. April 2017 keine lokalen Exekutivämter mehr wahrnehmen (z.B. Bürgermeister, Präsident oder Vizepräsident von Regional- oder Departementräten oder einer interkommunalen Kooperationseinrichtung). Diese Reform sowie das Aufkommen der neuen politischen Kraft *La République en Marche* haben 2017 zu einer umfassenden personellen Erneuerung der französischen Nationalversammlung geführt, 431 von 577 Abgeordneten, rund 75 Prozent, waren 2012–2017 noch nicht in der Nationalversammlung vertreten.

Parteien

Französische Parteien haben eine vergleichsweise schwache verfassungsrechtliche Stellung – laut Artikel 4 wirken sie bei Wahlentscheidungen mit. Daneben fallen noch weitere, vor allem organisatorische Besonderheiten auf. Die Parteimitgliederdichte (Parteimitglieder im Verhältnis zu registrierten Wählerinnen und Wählern) fällt in Frankreich geringer aus als in den meisten vergleichbaren gefestigten Demokratien Europas; derzeit sind weniger als ein Prozent der Wahlberechtigten Parteimitglied.[11] Die Finanzkraft der Parteien ist aufgrund der geringen Mitgliederzahlen und der strikten Begrenzung von Spenden an Parteien stark beschränkt. Seit 1995 dürfen Unternehmen und juristische Personen, z. B. Interessenverbände, Parteien keine Spenden mehr zuwenden, und Spenden von Privatpersonen sind auf 7.500 Euro pro Jahr begrenzt.

Die Parteien haben im politischen System der V. Republik im Vergleich zur IV. Republik in einem ganz entscheidenden Punkt einen Bedeutungszuwachs erlebt – als Garanten stabiler Mehrheiten im Parlament. Französische Parteien haben sich an die institutionellen Rahmenbedingungen der V. Republik zunehmend angepasst und spielen eine zentrale Rolle bei der Besetzung exekutiver Spitzenämter. Dies gilt auch für die Präsidentschaftswahl, die keine parteiunabhängige Personenwahl, sondern seit 1981 ganz wesentlich eine Parteienwahl ist.[12] Die Wahl Macrons bildete eine Ausnahme, hat er doch seine Unterstützungsplattform *En marche* erst gegründet, als er sich zur Kandidatur entschieden hatte.

Ein zentrales Merkmal der französischen Parteienlandschaft ist ihre Instabilität. Sie ist geprägt durch häufige Neugründungen, Spaltungen, kurzlebige Parteienbündnisse, Umbenennungen und Auflösungen. Dahinter verbarg sich in der Vergangenheit gleichwohl ein hohes Ausmaß von Kontinuität politischer Tendenzen, Traditionen und des Spitzenpersonals.[13]

Nach zwei von Fragmentierungstendenzen gekennzeichneten Jahrzehnten brachten die 2000er Jahre eine Periode der Rekonzentration des Parteiensystems im Rahmen einer bipolaren Wettbewerbssituation mit der Sozialistischen Partei (*Parti socialiste*, PS) als dominanter Kraft auf der Linken und der 2002 gegründeten *Union pour un mouvement populaire* (UMP) auf der Rechten. Letztere hat sich 2015 in *Les Républicains* (LR) umbenannt. Der politische Bedeutungsverlust des Zentrums sowie der französischen kommunistischen Partei (PCF) gehören zu den markanten Entwicklungen des Parteiensystems seit 1990 (vgl. Tabelle 1).

Das Parteiensystem entwickelte sich in Richtung einer tripolaren Wettbewerbsstruktur mit der LR und dem PS als Pole der gemäßigten Rechten und Linken und dem *Front National* als starkem rechtsextremem Pol. Dabei waren Koalitionen weder zwischen den gemäßigten Kräften der Rechten und Linken denkbar, noch zwischen diesen und dem *Front National*.

Einen fundamentalen und erdbebenartigen Wandel im Parteiensystem brachte die Nationalversammlungswahl 2017 mit sich. Republikaner und Sozialisten erreichten zusammengenommen gerade einmal 23 Prozent. Über der Zukunft der sozialistischen PS stehen angesichts ihres Sturzes ins Bodenlose – von 29,4 auf 7,5 Prozent – große Fragezeichen. Die linkspopulistische Partei *La France insoumise* unter Führung von Jean-Luc Mélenchon, die elf Prozent erreichte, droht ihr den Rang als wichtigste linke Kraft abzulaufen.

Die in der politischen Mitte angesiedelte Präsidentenpartei *La République en Marche* erzielte aus dem Stand 28 Prozent. Teile der Republikaner und der Sozialisten arbeiten im Parlament mit Macrons *La République en Marche* zusammen. Zum ersten Mal seit Jahrzehnten zeichnet sich damit die Möglichkeit einer Mehrheitsbildung in der politischen Mitte über die Links-Rechts-Trennlinie hinweg ab. Diese könnte, je nach Ausmaß der zukünftigen Erfolge der Präsidentenpartei *La République en Marche*, die bipolare Blockbildungs-

Tabelle 1: Wahlergebnisse der wichtigsten Parteien bei Wahlen zur Nationalversammlung in Prozent der abgegebenen Stimmen im 1. Wahlgang

	1958	1962	1967	1968	1973	1978	1981	1986	1988	1993	1997	2002	2007	2012	2017
La France insoumise															11
PCF	18,9	21,9	22,5	20,0	21,4	20,6	16,1	9,8	11,3	9,2	9,9	4,9	4,3		2,7
Front de Gauche														6,9	
SFIO/PS*	15,5	12,4	18,9	16,5	19,1	22,8	36,0	31,0	34,8	17,6	23,5	23,8	24,7	29,4	7,5
Christdemokraten (MRP/CD)	11,1	7,9	14,1	10,5											
La République en Marche															28,2
UDF/Modem						20,6	19,2	41,0	18,5	19,1	14,2	4,8	7,6	1,8	4,1
RPR-UDF							20,9								
Gaullisten/LR	20,6	33,7	32,1	38,0	37,0	22,5			19,2	20,4	15,7	33,4	39,5	27,1	15,8
FN						0,3	0,2	9,7	9,7	12,4	14,9	11,1	4,3	13,6	13,1
Les Verts/EELV						2,0	1,1	1,2	0,4	4,0	4,1	4,4	3,3	5,5	4,3

Quellen: Für die Jahre 1981 – 2017 wurde auf die Daten des französischen Innenministeriums zurückgegriffen, für 1958 – 1978 auf die von Alain Lancelot[14] berechneten Daten.

Das politische System Frankreichs

logik im französischen Parteiensystem ablösen. Dies käme einem radikalen Strukturwandel des Parteiensystems gleich.

Wahlrecht, Wahlen und Abstimmungen

Das französische Wahlrecht hat seit Beginn der 1990er Jahre eine Reihe von Veränderungen erfahren. Unverändert geblieben ist die Wahl des Staatspräsidenten im Rahmen einer Mehrheitswahl in zwei Wahlgängen. Die direkten Wahlen zur Nationalversammlung werden nach dem romanischen absoluten Mehrheitswahlrecht ebenfalls in zwei Wahlgängen durchgeführt. Im ersten Durchgang ist nur gewählt, wer eine absolute Mehrheit der abgegebenen Stimmen im Wahlkreis auf sich vereinigen kann und gleichzeitig mindestens von einem Viertel der eingeschriebenen Wählerinnen und Wähler gewählt wurde. Um in den zweiten Wahlgang zu gelangen, muss der Bewerber im ersten Wahlgang die Stimmen von mehr als 12,5 Prozent der eingeschriebenen Wählerinnen und Wähler in seinem Wahlkreis auf sich vereinigen. Bei geringer Wahlbeteiligung, wie zuletzt bei den Parlamentswahlen 2017, ist dies eine hohe Hürde. So benötigten Kandidatinnen und Kandidaten im Schnitt rund ein Viertel der gültigen Stimmen im ersten Wahlgang, um im zweiten Wahlgang präsent sein zu können.

In Perioden zunehmender Fragmentierung des nationalen Parteiensystems, wie etwa in den 1990er Jahren, aber auch 2012, ließ sich eine vermehrte Zahl von Dreieckskonstellationen *(triangulaires)* im zweiten Wahlgang der Nationalversammlungswahlen feststellen.[15] In Wahlkreisen, in denen es drei Kandidaten in den zweiten Wahlgang geschafft hatten, spielte der *Front National* nicht selten das Zünglein an der Waage und trug insbesondere 1997 erheblich zum Wahlsieg der Linken bei.

Die Senatoren werden auf sechs Jahre indirekt gewählt, wobei die 348 Sitze des Senats alle drei Jahre je zur Hälfte erneuert werden. Zwischen 2011 und 2014 gab es erstmals in der Geschichte der V. Republik eine linke Mehrheit im Senat. Die auf Departementsebene gebildeten Wahlmännergremien repräsentieren das eher ländlich-konservative Frankreich der kleinen Kommunen. Deren deutliche Überrepräsentation gegenüber städtischen Kommunen wurde in einer Wahlrechtsreform 2013 etwas abgebaut.

Die Wahlerfolge des *Front National* in den 1990er Jahren haben Anlass zu Wahlrechtsreformen gegeben, so vor allem im Falle der im Sechs-Jahres-Rhythmus stattfindenden Regionalwahlen. Diese wurden 1986 bis 1998 nach einem Verhältniswahlrecht durchgeführt, erhielten ab 2004 aber eine Mehrheitskomponente. Es handelt sich nun um eine Listenwahl in zwei Wahlgängen, wobei die stärkste Partei von vornherein ein Viertel der Sitze zugesprochen bekommt und die restlichen Sitze proportional unter allen Parteien verteilt werden, die die Fünf-Prozent-Hürde überspringen konnten. Dieses Wahlverfahren ähnelt demjenigen bei Kommunalwahlen, wie es in Kommunen mit mehr als 1.000 Einwohnern gilt. Es soll stabile Mehrheitsbildungen fördern, Koalitionsnotwendigkeiten reduzieren und den *Front National* seltener in eine Schlüsselstellung bringen.

Ähnliches gilt für die Änderung des Wahlrechts zur Wahl der französischen Europaabgeordneten im Jahr 2003. Die Reform benachteiligt kleinere Parteien, da nunmehr das Verhältniswahlrecht nicht mehr wie zuvor in einem einzigen landesweiten Wahlkreis, sondern in acht Wahlkreisen angewandt wird, wobei eine Fünf-Prozent-Sperrklausel gilt. Dies erhöht die Hürden für kleinere Parteien.

2013 beschloss das Parlament eine Anhebung der Schwelle, die Kandidatinnen und Kandidaten für die auf sechs Jahre gewählten Departementräte überwinden müssen, um im zweiten Wahlgang dieser Mehrheitswahl präsent zu sein, auf 12,5 Prozent der eingeschriebenen Wählerinnen und Wähler (früher zehn Prozent). Auch diese Reform diente dem Zweck, die Präsenz von Kandidatinnen und Kandidaten des *Front National* im entscheidenden Wahlgang zu verringern. Der Wahlmodus erfuhr noch eine weitere Veränderung. Es handelt sich nunmehr um eine binominale Mehrheitswahl in zwei Wahlgängen. Die zwei Kandidaten pro Wahlkreis müssen obligatorisch eine Frau und ein Mann sein. Dieses neue Wahlverfahren, das im März 2015 erstmals Anwendung fand, soll die Geschlechterparität in den Departementräten herstellen, waren Frauen doch auf dieser territorialen Ebene bisher besonders stark unterrepräsentiert.

Die Grundlage für die gesetzliche Förderung der Geschlechterparität wurde in einer Verfassungsänderung vom 8. Juli 1999 gelegt. Artikel 3, Absatz 2 bestimmt, dass der „gleiche Zugang von Frauen und Männern zu den Wahlmandaten und -ämtern per Gesetz gefördert" werden soll, und Artikel 1, Absatz 2 trägt den Parteien auf, zur Verwirklichung dieses Grundsatzes beizutragen.

Ein erstes Paritätsgesetz vom Juni 2000 sah eine gleiche Zahl von Frauen und Männern bei Listenwahlen, eine annähernd paritätische Kandidatenverteilung bei Mehrheitswahlen sowie finanzielle Sanktionen bei Nichteinhaltung dieser Regeln vor. In der V. Republik waren Frauen in der Nationalversammlung in einem im europäischen Vergleich auffälligen Maße unterrepräsentiert. Inzwischen stieg ihr Anteil in der Nationalversammlung von sechs Prozent im Jahr 1988 über 27 Prozent im Jahr 2012 auf 38,8 Prozent in der 2017 gewählten Nationalversammlung an.[16]

Anmerkungen

1 Vgl. Pierre Bréchon (2008): La Ve est-elle populaire dans l'opinion publique? URL: https://halsha.archives-ouvertes.fr/halsha-00399204/document [01.09.2017].
2 Vgl. SciencesPo-CEVIPOF (2017): Baromètre de la confiance politique, vague 8, Paris. URL: http://www.cevipof.com/fr/le-barometre-de-la-confiance-politique-du-cevipof/resultats-1/vague8/ [01.09.2017].

3   Vgl. Joachim Schild (2012): Jenseits von links und rechts? Zur Transformation der französischen politischen Kultur. In: Adolf Kimmel/Henrik Uterwedde (Hrsg.): Länderbericht Frankreich. 3. aktualisierte Auflage, Bonn, S. 52–67.

4   Winfried Steffani (1988): Zur Unterscheidung parlamentarischer und präsidentieller Regierungssysteme. In: Zeitschrift für Parlamentsfragen, Heft 3/1988, S. 390–401, hier: S. 395–396.

5   Eine deutsche Übersetzung der Verfassung der V. Republik ist auf den Internetseiten der französischen Nationalversammlung dokumentiert. URL: http://www.conseil-constitutionnel.fr/conseil-constitutionnel/root/bank_mm/allemand/constitution_allemand.pdf [01.09.2017].

6   Vgl. hierzu: Jonathan D. Levy/Cindy Skach (2008): The return to a strong presidency. In: Alistair Cole/Patrick Le Galès/Jonathan Levy (Hrsg.): Developments in French Politics. Basingstoke u. a. 2008, S. 111–126.

7   Vgl. Claus Dieter Classen (2012): Verfassungsrecht der V. Republik. In: Hans-Jürgen Sonnenberger/Claus Dieter Classen (Hrsg.): Einführung in das französische Recht. 4. Auflage, Frankfurt am Main, S. 39–87.

8   Adolf Kimmel (2004): Die Nationalversammlung in der V. Republik: Ein endlich akzeptiertes Stiefkind? In: Marie-Luise Recker (Hrsg.): Parlamentarismus in Europa. Deutschland, England und Frankreich im Vergleich. München, S. 121–137, hier: S. 126.

9   Vgl. Wolfram Vogel (2001): Demokratie und Verfassung in der V. Republik. Frankreichs Weg zur Verfassungsstaatlichkeit. Opladen.

10 Vgl. Sylvain Brouard (2009): The Constitutional Council: The rising regulator of French Politics. In: Sylvain Brouard/Andrew Appleton/Amy G. Mazur (Hrsg.): The French Fifth Republic at fifty. Beyond stereotypes. Basingstoke u. a., S. 99–117, hier: S. 112.

11 Vgl. Pascal Delwit (2011): Still in decline? Party membership in Europe. In: Emilie van Haute (Hrsg.): Party membership in Europe: Exploration into the anthills of party politics. Brüssel, S. 25–42, hier: S. 31.

12 Vgl. Christine Pütz (2004): Parteienwandel in Frankreich. Präsidentschaftswahlen und Parteien zwischen Tradition und Anpassung. Wiesbaden.

13 Vgl. Dietmar Hüser (2000): Französische Parteien zwischen dem 19. und 21. Jahrhundert. In: Sabine Ruß u. a. (Hrsg.): Parteien in Frankreich. Kontinuität und Wandel in der V. Republik. Opladen 2000, S. 15–33.

14 Alain Lancelot: Les élections sous la Ve République. 2. Auflage, Paris.

15 In den insgesamt 577 Wahlkreisen kam es 1993 in 15 Fällen zu „triangulaires", 1997 in 79, 2002 in 10, 2007 in einem, 2012 in 34 Fällen, 2017 in einem Fall.

16 Vgl. Observatoire de la parité entre les femmes et les hommes, Guide „Les Modes de Scrutin et la parité entre les femmes et les hommes", Paris, Juni 2012. URL: http://www.haut-conseil-egalite.gouv.fr/IMG/pdf/Guide_des_modes_de_scrutin-juin_2012.pdf. Für 2017, s. Le Monde v. 28.6.2017 [01.09.2017].

Überblicksliteratur

Duhamel, Olivier/Tuisseau, Guillaume (2013): Droit constitutionnel et institutions politiques. 4. Auflage, Paris.

Kempf, Udo (2017): Das politische System der V. Republik. 5. Auflage, Wiesbaden.

Kimmel, Adolf (2014): Das politische System der V. Republik. Ausgewählte Aufsätze. Baden-Baden.

Ruß, Sabine (2014): Frankreich. In: Lauth, Hans-Joachim (Hrsg.): Politische Systeme im Vergleich. München, S. 127–162.

Schild, Joachim/Uterwedde, Henrik (2006): Frankreich – Politik, Wirtschaft und Gesellschaft. 2. Auflage, Wiesbaden.

Frankreichs Parteiensystem im Wandel

von Christine Pütz

Vorbemerkung

Der sensationelle Wahlsieger von 2017 und neue Staatspräsident Emmanuel Macron hat eine Revolution angekündigt. Die Umwälzungen der französischen Parteienlandschaft, die das Wahljahr mit sich gebracht hat, sind vielleicht nicht revolutionär, einschneidend sind sie aber allemal.

Erstmals in der Geschichte der V. Republik kam kein Kandidat der Sozialisten und der Konservativen in die Stichwahl. Mit Emmanuel Macron wurde ein politischer Newcomer ohne langfristige Parteibindung zum Staatspräsidenten gewählt. Seine erst 2016 gegründete Bewegung *La République en Marche* hat aus dem Stand die parlamentarische Mehrheit gewonnen und stellt mit 50 Prozent der Abgeordneten die mit Abstand größte Fraktion in der *Assemblée nati-*

onale. Mit seiner ideologischen Besetzung der politischen Mitte durchbricht der sozialliberale Präsident die für Frankreich traditionell starke Zwei-Lager-Logik. Gleichzeitig hat die Polarisierung am linken und rechten Rand stark zugenommen. Der linkspopulistische Jean-Luc Mélenchon lag bei dem Kopf-an-Kopf-Rennen im ersten Wahlgang der Präsidentschaftswahl mit 20 Prozent fast gleichauf mit François Fillon, dem Kandidaten der Konservativen. Seine 2016 neu gegründete Bewegung *La France insoumise* erhielt bei den Parlamentswahlen immerhin elf Prozent der Stimmen und stellt eine eigene Fraktion. Die rechtsradikale Marine Le Pen wiederum landete mit 21 Prozent nur knapp hinter dem erstplatzierten Emmanuel Macron und kam damit sogar in den zweiten Wahlgang. Der Stimmenanteil der etablierten gemäßigten Parteien ist dagegen empfindlich geschrumpft. Insbesondere die Sozialisten, aber auch die Konservativen haben schmerzhafte Einbußen erlitten.

Die Parteineugründungen im Vorfeld der Wahlen sind Ausdruck eines neuen gesellschaftspolitischen Konflikts, der quer zu den bisherigen Konfliktlinien liegt. Er rankt um die Frage, wie die Politik auf die weltweite Globalisierung reagieren soll und welche politischen Maßnahmen mehr Schutz vor deren negativen Folgen bieten: eine Politik der Öffnung oder eine Politik der Abschottung und Re-Nationalisierung? Die Antwort darauf trennt nicht das linke vom rechten Lager, sondern die gemäßigten Parteien von den Parteien des linken *und* rechten Randes. In den meisten europäischen Demokratien prägt diese neue Konfliktlinie die politische Debatte, doch nicht in allen Ländern hat sie wie im fragilen Parteiensystem Frankreichs eine solche strukturierende Kraft angenommen.

Das französische Parteiensystem ist im Wandel. Indes sind nicht alle Neuerungen das Ergebnis einer abrupten Umwälzung, manches ist auch eine Fortschreibung bereits in Gang gekommener Entwicklungstendenzen. Auf drei der bedeutsamsten Phänomene soll im Folgenden besonderes Augenmerk gelegt werden: (1) die Zersplitterung des Parteiensystems; (2) die Umstrukturierung des französischen Parteiensystems entlang der neuen gesellschaftlichen Konfliktlinie Öffnung versus Abschottung; und (3), das neue Phänomen der personenbezogenen Sammlungsbewegung als Ausdruck einer Systemkrise.

Die Zersplitterung des Parteiensystems

In Frankreich gibt es viele Parteien. Gemessen an den Kriterien Parteienzahl und relativer Anteil an kleinen Parteien weist das französische Parteiensystem eine recht hohe Fragmentierung auf. Das war schon in der III. und IV. Republik mit ihrem Verhältniswahlrecht so und änderte sich im Prinzip auch in der 1958 gegründeten V. Republik mit ihrem Mehrheitswahlrecht nicht dauerhaft. Wenngleich es mit den neuen Institutionen zunächst zu einer Stabilisierung des Parteiensystems kam und Wahlen erstmals dauerhafte parlamentarische Mehrheiten hervorbrachten. Auch reduzierte sich zunächst der Anteil an kleinen Parteien. Vier große Parteien konnten bis in die 1980er Jahre bis zu 90 Prozent der Wählerstimmen auf sich ziehen: die Kommunisten und die Sozialisten im linken Lager, die gaullistischen Konservativen und das liberalkonservative Parteienbündnis im rechten Lager. Da sich Koalitionsmöglichkeiten kategorisch auf das eigene Lager beschränkten, sprach man zu dieser Zeit von einem *„quadrille bipolaire"*[1]. Die Bipolarisierung, also die Zwei-Lager-Logik, hat die Koalitionsmöglichkeiten eingeschränkt und damit zu einer Stabilisierung beigetragen.

Doch auch in dieser relativ stabilen Phase gab es immer wieder Bewegung in der Parteienlandschaft. Ein Ausdruck der Instabilität sind die häufigen, mit Neugründungen verbundenen Namensänderungen. Die konservative Partei, die 1958 zur Unterstützung des ersten Staatspräsidenten der

V. Republik, Charles de Gaulle, gegründet worden war, hat sich bereits fünf Mal umbenannt, davon allein drei Mal in den 1960er Jahren. Auch kamen Parteiabspaltungen immer wieder vor. Seit den 1990er Jahren haben diese noch deutlicher zugenommen. Zahlreiche Neugründungen, Parteiabspaltungen und fragile Parteibündnisse führten erneut zu einem Anstieg der kleinen Parteien und der Fragmentierung des Parteiensystems. Die Ursachen dafür sind vielfältig. Zentral ist zum einen das Wahlrecht, zum anderen das Aufkommen neuer Konfliktlinien.

Das relative Mehrheitswahlrecht in zwei Wahlgängen setzte die Hürden nicht hoch genug, um nachhaltig eine Zersplitterung zu verhindern. Die hohe lokale Verwurzelung der Abgeordneten in ihren Einer-Wahlkreisen gibt Parteiabweichlern durchaus eine Chance, alleine oder mit einer neuen Parteizugehörigkeit gewählt zu werden. Die üblichen Wahlallianzen im zweiten Wahlgang geben auch kleinen Parteien die Chance, trotz der Mehrheitswahl Wahlkreise zu gewinnen und Parlamentssitze zu erobern. Die Präsidentschaftswahl wiederum schafft Anreize für eine Präsidentschaftskandidatur, mit der in einem personalisierten Parteienwettbewerb eine hohe öffentliche Wahrnehmung, Wahlkampfkostenerstattung und kostenlose Sendezeiten in den rechtlich-öffentlichen Medien verbunden sind. Seit der ersten Wahl 1965 haben im Schnitt zehn Kandidaten und Kandidatinnen (es waren bis auf wenige Ausnahmen Männer[2]) im ersten Wahlgang teilgenommen und damit die erste Hürde genommen.

„Im Westen viel Neues" – Parteiabspaltungen und Neugründungen

Die Fragmentierung der Parteienlandschaft, also die insgesamt hohe Anzahl an Parteien und der relativ hohe Anteil an kleinen und Kleinstparteien, ist seit den 1990er Jahren konstant hoch geblieben. Eine „effektive" Parteienzahl, d.h. Parteien, die mindestens ein Prozent der Stimmen bei den Parlamentswahlen erhalten, von circa zehn Parteien ist üblich. Der Anteil an kleinen Parteien (unter fünf Prozent) und Kleinstparteien (unter einem Prozent) hat seitdem weiter zugenommen.

Bei der Parlamentswahl 2017 wurden zehn Parteien mit einem Stimmenanteil von über einem Prozent gewählt, flankiert von Kleinstparteien, die zumeist unter Sonstige *(divers)* subsumiert werden und zusammen über neun Prozent erhielten. Von den zehn größeren Parteien weisen nur fünf ein Ergebnis über fünf Prozent aus. Es sind die vier Parteien, deren Kandidaten sich bei der vorangegangenen Präsidentschaftswahl ein Kopf-An-Kopf-Rennen geliefert hatten *(La France insoumise, La République en Marche, Les Républicains, Front National)* sowie mit nur sieben Prozent die *Parti Socialiste*. Sie zogen insgesamt nur 75 Prozent der abgegebenen Wählerstimmen auf sich. Die restlichen 25 Prozent gingen an die vielen kleinen und kleinsten Parteien (siehe Tabelle 1). Zum Vergleich: In Deutschland, wo die Fragmentierung des Parteiensystems in den letzten beiden Jahrzehnten auch signifikant zugenommen hat, lag 2017 der Stimmenanteil für Kleinstparteien unter einem Prozent trotzdem nur bei fünf Prozent. Die kleinste Partei jenseits der „Sonstigen" waren die Grünen mit 8,9 Prozent.

Die Zersplitterung des französischen Parteiensystems ist nicht neu, der wachsende Anteil an kleinen Parteien ist eine schleichende Entwicklung. Die Volatilität dagegen hat sich 2017 dramatisch erhöht. Volatilität zeigt Veränderungen im Parteiensystem an, indem sie die Wähleranteile der Parteien von einer Wahl zur nächsten Wahl vergleicht. Solche Schwankungen waren in Frankreich schon immer vergleichsweise hoch. Schwankungen von einer Wahl zur nächsten zwischen fünf bis zehn Prozent waren nicht selten. Doch gab es vor 2017 nur zwei Fälle, bei denen die Schwankungen einer Partei über diese Marke hinausgingen. Der erste Fall war bei der

Tabelle 1: Wahlergebnisse im ersten Wahlgang bei den französischen Parlamentswahlen 2017

Parteien bzw. Parteiströmungen	Stimmen	Stimmen in %
Extrême gauche	175 214	0,77
Parti communiste français	615 487	2,72
La France insoumise	2 497 622	11,03
Parti socialiste	1 685 677	7,44
Parti radical de gauche	106 311	0,47
Divers gauche	362 281	1,60
Ecologiste	973 527	4,30
Divers	500 309	2,21
Régionaliste	204 049	0,90
La République en Marche	6 391 269	28,21
Mouvement démocrate	932 227	4,21
Union des Démocrates et Indépendants	687 225	3,03
Les Républicains	3 573 427	15,77
Divers droite	652 345	2,76
Debout la France	265 420	1,17
Front National	2 990 454	13,20
Extrême droite	68 320	0,30

Quelle: https://www.interieur.gouv.fr/Elections/Les-resultats/Legislatives/elecresult__legislatives-2017/(path)/legislatives-2017/FE.html.

Parlamentswahl 2002, als Jacques Chirac zuvor im zweiten Wahlgang der Präsidentschaftswahl gegen den rechtsradikalen Jean-Marie Le Pen gewonnen hatte und die Wählerinnen und Wähler seiner konservativen Partei (damals RPR) eine parlamentarische Mehrheit zur Verfügung stellten. Der Zugewinn lag bei 18 Prozent. Der zweite Fall war bei der Parlamentswahl 2012, als die Konservativen zwölf Prozentpunkte verloren, nachdem der Sozialist François Hollande mit dem Versprechen für einen Politikwechsel in der Stichwahl gegen den konservativen Parteiführer Nicolas Sarkozy zum Staatspräsidenten gewählt wurde. Bei beiden Wahlen blieben die Schwankungen aller anderen Parteien unter zehn Prozent bzw. meist unter fünf Prozent. Bei der Parlamentswahl 2017 dagegen gab es gleich für vier Parteien enorme Schwankungen zu verzeichnen. So konnten die beiden neu gegründeten Parteien sensationelle Gewinne einfahren. *La République en Marche* kam aus dem Stand auf 43 Prozent, *La France insoumise* auf elf Prozent. Die etablieren Parteien dagegen erlitten hohe Verluste, die konservative Partei *Les Républicains* verlor elf Prozent, die *Parti Socaliste* sogar 22 Prozent im Vergleich zur letzten Wahl (siehe Tabelle 2).

Tabelle 2: Gewinne und Verluste bei den Parlamentswahlen 2017 im Vergleich zur Parlamentswahl 2012 (1. Wahlgang)

Parteien bzw. Parteiströmungen	Gewinne (in %)	Verluste (in %)
Le République en Marche (LREM)	28,0	
Les Républicains (LR)		– 11,0
La France insoumise (FI)	11,0	
Parti Socialiste (PS)		– 22,0
Front National (FN)		– 0,4
Europe Écologie- Les Verts (EELV)		– 1,0
Mouvement Démocratice (MoDem)	2,0	
Union des Démocrates et Indépendants (UDI)	3,0	

Quelle: https://www.interieur.gouv.fr, eigene Berechnungen.

Diese außergewöhnlich hohe Volatilität drückt aus, dass sich in Frankreich zwei neue Parteien auf Kosten der etablierten Parteien durchsetzen konnten. Beide Parteien haben sich um eine neue gesellschaftliche Konfliktlinie aufgestellt, die derzeit nicht nur in Frankreich die Parteienlandschaft umwälzt.

Eine neue gesellschaftliche Konfliktlinie

In den 2000er Jahren, befördert durch die europäische Wirtschafts- und Finanzkrise, hat in vielen europäischen Ländern ein gesellschaftlicher Konflikt die politische Agenda geprägt. Der Konflikt trennt zwei Lager voneinander. Die einen, auch als „Kosmopoliten" bezeichnet, treten für eine Politik der Öffnung ein. Sie sind für Gendergerechtigkeit, Minderheitenrechte, offene Grenzen für Waren, Dienstleistungen und Arbeitskräfte sowie die Aufnahme von Flüchtlingen und Migranten. Sie befürworten die europäische Integration und die Überwindung des Nationalstaats. Diese Gruppe ist in den höheren Bildungs- und Einkommensschichten verortet und sieht sich in der Regel als Gewinner der Globalisierung. Die anderen, auch als „Kommunitaristen" bezeichnet, sind EU-skeptisch und globalisierungskritisch. Sie setzen auf Solidargemeinschaften innerhalb des Nationalstaats und auf eng kontrollierte Grenzen für Kapital und Immigration. Sie sind vor allem in den geringen Bildungs- und Einkommensschichten zu finden und sehen sich tendenziell als Verlierer der Globalisierung.[3]

Diese neue Konfliktlinie steht quer zu den beiden bisher dominanten Trennungslinien, die etwa seit den 1970er Jahren die Parteiensysteme in links und rechts strukturierte. Es gab eine wirtschaftspolitische und eine gesellschaftspolitische Dimension. Der wirtschaftspolitische Konflikt verlief zwischen marktliberaler und staatsinterventionistischer Gestaltung der Ökonomie (soziale Gerechtigkeit durch Verteilung und Sozialausgaben), der gesellschaftspolitische Konflikt zwischen progressiv-libertären und konservativ-autoritären Wertorientierungen bei der Gestaltung des gesellschaftlichen Zusammenlebens. Links steht somit für sozial-libertäre Politik, rechts für neoliberale-autoritäre Politik.[4]

Die Trennlinie zwischen Öffnung und Abschottung verläuft nun im linken wie im rechten Lager quer durch die Parteien. Sie trennt nicht mehr das rechte vom linken Lager, sondern die gemäßigten Parteien von den politischen Rändern beider Lager. Sie vereint gewissermaßen links-außen und rechts-außen in ihrem Streben nach nationaler Abschottung. In Frankreich gab es bereits in den 1990er Jahren erste Umwälzungen entlang diesem Schema, als es anlässlich des Referendums über den Maastricht-Vertrag um die Zukunft der Europäischen Union (EU) und der damit verknüpften Abgabe von nationaler Souveränität ging. Die Europafrage ist ein Teilaspekt der oben beschriebenen Konfliktlinie.

Die Neustrukturierung des französischen Parteiensystems in der Europafrage

Die Referenden über den Vertrag von Maastricht 1992 und das Referendum über den EU-Verfassungsvertrag 2005 brachten in Frankreich die neue Trennlinie bereits zum Vorschein. Die eine Seite war für eine weitere europäische Integration und die Unterzeichnung des Maastricht-Vertrages (er wurde knapp mit 51 Prozent angenommen) bzw. des Vertrags über eine Verfassung für Europa (er wurde mit 55 Prozent abgelehnt). Die andere Seite war gegen eine weitere Aufgabe von nationaler Souveränität zugunsten der europäischen Integration und damit gegen die Verträge. Die Trennlinie ging quer durch beide Lager und auch quer durch die Parteien. In ihrem Nein zum Referendum waren die linken und rechten Ränder vereint, wenn auch aus unterschiedlichen Motiven. Sahen die einen in der EU das Bollwerk des Neoliberalismus und der Globalisierung, so sahen die anderen in der europäischen Integration einen Angriff auf den Nationalstaat. Die gemäßigten Parteien dazwischen, insbesondere die Sozialisten und Konservativen, waren mehrheitlich für die Unterzeichnung der EU-Verträge, doch gab es auch Kräfte, die sich dagegen mobilisierten. Nachdem diese sich gegen die Mehrheit in ihren Parteien nicht durchsetzen konnten, spalteten sich im Nachgang zum Maastricht-Referendum mehrere

Gruppierungen ab. So geschehen 1993, als sich „Nein"-Verfechter unter der Führung von Jean-Pierre Chevènement von der *Parti Socialiste* abspalteten und die souveränistische Partei *Mouvement des citoyens* gründeten, und 1994, als im rechten Lager Souveränisten und EU-Skeptiker unter der Führung von Philipp de Villiers die rechtskonservative Partei *Mouvement pour la France* gründeten. 1999 gab es eine weitere Abspaltung von der konservativen Partei unter der Führung von Charles Pasqua, der zusammen mit Philippe de Villiers das *Rassemblement pour la France* (RPF) gründete. Auch wenn diese neuen Gruppierungen nicht stabil waren, dauernd neue Wahlallianzen eingingen und sich darüber umbenannten und neu gründeten, so konnten sie doch immer wieder einen nicht zu vernachlässigenden Anteil an Wählerstimmen auf sich ziehen.[5]

Seitdem ist der Konflikt Europäisierung versus nationale Souveränität eine Trennungslinie im französischen Parteiensystem. Im rechten Lager gibt es neben dem rechtsradikalen *Front National* rechtskonservative Kräfte, im linken Lager neben den linksradikalen Trotzkisten bzw. Kommunisten Parteien, die sich auf der Achse Europäisierung versus Nationalisierung EU-skeptisch und souveränistisch positionieren. Ausgelöst durch die Finanzkrise weitete sich der Konflikt zwischen „Kosmopolitismus" und „Kommunitarismus" aus. In diesem Kontext spaltete sich 2008 aus Protest gegen die wirtschaftsliberale Politik von der regierenden *Parti Socialiste* eine weitere Gruppierung ab und gründete unter der Führung von Jean-Luc Mélenchon die *Parti de gauche*. Ihre Orientierung ist wirtschaftspolitisch antiliberal und globalisierungskritisch, souveränistisch und EU-skeptisch. Im gleichen Jahr spaltete sich eine weitere Gruppierung von der konservativen Partei ab und gründete unter der Führung von Nicolas Dupont-Aignan die Partei *Debout la République*. Beide Politiker geben den Souveränisten im linken und rechten Lager seitdem eine Stimme. Bei der Präsidentschaftswahl 2017 kam Mélenchon auf sagenhafte 20 Prozent, Nicolas Dupont-Aignan auf immerhin knapp fünf Prozent.

Öffnung und Abschottung – zwei neue Lager entstehen

Der Konflikt zwischen Öffnung und Abschottung teilt Frankreich heute in zwei Hälften. Bei der Präsidentschaftswahl haben fast die Hälfte der Wählerinnen und Wähler Kandidatinnen bzw. Kandidaten unterstützt, die eine Politik der Abschottung verfechten und sich für Protektionismus und geschlossene Grenzen aussprechen: Le Pen, Mélenchon und Dupont-Aignan erhielten im ersten Wahlgang zusammen 46 Prozent der Stimmen. Die Sehnsucht der französischen Gesellschaft nach Schutz und Rückzug ins Nationale ist groß. 55 Prozent sind davon überzeugt, die Globalisierung schade ihrer Wirtschaft (nur 13 Prozent der Deutschen glauben dies). Trotzdem konnte sich Macron mit einem dezidiert proeuropäischen Wahlkampf durchsetzen. Nach Macrons Vorstellung kommt Schutz und Sicherheit durch mehr Europa. Das war mutig, weil Europa für die einen der Inbegriff der Liberalisierung und Globalisierung ist, für die anderen den Verlust von nationaler Souveränität bedeutet. Macron, der zu seiner Siegesrede vor dem Louvre die „Ode an die Freiheit" von Beethoven, die europäische Hymne, spielen ließ, will mit der europäischen Integration voranschreiten. Sicherheit und Schutz waren die wahlentscheidenden Motive bei dieser Wahl. Macron scheint das verstanden zu haben. Bei seiner Siegesrede versprach er mehrfach: „Ich werde Sie beschütze – Je vous protégerai". Ein großes Versprechen, mit dem er in seine Präsidentschaft geht.

Eine neue politische Mitte und das Ende der Links-Rechts-Polarisierung?

In der Logik der neuen Konfliktlinie, die die Mitte des Parteienspektrums von den Rändern trennt, beansprucht der sozialliberale Macron ideologisch die politische Mitte für sich und will die für Frankreich traditionell starke Links-Rechts-Polarisierung aufheben. Dabei verfolgt er die Strategie einer Sammlungsbewegung. Ganz in diesem Sinne berief sich Macron bei der Verkündung seiner Präsidentschaftskandidatur auf Charles de Gaulle: Er wolle wie er nur das Beste, das Beste der Linken, das Beste der Rechten und das Beste des Zentrums. Befeuert durch seine aussichtsreichen Umfragewerte konnte Macron eine große Sogwirkung entfalten. Die christdemokratische Partei *Mouvement démocrate* (MoDem), die mit Francois Bayrou seit jeher als (einzige) zentristische Kraft auftritt, schloss sich mit Macron zu einer Wahlallianz zusammen. Darüber hinaus konnte er aber auch Vertreterinnen und Vertreter aus dem linken wie aus dem rechten Lager für sich gewinnen. Eine Reihe von Abgeordneten der Sozialisten, Grünen, Liberalen und Konservativen schlossen sich Macrons Bewegung an und traten in ihrem Namen bei der Parlamentswahl an. Auch die Regierung, die aus der parlamentarischen Mehrheit hervorging, trägt die Handschrift einer Sammlungsbewegung einer „breiten" Mitte. Der Premierminister Edouard Philipp war langjähriges Mitglied und Abgeordneter der konservativen *Les Républicains*. Die Ministerinnen und Minister stammen aus fast allen gemäßigten Parteien, von den Sozialisten über MoDem bis hin zu den Konservativen. Der Umweltminister Nicolas Hulot ist ein Grüner und auch Vertreterinnen und Vertreter aus der Zivilgesellschaft sind zu Ministerinnen und Ministern bzw. Staatssekretärinnen oder Staatssekretären ernannt worden.

Macron ist es gelungen, eine breite Sammlungsbewegung und eine entsprechende Regierung auf die Beine zu stellen. Ob und in welcher Form diese breite politische Mitte sich nachhaltig vereint und damit die in Frankreich traditionell starke Links-Rechts-Polarisierung auflösen wird, wird sich aber in der Zukunft erst noch zeigen müssen.

Neue Sammlungsbewegungen als Ausdruck einer Systemkrise

Emmanuel Macron hat eine Revolution angekündigt. Damit meinte er nicht nur einen radikalen Politikwechsel, sondern auch die Erneuerung des politischen Lebens. Mit seiner parteiunabhängigen Präsidentschaftskandidatur hat er sich von den etablierten Parteien distanziert. Damit hat Macron die Systemlogik der V. Republik durchbrochen. Bis dato war eine langfristige Bindung zu einer der großen Parteien das Erfolgskriterium für eine erfolgreiche Präsidentschaftskandidatur. Emmanuel Macron, der politische Newcomer[6], beanspruchte für sich einen anderen Weg, ohne Parteien. Genauso wie es der Gründungsvater der V. Republik, Charles de Gaulle, ursprünglich beabsichtigt hatte. Dieser verstand die direkte Präsidentschaftswahl als eine „Begegnung zwischen einem Mann und einem Volk", eine Art sakraler Akt, die den Stellenwert der Parteien eindämmen sollte. Bei seiner Ankündigung positionierte sich Macron als „überparteilicher" Kandidat, der alle Französinnen und Franzosen vereinen wolle.[7] Eine Investitur durch eine Partei konnte und wollte Macron nicht vorweisen. Eine Teilnahme an den *primaires* der sozialistischen Partei schloss er sogleich aus. Dies begründete er mit seinem Anspruch der radikalen Erneuerung, mit der er alle Französinnen und Franzosen vereinigen wollte. Macron betonte seinen Anspruch, das politische Leben von Grund auf erneuern zu wollen, und versprach, Frankreich nicht nur aus der wirtschaftlichen, sondern auch aus seiner politischen und moralischen Krise herauszuführen. Seine Legitimität bezog er nicht aus einer Parteiunterstützung, er bezog sie aus den Unterstützungswerten in Umfragen, die bei über 50 Prozent lagen.

Der Erfolg Macrons ist damit auch Ausdruck einer tiefen Vertrauenskrise in Frankreich. Viele, die Macron ihre Stimme gegeben haben, wünschen sich die versprochene Erneuerung. Diese Vertrauenskrise hat mehrere Dimensionen.

Sie entspricht nicht nur einem allgemeinen Antiparteienaffekt, der in Frankreich schon immer gepflegt wurde. Heute sprechen nur noch elf Prozent der Französinnen und Franzosen Parteien ihr Vertrauen aus. Parteien sind damit die Institutionen Frankreichs, die am wenigsten Vertrauen genießen, noch hinter den Banken, Gewerkschaften und Medien. Der gleichen Umfrage zufolge halten Dreiviertel aller Befragten Politiker für korrupt.[8] Die neuen Sammlungsbewegungen sind Zeichen dieser Vertrauenskrise in die Parteiendemokratie. In ihnen soll die Parteienkritik zum Ausdruck kommen. Doch stehen die neuen Bewegungen mit ihrer eigenen Kritik und ihren Anforderungen an die repräsentative Demokratie noch vor großen Herausforderungen. Durch ihre Teilnahme an Wahlen und ihre Vertretung in den Parlamenten werden sie selbst Teil des politischen Willensbildungs- und Entscheidungsprozesses und müssen ihren eigenen Anforderungen an Demokratie gerecht werden. Wegen ihrer Top-down-Strukturen und fehlender innerparteilicher Demokratie – dies gilt sowohl für die Bewegung von Mélenchon als auch von Macron – ziehen sie berechtigte Kritik auf sich.[9]

Die Vertrauenskrise entspricht auch einem tiefer sitzenden Misstrauen gegenüber den politischen Institutionen und der Politik als solcher. Der Vertrauensverlust in die Politik ist immens. Nach einer Umfrage des Jahres 2017 haben nur noch 15 Prozent aller Französinnen und Franzosen Vertrauen in das politische System (im Gegensatz zu knapp zwei Drittel der Deutschen), und nur 19 Prozent glauben, dass die Politik die Wirtschaft des Landes ausreichend unterstützt.[10] Der Glaube an die Gestaltungsfähigkeit der Politik ist geschwunden.

Die Französinnen und Franzosen, gerade jene, die Macron ihre Stimme gaben, sehnen sich danach, dass der neue Präsident rasch Erfolge erzielt; dass er zeigen wird, dass Politik noch handlungsfähig ist und die Lebensbedingungen der Menschen verbessern kann. Gerade in den kleinen Städten mit bis zu 20.000, aber auch in den mittleren mit bis zu 100.000 Einwohnerinnen und Einwohnern hat Macrons Partei im ersten Wahlgang die meisten Stimmen erhalten. Dort sind aber auch die Wählerinnen und Wähler derer, die versprechen, mit Protektionismus und Nationalismus der Politik ihre Handlungsfähigkeit zurückgeben zu können. Macron hat versprochen, eine transparente Politik einzuleiten. Dass die überwältigende Mehrheit in Frankreich mit dem politischen System unzufrieden ist, muss er in einen Auftrag ummünzen. Wenn ihm das nicht gelingt und seine Versprechen ins Leere laufen, dann würde auch er dazu beitragen, das herkömmliche politische System weiter zu diskreditieren und damit die politischen Ränder und vor allem den *Front National* zu stärken. Auf Macron lastet eine große Verantwortung.

Anmerkungen

1 Der Begriff wurde von dem Politologen Maurice Duverger geprägt.
2 In die Stichwahl kam neben Marine Le Pen 2017 nur noch die Sozialistin Ségolène Royal, die 2012 Nicolas Sarkozy unterlag. Weitere Beispiele sind Marie-George Buffet 2007 für die *PCF*, sowie Arlette Laguiller 1985 und 2002 für die kommunistische *Lutte Ouvrière*. Für die französischen Grünen traten bereits zwei Frauen an: Eva Joly (2012) und Dominique Voynet (1995 und 2007).
3 Für die Begrifflichkeit siehe Wolfgang Merkel und Michael Zorn; URL: https://www.wzb.eu/de/forschung/bereichsuebergreifende-forschung/kosmopolitismus-und-kommunitarismus [24.10.107].
4 Für die Begrifflichkeit vgl. zum Beispiel Oskar Niedermayer (Hrsg.) (2013): Handbuch Parteienforschung. Wiesbaden.
5 Insbesondere bei den Europawahlen waren die Parteien erfolgreich: Das links-souveränistische *MRP* erhielt 2004 acht Prozent, das rechtskonservative *Rassemblement pour la France* 1999 sogar 13 Prozent. Jean-Pierre Chevènement kam bei der Präsidentschaftswahl 2002 im ersten Wahlgang auf fünf Prozent.
6 Er trat erst 2012 nach einer Karriere als Finanzinspektor und Banker auf die politische Bühne, zuerst als Berater für Wirtschafts- und Finanzpolitik im Präsidialstab des neu gewählten Präsidenten François Hollande, dann ab 2014 als Wirtschaftsminister. Im April 2016, noch immer Minister, gab Macron die Gründung einer eigenen politischen Bewegung namens *En Marche* bekannt und beanspruchte damit, eine politische Bewegung „von unten neu

zu gründen". Im November 2016 kündigte Macron schließlich an, bei der Präsidentschaftswahl zu kandidieren. Zwischenzeitlich war er – nach Auseinandersetzungen mit Regierungsmitgliedern wegen seiner liberalen Reformpolitik – vom Amt des Wirtschaftsministers zurückgetreten.

7 Für Auszüge aus der Rede Macrons siehe z.B. URL: http://www.lemonde.fr/election-presidentielle-2017/article/2016/11/16/emmanuel-macron-candidat-a-l-election-presidentielle_5031923_4854003.html [24.10.2017].
8 Gemäß einer Umfrage des *CEVIPOF* vom Januar 2017, Baromètre de la confiance politique. URL: http://www.cevipof.com/fr/le-barometre-de-la-confiance-politique-du-cevipof/resultats-1/vague8/ [24.10.2017].
9 Vgl. z.B. URL: https://www.marianne.net/politique/le-parti-de-macron-en-passe-de-devenir-le-moins-democratique-de-france und http://www.lemonde.fr/idees/article/2017/05/12/en-marche-uvre-a-la-docilite-absolue-de-ses-candidats-pour-les-legislatives_5126873_3232.html [24.10.2017].
10 Gemäß einer vergleichenden Umfrage des Allensbach-Instituts; URL: http://www.faz.net/aktuell/politik/allensbach-studie-deutsche-optimistisch-franzosen-pessimistisch-14987755.html [24.10.2017].

Literatur

Aleman, Ulrich von (Hrsg.) (2015): Politische Parteien in Frankreich und Deutschland: Späte Kinder des Verfassungsstaates. Baden-Baden.

Kempf, Udo (2017): Das politische System Frankreichs. Wiesbaden.

Kimmel, Adolf (2014): Das politische System der V. Republik. Ausgewählte Aufsätze. Baden-Baden.

Niedermayer, Oskar (Hrsg.) (2013): Handbuch Parteienforschung. Wiesbaden.

Pütz, Christine (2004): Parteienwandel in Frankreich: Präsidentschaftswahlen und Parteien zwischen Tradition und Anpassung. Reihe Frankreich-Studien. Wiesbaden.

Uterwedde, Henrik (2017): Frankreich – eine Länderkunde. Opladen u.a.

Die Wahlen 2017 und Macrons erstes Amtsjahr

von Dominik Grillmayer

Vorbemerkung

Das Wahljahr 2017 hat in Frankreich zu einer Reihe von Überraschungen geführt. Wer hätte Anfang des Jahres gedacht, dass Emmanuel Macron als Sieger aus den Präsidentschaftswahlen hervorgeht? Und wer traute anschließend seiner Bewegung En Marche, die heute unter dem Namen *La République en Marche* (LRM) firmiert, eine absolute Mehrheit in der ersten Parlamentskammer, der *Assemblée nationale*, zu?

Am Ende des Wahlmarathons in vier Runden (die Präsidentschafts- und Parlamentswahlen zusammengenommen) fand sich Macron in einer komfortablen Situation wieder, die es ihm ermöglicht, durchzuregieren und seine im Wahlkampf angekündigte Reformagenda Schritt für Schritt umzusetzen.

Eine besondere Ausgangslage vor den Wahlen

Dass es dazu kam, hat mehrere Gründe. Macron war mit dem Ziel angetreten, die alte Links-Rechts-Polarisierung aufzubrechen, die – vor allem auch dank des Mehrheitswahlrechts – in der V. Republik einerseits für klare Mehrheiten gesorgt, andererseits aber dazu geführt hatte, dass sich zwei Lager – Regierungsmehrheit und Opposition – unversöhnlich gegenüberstanden. Macron stand im Wahlkampf für eine Überwindung dieses Lagerdenkens. Er wollte die reformorientierten Kräfte links wie rechts der Mitte für seinen Kurs einnehmen. Dass er damit tatsächlich Erfolg hatte, lag auch an den Gegenkandidaten aus den beiden traditionellen Parteien, den Sozialisten *(Parti Socialiste)* und den Bürgerlichen (*Les Républicains*, LR). Beide bestimmten ihren Präsidentschaftsbewerber in offenen Vorwahlen und kürten jeweils einen strammen Linken (Benoît Hamon) und einen Rechtskonservativen (François Fillon) zum Kandidaten. Die Mitte wurde frei – zugunsten von Emmanuel Macron. Hinzu kam, dass Hamon im linken und Fillon im bürgerlichen Lager aus verschiedenen Gründen nicht auf die uneingeschränkte Unterstützung der Partei zählen konnten. Bei den Sozialisten hatte die fünfjährige Regierungszeit unter Präsident Hollande wie ein Spaltpilz gewirkt und den (chronisch schwelenden) Konflikt zwischen den verschiedenen Parteiflügeln offen aufbrechen lassen. Bei den Bürgerlichen sah sich der aussichtsreich gestartete Kandidat Fillon seit Januar 2017 mit Vorwürfen einer Scheinbeschäftigung von Frau und Kindern konfrontiert, die auch parteiintern immer mehr Zweifel an

Die Wahlen 2017 und Macrons erstes Amtsjahr

seiner Nominierung aufkommen ließen. Dabei war es gerade das Hauptziel der Vorwahlen gewesen, durch eine demokratisch herbeigeführte Entscheidung über den Kandidaten die Reihen zu schließen und ein Szenario wie 2002 bei der Linken zu verhindern, als Lionel Jospin vor allem deshalb den zweiten Wahlgang verpasste, weil er sich einer Reihe linker Gegenkandidaten gegenübersah.[1] Damals wie heute schien klar, wer von der Uneinigkeit im eigenen Lager profitieren würde: der *Front National* (FN). Emmanuel Macron hatte um den Jahreswechsel 2016/17 herum hingegen kaum jemand auf der Rechnung.

Welche Rückschlüsse erlauben die Ergebnisse der Präsidentschaftswahl?

Stärkung der Extreme

Dem FN räumten die Umfrageinstitute schon seit langem gute Chancen ein, in die Stichwahl um das Präsidentenamt einzuziehen. Nach den Erfolgen der vergangenen Jahre – angefangen bei den Europawahlen 2014 – bestätigte das Ergebnis der ersten Runde der Präsidentschaftswahlen, dass der FN mittlerweile zu einer Partei gereift ist, die bis weit in die Mitte der französischen Gesellschaft Unterstützer findet. Das von Marine Le Pen nach der Übernahme des Parteivorsitzes gestartete Unternehmen der „Entdämonisierung" *(dédiabolisation)*, also die Abkehr vom offen rassistischen und antisemitischen Kurs ihres Vaters, hatte fraglos dazu beigetragen, den Kreis potenzieller Wähler zu erweitern. Der FN hatte sich unter ihr seit 2011 zu einer populistischen Protestpartei entwickelt, die erheblich davon profitierte, dass nach Ausbruch der Finanzkrise 2008 weder Nicolas Sarkozy noch François Hollande Antworten auf die wirtschaftlichen und sozialen Probleme des Landes fanden.

Die Grenzen dieses Kurses wurden allerdings zwischen den beiden Wahlgängen deutlich. Wenngleich das Szenario eines

Sieges von Marine Le Pen in der französischen Öffentlichkeit und auch international des Öfteren zum Thema gemacht wurde, so blieb die Wahrscheinlichkeit, dass es (jetzt) eintritt, dennoch gering. Die vorangegangenen Wahlen auf Gemeinde-, Département- und Regionsebene hatten bereits gezeigt, dass der FN zwar über ein erhebliches Wählerpotenzial verfügt, dieses aber nicht ausreicht, um Wahlen tatsächlich zu seinen Gunsten zu entscheiden. Oftmals ist hier die Rede von der „gläsernen Decke", an die der FN im zweiten Wahlgang stößt.[2] Vor der entscheidenden Runde zwischen Marine Le Pen und Emmanuel Macron wurde deutlich, in welchem Dilemma die Partei steckt. Denn nun galt es, über das in der ersten Runde erzielte Ergebnis von gut sieben Millionen Franzosen hinaus zu mobilisieren. Dabei unterliefen der Chefin des FN zwei Fehler. Erstens weichte sie den „Markenkern" der Partei quasi von heute auf morgen in einem zentralen Punkt auf und rückte im Zuge ihres Bündnisses mit dem im ersten Wahlgang ausgeschiedenen Souveränisten Nicolas Dupont-Aignan vom bis dato immer eindeutig formulierten Ziel des Austritts aus der europäischen Währungsunion ab. Dieser Schritt lag vermutlich auch darin begründet, dass eine Mehrheit der Franzosen laut Umfragen gegen einen Euroaustritt ist. Doch mit dem völlig unausgegorenen Konzept von zwei parallel existierenden Währungen – dem Euro und einem wiedereingeführten Franc – nährte Le Pen die ohnehin verbreiteten Zweifel an ihrer Regierungsfähigkeit. Der zweite Fehler war ihr Auftritt beim Fernsehduell mit Emmanuel Macron, bei dem sie nach einhelliger Meinung eine sehr schlechte Figur machte, weil sie lediglich ihren Konkurrenten frontal angriff, anstatt ihr eigenes Programm zu präsentieren. Das verstärkte zusätzlich den Eindruck mangelnder Kompetenz und war vermutlich mitursächlich für das aus Sicht des FN enttäuschende Ergebnis von 33,9 Prozent – auch wenn er mit 10,6 Millionen Wählern (rund 22 Prozent der Wahlberechtigten) das bisher beste Resultat bei nationalen Wahlen erzielt hat.

Eine Überraschung des Wahljahrs 2017 war letztlich weniger das Abschneiden des rechtspopulistischen FN, sondern das der Linkspopulisten um Jean-Luc Mélenchon. Mit 19,6 Prozent im ersten Wahlgang verpasste der Ex-Sozialist nur verhältnismäßig knapp den Einzug in die zweite Runde. Obwohl sich seine Positionen, z. B. in Bezug auf Europa, teilweise nur wenig von denen des FN unterscheiden, ist es dem begnadeten Redner Mélenchon gelungen, viele junge Menschen für sich einzunehmen. Sein Stimmenanteil bei den 18- bis 24-Jährigen lag bei knapp 30 Prozent.

Neue Spaltungslinien

Das Ergebnis des ersten Wahlgangs der Präsidentschaftswahlen weist daher zunächst auf unterschiedliche Einstellungen zur Europäischen Union hin. Zählt man die Ergebnisse von Marine Le Pen und Jean-Luc Mélenchon zusammen, so haben fast 40 Prozent der französischen Wähler ihre Stimme populistischen Kandidaten gegeben, die in ihrem Programm auf den Primat des Nationalstaats und den Schutz der heimischen Wirtschaft durch protektionistische Maßnahmen setzten. Auf der Skala folgt anschließend der stark gaullistisch-souveränistisch geprägte François Fillon, der einem weiteren Transfer von Souveränitätsrechten nach Brüssel kritisch gegenüberstand. Uneingeschränkt proeuropäisch gaben sich mit Emmanuel und Benoît Hamon zwei Präsidentschaftsbewerber, die zusammen auf gut 30 Prozent kamen. Hier zeigt sich eine Spaltungslinie, die vor 25 Jahren, beim Referendum über den Vertrag von Maastricht 1992, erstmals offen zu Tage trat. Schon damals zeichnete sich ab, dass die Trennlinie immer weniger zwischen links und rechts, sondern zunehmend zwischen einer proeuropäischen, weltoffenen Haltung und einer europa- und globalisierungskritischen Einstellung verläuft, die in erster Linie auf sozioprofessionelle Merkmale der Wähler zurückgeführt werden kann, sich in Teilen aber auch geographisch manifestiert – vorwiegend im Unterschied zwischen den dynamischen Großstädten und dem ländlichen Raum.[3] Dieser Riss ging auch mitten durch die traditionellen politischen Parteien. Bestes Beispiel hierfür ist das Referendum über den europäischen Verfassungsvertrag im Jahr 2005, bei dem ein offener Konflikt innerhalb der sozialistischen Partei ausbrach, den auch der damalige Parteichef François Hollande nicht verhindern konnte und der seither weiter schwelte. Während dessen Präsidentschaft brach er sich mit den so genannten *frondeurs* (wörtlich: die Aufsässigen) erneut Bahn: Ein Teil der sozialistischen Abgeordneten war nicht bereit, den Schwenk des Präsidenten und seines Premierministers hin zu einer angebotsorientierten Politik zu unterstützen – ein bis dahin einmaliger Vorgang in der V. Republik.

Emmanuel Macron hat diese neue Polarisierung von Anfang an offen thematisiert und mit der Gründung der Bewegung *En Marche* seine Konsequenzen daraus gezogen. Nachdem es ihm gelungen ist, die – wie er sie nennt – Progressisten aus den beiden traditionellen Lagern um sich zu versammeln (und damit die französische Parteienlandschaft (nachhaltig?) zu verändern, siehe Beitrag Christine Pütz in diesem Buch), steht er vor der Aufgabe, Rezepte gegen die Spaltungstendenzen in der französischen Gesellschaft finden. Macron hat die Unterstützung vieler gut ausgebildeter Franzosen in den Städten, stößt mit seinen Positionen aber auch auf teilweise vehemente Ablehnung, vor allem am linken und am rechten Rand des politischen Spektrums. Die Kritik entlädt sich vor allem an einer vermeintlich zu liberalen Ausrichtung seines Programms, das in erster Linie Rücksicht auf die Belange der Wirtschaft nehme. Dies hat – im Gegensatz zu 2002, als Jacques Chirac im zweiten Wahlgang gegen Jean-Marie Le Pen breite Unterstützung erfuhr – dazu geführt, dass ein Teil der Wähler in Macron noch nicht einmal das geringere Übel im Vergleich zur Kandidatin des FN sehen wollte und der Wahl entweder ganz fernblieb (25,44 Prozent) oder seiner Unzufriedenheit mit den verbliebenen Kandidaten durch die Abgabe eines leeren Umschlags (*vote blanc*, 6,35 Prozent) oder eines ungültigen Wahlzettels (*vote nul*, 2,24 Prozent) Ausdruck verlieh. Die Spaltung der Gesellschaft lässt sich also auch am Wahlergebnis ablesen, wenngleich das Resultat von 66 Prozent dem Gewinner Emmanuel Macron ein eindeutiges Mandat erteilt. Es bleibt festzuhalten, dass Macrons Stimmenanteil mit dem anderer Präsidenten zwar vergleichbar ist (angefangen bei dem von ihm viel zitierten Charles de Gaulle). Mit 43,6 Prozent der Stimmen aller eingetragenen Wähler ließ er Jacques Chirac (1995) und François Hollande (2012) genauso hinter sich wie François Mitterrand bei seinem ersten Wahlsieg (1981). Dabei darf man allerdings nicht unterschlagen, dass ein Teil seiner Wählerschaft weniger *für* ihn, als vielmehr *gegen* Marine Le Pen gestimmt hat. Die teils geringe Begeisterung für Emmanuel Macron spiegelte sich auch in der Wahlbeteiligung bei den Parlamentswahlen wider, die in beiden Runden unter 50 Prozent lag.

Die Aufgabe: Versöhnen

Der Präsident muss bis 2022 den Beweis antreten, dass es gelingen kann, die verkrusteten Strukturen in Frankreich aufzubrechen und jenen eine Chance zu bieten, die von der Politik der vergangenen Jahrzehnte enttäuscht sind und sich entweder den populistischen Parteien zugewandt haben oder erst gar nicht zur Wahl gegangen sind. Die viel zitierte Wut auf die Eliten speist sich zu einem erheblichen Anteil aus der Unfähigkeit der politisch Verantwortlichen, die Probleme beim Namen zu nennen und konsequent anzupacken. François Hollande verlor vor allem deshalb rapide an Zustimmung, weil er mit einem dezidiert linken Programm angetreten war und nach zwei Jahren einen Schwenk vollzog, den viele seiner Unterstützer nicht nachvollziehen konnten bzw. wollten. Emmanuel Macron hat den Franzosen im Wahlkampf ein Politikangebot unterbreitet, das auch vor tiefgreifenden Veränderungen nicht Halt macht. Und er hat sich nach seinem Amtsantritt unmittelbar darangemacht, sein Programm in die Tat umzusetzen. Wie nicht anders zu erwarten ist er dabei auf teilweise erhebliche Widerstände gestoßen, von denen er sich aber bislang in seinem Reformeifer nicht bremsen ließ.[4] Das zeigt, dass viele Franzosen durchaus zu Veränderungen bereit sind. Eine wichtige Rolle spielt dabei der Politikstil des Staatschefs. Da sich die französische Nation über den Staat – die Republik – definiert, spielt er eine tragende Rolle als Impulsgeber für gesellschaftlichen Fortschritt. Die Franzosen erwarten daher von ihrem Präsidenten, dass er ihnen eine klare Vorstellung davon vermittelt, wo er mit der Gesellschaft hinwill, d.h. die großen Linien vorgibt, anstatt sich im Klein-Klein der Tagespolitik zu verlieren. In der V. Republik kommt dem Staatschef die Aufgabe zu, der Regierung unter Leitung des Premierministers hierfür einen Rahmen vorzugeben.[5] Doch in den vergangenen zehn Jahren ist es weder François Hollande noch Nicolas Sarkozy gelungen, dieser Erwartung zu entsprechen. Das große Ganze trat hinter einer Vielzahl von Einzelmaßnahmen zurück, aus denen sich aus Sicht vieler Franzosen keine kohärente Zukunftsvision ableiten ließ.

Macrons erste Schritte

Ein neuer Politikstil?

Emmanuel Macron hat daher im Wahlkampf immer wieder deutlich gemacht, dass er eine andere Amtsführung anstrebt als sein Vorgänger. François Hollande wollte ein „normaler" Präsident sein, der volksnah und ohne große Inszenierung auftritt. Mit diesem Ansatz ist er aus Sicht Macrons aber schlecht gefahren, weil die Franzosen vom Inhaber des höchsten politischen Amts erwarteten, dass er Führungsstärke und Größe ausstrahlt. Macron selbst bemühte dafür das Bild des jupiterhaften Präsidenten.[6] Dass er Symbole bewusst und gezielt einsetzt, lässt sich an seinem Diskurs genauso erkennen wie an seinen teilweise sorgsam inszenierten Auftritten (z.B. am Abend seines Wahlsiegs im Mai 2017 vor dem Louvre).

Der Führungswillen des Präsidenten hat sich während seiner ersten anderthalb Jahre im Amt deutlich gezeigt. Die Reaktionen fielen jedoch beileibe nicht nur positiv aus – im Gegenteil. Macrons Beliebtheitswerte sackten zwischenzeitlich rapide ab. Das hatte nicht nur mit den Entscheidungen an sich, sondern auch mit der Art und Weise ihres Zustandekommens zu tun. Das Streben nach Effizienz und schnellen Ergebnissen brachte dem Präsidenten schnell den Vorwurf ein, die Macht im Elysée-Palast zu konzentrieren. Dass sich die anfängliche Kritik in erster Linie am Präsidenten entlud und nicht an seinem Premierminister oder den Kabinettsmitgliedern, ist außerdem in Teilen auf Macrons Personalentscheidungen zurückzuführen. Um den im Wahlkampf versprochenen Bruch mit der etablierten Politik zu vollziehen, hat er bei der Besetzung der Ministerposten vielfach auf Vertreter der französischen Zivilgesellschaft zurückgegriffen, deren fachliche Kompetenz zwar anerkannt wurde, die aber mit den komplexen Abläufen des Politikbetriebs und der Medienarbeit nur bedingt vertraut waren. Auch seine quasi aus dem Nichts entstandene Bewegung *En Marche* bestand zu großen Teilen aus unerfahrenen Politikneulingen, die nach den Wahlen zur *Assemblée nationale* ihre Rolle im Parlament erst finden mussten und zunächst nicht durch eine hohe Medienpräsenz auffielen. Folglich oblag es vor allem dem Präsidenten und seinen engsten Vertrauten, politische Entscheidungen zu erklären (und dafür auch die entsprechende Kritik einzustecken).

Welche Rolle für das Parlament?

Das Bestreben Macrons und seiner Vertrauten, die Regierungsarbeit effizienter zu gestalten und die als notwendig erachteten Reformen möglichst zügig zu verabschieden, hat schon wenige Monate nach seinem Amtsantritt einige Verfassungsrechtler auf den Plan gerufen, die sich besorgt über dessen geringe Wertschätzung für die Arbeit des Parlaments zeigten. Die bereits im Wahlkampf angekündigte Entscheidung, den Arbeitsmarkt per Verordnung zu reformieren, war dabei nur ein Beispiel, stand aber stellvertretend für die des Öfteren geäußerte Kritik am Demokratieverständnis des Präsidenten. Kritiker wandten ein, die Beschleunigung des Gesetzgebungsprozesses durch verkürzte Debatten beraube die Nationalversammlung als Repräsentationsorgan der französischen Bevölkerung ihrer Kernaufgabe, dem Austausch von Argumenten für und wider ein politisches Projekt.[7] Festzuhalten bleibt gleichwohl, dass Macron im Umgang mit der Nationalversammlung die Möglichkeiten nutzt, die ihm die Verfassung bietet – genau wie dies auch schon seine Vorgänger getan haben.

Interessant wird sein, wie sich im Verlauf der Legislaturperiode die Abgeordneten von *La République en Marche* (LRM) gegenüber Regierung und Präsident positionieren. Parteien sind in Frankreich verglichen mit Deutschland eher schwach. Adolf Kimmel verweist auf „ihre begrenzt eigenständige Rolle gegenüber ihrem Präsidenten und ihrer Regierung" und hebt stattdessen die meist unterstützende Funktion hervor, die sich bei den Gaullisten in der ersten Phase der V. Republik gar in bedingungsloser Gefolgschaft gegenüber ihrem Präsidenten manifestiert habe.[8] Hier lassen sich durchaus Parallelen zu LRM erkennen, denn viele haben sich der neuen Bewegung angeschlossen, um die Person Emmanuel Macron zu unterstützen (der ursprüngliche Name *En Marche* ergab abgekürzt nicht zufällig dessen Initialen). Allerdings darf bezweifelt werden, dass sich die Abgeordneten von LRM dauerhaft auf die ihnen zugedachte Rolle als Mehrheitsbeschaffer reduzieren lassen. Macron war mit dem Versprechen angetreten, den Franzosen zuzuhören und ihre Bedürfnisse und Erwartungen ernst zu nehmen. Gerade damit hatte der Präsident viele Menschen für seine Bewegung gewonnen. Dass die eigenen Überzeugungen der LRM-Abgeordneten, von denen viele zum ersten Mal ein politisches Mandat ausüben, fortan hinter der Fraktionsdisziplin zurückstehen sollten, gefiel nicht jedem. Der Fraktionsvorsitzende und Macron-Vertraute Richard Ferrand hat sie nach der Konstituierung der Nationalversammlung zwar auf die uneingeschränkte Unterstützung von Präsident und Regierung eingeschworen. Kritik sollte allenfalls intern geäußert werden, aber nicht nach außen dringen (wie am Ende von Hollandes Amtszeit, als sich mehrere Dutzend *frondeurs* medienwirksam gegen die Regierungspolitik auflehnten).[9] Dieses Vorgehen war in den eigenen Reihen durchaus umstritten. Mitte November 2017 erklärten hundert Mitglieder von LRM ihren Austritt, um ihrem Protest gegen die hierarchische Struktur und den Mangel an parteiinterner Demokratie Ausdruck zu verleihen.[10] Schon länger gibt es die Befürchtung, dass das Fehlen von Mitspracherechten sich negativ auf die Mobilisierung der Mitglieder über das Wahljahr 2017 hinaus auswirken könnte. Denn ob es der Bewegung des Präsidenten tatsächlich gelingt, das etablierte Parteiensystem dauerhaft zu verändern, wird sich erst bei den Europawahlen 2019 und besonders bei den französischen Kommunalwahlen 2020 zeigen.

Ist Frankreich reformierbar?

Trotz dieser Startschwierigkeiten waren die Voraussetzungen für Emmanuel Macron alles in allem günstig, um durchzuregieren. Wären da nicht die Franzosen. Sie haben schon öfter bewiesen, dass sie auch einen mit erheblicher Machtfülle ausgestatteten Präsidenten, dem sie in aller Regel zudem eine Mehrheit im Parlament bescheren, in die Schranken weisen können, wenn er es mit seinem Reformeifer übertreibt.[11] Das ist Macron auch bewusst.[12] Adolf Kimmel verweist in diesem Zusammenhang auf einen problematischen Aspekt des politischen Systems der V. Republik: „Es hat technokratisch-bürokratische Züge, in dem die institutionellen Gegengewichte und die organisierten Interessen schwach sind."[13] Die so genannten Zwischengewalten (oder intermediären Organisationen), zu denen auch die Sozialpartner gehören, wurden als Vertreter von Partikularinteressen von den Revolutionären des 18. Jahrhunderts massiv bekämpft und genießen bis heute nur bedingt Ansehen in der französischen Gesellschaft. Daher erwies sich in der Vergangenheit oft der Protest auf der Straße als durchaus wirksames Mittel, um Regierung und Präsident von einem politischen Vorhaben abzubringen. Als entscheidend galt dabei immer der Mobilisierungsgrad, d.h. die schiere Zahl an Demonstranten, die teilweise über Wochen gegen ein Reformpaket protestierten. Organisiert wurden diese Aktionstage vor allem von den Gewerkschaften, die in Frankreich zwar insgesamt schwach sind, durch ihre Streikaufrufe aber oftmals eine Drohkulisse aufbauen konnten, mit der sie die politischen Verantwortungsträger letztlich zum Einlenken bewegten.[14] Die vergangenen Jahre haben allerdings gezeigt, dass auch dieses Druckmittel an Bedeutung verloren hat, was im Wesentlich daran liegt, dass das traditionell gespaltene Gewerkschaftslager immer seltener eine einheitliche Ablehnungsfront gegen ein Gesetz formieren konnte. Reformorientierte Gewerkschaften wie die CFDT brachen zunehmend aus der Konfrontationslogik aus und setzten stattdessen auf Dialog mit der Regierung. Gepaart mit einer angesichts der schwierigen ökonomischen Situation des Landes wachsenden Einsicht der Franzosen in die Notwendigkeit von Reformen hat dies dazu geführt, dass die Mobilisierungskraft der übrigen Gewerkschaften mitunter nicht mehr ausreichte, um ein geplantes Gesetz zu verhindern. Nichtsdestotrotz hängt jeweils viel vom Verhandlungsgeschick der Regierung ab. Gefragt ist hier einerseits eine klare Linie und andererseits die frühzeitige Einbindung der Sozialpartner in den Gesetzgebungsprozess. Das erste Jahr im

Amt gab trotz deutlich gesunkener Popularitätswerte des Präsidenten durchaus Anlass zur Hoffnung, dass die neue (und teilweise politisch unerfahrene) Regierungsmannschaft das erforderliche Fingerspitzengefühl mitbringt, um sowohl die Gewerkschaften als auch die Bevölkerung (zumindest teilweise) auf einen Reformkurs einzuschwören, der für französische Verhältnisse sehr weit reicht.

Ausblick

Der überraschende Sieg von Emmanuel Macron hat im Ausland, vor allem in Deutschland, teilweise für Euphorie gesorgt (auch wenn diese angesichts seiner europapolitischen Vorstellungen, die er mangels Antwort aus Berlin mehrfach öffentlichkeitswirksam unterbreitete, teilweise merklich zurückgegangen ist). Im eigenen Land hat er Aufbruchsstimmung und Ängste zugleich ausgelöst. Die mitunter vehemente Ablehnung Macrons an den beiden politischen Rändern hat die Spaltungstendenzen in der französischen Gesellschaft offen zu Tage treten und erahnen lassen, welch immense Aufgabe dem Präsidenten bei dem Versuch zukommt, das Land zu reformieren und gleichzeitig ein weiteres Auseinanderdriften der Bevölkerung zu verhindern. Die kommenden Jahre werden zeigen, ob es Macron gelingt, die Hoffnungen seiner Wähler und Unterstützer zu erfüllen und gleichzeitig ein Signal an jene auszusenden, die seinem Kurs anfänglich kritisch bis ablehnend gegenüberstanden. Hierfür bedarf es einer gesunden Mischung aus deregulierenden Maßnahmen und Schutz für diejenigen, die aufgrund ihres Bildungsniveaus über schlechtere Voraussetzungen und geringere Chancen verfügen. Der selbst auferlegte Sparzwang und die geplante bzw. bereits eingeleitete Reformpolitik (Arbeitsmarkt, Aus- und Weiterbildung, Renten) haben – in Kombination mit Anlaufschwierigkeiten bei der Kommunikation – die Zustimmungswerte des Präsidenten deutlich absinken lassen.

Die Strategie, die heißen Eisen gleich zu Beginn anzupacken, könnte sich mittelfristig aber positiv auf die Akzeptanz Macrons auswirken – vorausgesetzt, die ergriffenen Maßnahmen zeigen Wirkung.

Anmerkungen

1 Vgl. Dominik Grillmayer: Vorwahlkampf in Frankreich, Aktuelle Frankreich-Analysen Nr. 31, November 2016.
2 Vgl. Jérome Jaffré: Le Front national face à l'obstacle du deuxième tour, Février 2017 (abrufbar unter http://www.fondapol.org/etude/jerome-jaffre-le-front-national-face-a-lobstacle-du-second-tour/).
3 Vgl. Jacques Lévy: Maastricht a amorcé le recul du clivage droite-gauche, Le Monde, 26.04.2017.
4 Siehe hierzu Dominik Grillmayer/Eileen Keller/Stefan Seidendorf: Ein Jahr Macron – Reformen, Regierungsstil, Herausforderungen. Aktuelle Frankreich-Analysen, Nr. 32, Mai 2018. Herausgeber: Deutsch-Französisches Institut Ludwigsburg. URL: https://www.dfi.de/pdf-Dateien/Veroeffentlichungen/afa/afa32.pdf [01.06.2018].
5 Eine Ausnahme bildet die so genannte „cohabitation": Wenn Präsident und Parlamentsmehrheit zwei konkurrierenden politischen Lagern angehören, sind dessen Möglichkeiten, Einfluss auf die Regierungsarbeit zu nehmen, sehr begrenzt. In diesem Fall ist die Außen- und Sicherheitspolitik das einzige Feld, in dem er (zumindest vorübergehend) ohne Zustimmung des Parlaments tätig werden kann.
6 Siehe das Interview mit Emmanuel Macron in Challenges vom Oktober 2016, abrufbar unter https://www.challenges.fr/election-presidentielle-2017/interview-exclusive-d-emmanuel-macron-je-ne-crois-pas-au-president-normal_432886 [29.08.2017].
7 Jean-Baptiste de Montvalon: Quel rôle pour le parlement à l'ère Macron ? Le Monde, 09.08.2017. Aus rein soziologischer Sicht lässt sich über den tatsächlichen Repräsentationscharakter des französischen Parlaments diskutieren, denn einen Querschnitt der Bevölkerung bildet es – ähnlich wie in Deutschland – schon lange nicht mehr ab. Der Anteil der Abgeordneten mit hohen Bildungsabschlüssen ist 2017 erneut gestiegen, nicht zuletzt aufgrund des Wahlerfolgs von LREM (vgl. hierzu Luc Rouban: L'Assemblée élue en 2017 et la crise de la représentation. Note ENEF 43, Sciences Po CEVIPOF, juillet 2017). Das bedeutet nicht zwangsläufig, dass sich die Menschen nicht mehr angemessen vertreten fühlen, weist aber auf das teilweise gestörte Verhältnis zwischen Bürgern und politischen Eliten in den repräsentativen Demokratien Europas hin (siehe hierzu auch Lothar Probst: Parteiendemokratie kann mehr. Überlegungen zu Repräsentation und Partizipation, Heinrich Böll Stiftung, 20.09.2016, https://www.boell.de/de/2016/09/20/parteiende

mokratie-der-krise-parteien-repraesentation-und-partizipation [30.08. 2017], sowie Hubert Kleinert: Krise der repräsentativen Demokratie? Bundeszentrale für politische Bildung, 10.09.2012, http://www.bpb.de/apuz/ 144105/krise-der-repraesentativen-demokratie?p=all [30.08.2017].

8   Adolf Kimmel: Die V. Republik nach 55 Jahren: eine Zwischenbilanz, in: Kimmel Adolf, Das politische System der V. französischen Republik. Ausgewählte Aufsätze, Baden-Baden 2014, S. 279–300, S. 294.

9   Alexandre Lemarié: Ni godillots ni frondeurs, la marge étroite des députés LRM, Le Monde, 03.07.2017. Zum Begriff „godillots" vgl. Kimmel, a.a.O., S. 294: „Die Gegner verspotteten die Gaullisten als *godillots*, als Marschstiefel, die sich damit begnügten, hinter ihrem General herzumarschieren."

10 Der Austritt erfolgte unmittelbar vor dem Parteitag, bei dem Christophe Castaner (ohne Gegenkandidat) für den Vorsitz kandidierte (https://www.lemonde.fr/la-republique-en-marche/article/2017/11/14/cent-militants-lrm-declarent-quitter-le-parti_5214685_5126036.html [19.06.2018].

11 Adolf Kimmel spricht in diesem Zusammenhang vom Wutbürger als gefürchtetem Vetospieler und führt eine Reihe von Beispielen an, in denen Reformvorhaben infolge öffentlicher Proteste zurückgezogen wurden (vgl. Kimmel, a.a.O., S. 297 ff.).

12 Im August 2017 äußerte sich Emmanuel Macron auf einer Auslandsreise zu den Schwierigkeiten, Frankreich zu reformieren (vgl. Adrien Lelièvre: Selon Macron, la France „n'est pas réformable", in : Les Echos, 25.08.2017, https:// www.lesechos.fr/politique-societe/emmanuel-macron-president/010194383 997-selon-macron-la-france-nest-pas-reformable-2109599.php#xtor=EPR -130 [31.08.2017].

13 Ebd. (vgl. Endnote 11), S. 299.

14 Nur acht Prozent der Arbeitnehmer sind in Frankreich Mitglied einer Gewerkschaft und in vielen kleinen Unternehmen gibt es überhaupt keinen gewerkschaftlichen Vertreter.

Sechs Thesen zu Frankreichs Islamdebatte

von Nino Galetti, Nele Katharina Wissmann

Frankreichs diffiziles Verhältnis zum Islam

„Es ist sehr gut, dass es Franzosen mit gelber, schwarzer, brauner Hautfarbe gibt. Sie zeigen, dass Frankreich für alle Rassen offen ist und eine universale Berufung hat. Aber unter der Voraussetzung, dass sie eine kleine Minderheit bleiben. Denn sonst ist Frankreich nicht Frankreich. Wir sind – trotz allem – zuallererst immer noch ein europäisches Volk mit weißer Hautfarbe, mit einer Kultur griechischer und lateinischer Wurzeln und mit christlicher Religion. Ich rede hier nicht von der Vergangenheit! Die Araber sind Araber, die Franzosen Franzosen. Glauben Sie, dass das französische Volk zehn Millionen Muslime aufnehmen kann, die morgen zwanzig

Millionen sein werden und übermorgen vierzig Millionen? Denn wir sind vor allem ein europäisches Volk, das zur weißen Rasse, zur griechischen und lateinischen Kultur und zum christlichen Glauben gehört. Würden alle (algerischen) Araber als Franzosen betrachtet, wie könnte man sie daran hindern, sich in Frankreich niederzulassen, wo das Lebensniveau viel höher ist? Mein Dorf wäre nicht mehr Colombey-les-Deux-Eglises (Colombey mit den zwei Kirchen), sondern Colombey-les-Deux-Mosquées (mit den zwei Moscheen)."[1]

So äußerte sich Staatspräsident Charles de Gaulle 1959 gegenüber seinem Algerienberater Alain Peyrefitte. Auch wenn das Zitat in den direkten historischen Kontext des Algerienkonflikts zu stellen ist, reflektiert es auf eklatante Weise das bis heute diffizile Verhältnis Frankreichs zum Islam. Sind derartige Äußerungen heute lediglich von Politikerinnen und Politikern vom rechten Rand zu hören, bleiben die von de Gaulle geäußerten Ängste im Raum stehen. Mehr noch, sie haben sich angesichts einer zunehmend angespannt geführten Laizismus-Debatte und der Frage nach den christlichen Wurzeln Frankreichs in den vergangenen Jahren fortlaufend zugespitzt.

Die sechs Thesen dieses Artikels führen durch die Parallelen und Unterschiede der französischen und deutschen Islamdebatte und identifizieren somit deutsch-französische Handlungsoptionen, aber auch die Bereiche, in denen sich Frankreich einer nationalen Selbstanamnese stellen muss.

Die Beziehungen des französischen Staates zum Islam sind eng mit seiner Kolonialgeschichte verwoben, auch deswegen sind sie so schwierig, da sie fortlaufend die heute nötig gewordene Religionsdebatte mit einer schmerzhaften und vielfach lückenhaften Vergangenheitsbewältigung verwechseln. Auch wenn sich Frankreich – gerade vor dem Hintergrund seiner Geschichte – schon lange als Einwanderungsland definiert, verhinderte die „naive" Annahme, dass die republikanischen Werte „Freiheit, Gleichheit, Brüderlichkeit" ein Selbstläufer sind, die Gestaltung einer effizienten Integrationspolitik. Ironischerweise äußern sich gerade diese selbsterzeugten Integrationsdefizite in einer religiös bedingten Abgrenzung zu genau diesen Werten. Das in Frankreich bestehende Laizismus-Gebot, also die strikte Trennung von Staat und Kirche, kann in diesem Kontext durchaus als staatsrechtliche Errungenschaft angesehen werden, verhindert inzwischen jedoch vielfach eine ehrlich geführte Islamdebatte auf staatlicher Ebene, die Debatten zu Kopftuch- bzw. Burka-Verboten zu einem Ritt auf der Rasierklinge werden lassen. Die bestehenden Gesetze sind auch deswegen so angreifbar, da es in Frankreich an statistischen Daten zu genau diesen Themen mangelt. Dies lässt einerseits viel Raum für populistische Spekulationen, hinterfragt aber auch die Dringlichkeit der Gesetze. Doch nicht nur auf staatlicher Seite ist nach Gründen für die diffizile Islamdebatte zu suchen. Denn während sich die staatlichen Institutionen auf der einen Seite in laizistischen Debatten verstricken, mangelt es auf der anderen Seite – ähnlich wie in Deutschland – bei den französischen Muslimen an verbindlichen und einheitlichen Ansprechpartnern. Dieses Defizit wird vor allen Dingen dann schmerzlich bewusst, wenn vernehmbare Wortmeldungen erwartet, wenn nicht gar eingefordert werden. Die islamistischen Terroranschläge von 2015 und 2016 führten zu einem Wendepunkt der französischen Islamdebatte, bei dem eine deutlichere Abgrenzung der französischen Muslime vom radikalen Islam erhofft wurde, was jedoch nur begrenzt auf ein Echo stieß. Die Terroranschläge führten vielmehr zur Offenlegung von drei Entwicklungen: Die Schaffung eines französischen Islams ist für die Politik zur Prämisse für einen „pazifizierten" Islamdialog geworden, der sich bis hin zu den innersten Strukturen auf die Werte der französischen Republik stützt. Die Defizite der französischen Islamdebatte haben jedoch bereits unweigerlich zur Entzweiung der muslimischen Bevölkerung geführt. Während sich die französische Gesellschaft zunehmend säkularisiert, scheinen sich viele Muslime in Frankreich zunehmend der Religion zuzuwenden. Gleichzeitig wird die aktuell geführte Islamdebatte von den moderaten Muslimen oder den sogenannten „Kulturmuslimen" zunehmend als Affront gegen ihre Zugehörigkeit zur französischen Republik wahrgenommen.

These 1: Die Beziehungen des französischen Staates zum Islam sind eng mit seiner Kolonialgeschichte verwoben, auch deswegen sind sie so schwierig.

Die Beziehungen des französischen Staates zum Islam beginnen nicht erst mit der Zeit des wirtschaftlichen Wohlstands zwischen 1955 und 1985 und der damit verbundenen Anwerbung von arabischen und türkischen Arbeitskräften während der „Dreißig Glorreichen Jahre", sondern sind eng mit der französischen Kolonialgeschichte verwoben. Diese Verflechtung erklärt heute wiederum zu Teilen das schwierige Verhältnis junger französischer Muslime zur Republik.[2] Bereits ab dem 19. Jahrhundert waren Millionen von Muslimen im Zuge der Kolonialzeit in Algerien, der Protektorate in Tunesien und Marokko sowie der Verwaltungsmandate in Syrien und dem Libanon unter französische Verwaltung gestellt. Im Rahmen des Ersten Weltkriegs betraten 600.000 Muslime als marokkanische Goumiers oder Senegalschützen den französischen Boden. Mehrere zehntausend ließen auf den Schlachtfeldern ihr Leben.

Die Kolonialgeschichte Frankreichs wurde bis heute nicht aufgearbeitet und dies weder auf Seiten der Nostalgiker eines französischen Algeriens noch auf Seiten der Einwandererfamilien. So werden bis heute vielfach auch von politischer Seite die positiven Aspekte der Kolonialisierung vor ein Schuldeingeständnis gestellt, da der Erwerb und Ausbau von Kolonien weiterhin als zivilisatorische Errungenschaft perzipiert wird. Diese Leseart der französischen Geschichte negiert die Eigenständigkeit der arabisch-islamischen Zivilisation, was bis heute von den französischen Bürgern muslimischer Konfession oder Kultur als Provokation wahrgenommen wird. Für Politikerinnen und Politiker bleibt jede Äußerung zur französischen Kolonialgeschichte ein Balanceakt, bei dem insbesondere die Pieds-noirs-Verbände, die Vertretungen der ehemaligen französischen Siedler in Nordafrika, als zentrale Lobbygruppe einbezogen werden wollen. Wie tief und unverheilt die Wunden sind, wurde deutlich, als Emmanuel Macron im Februar 2017 noch als Präsidentschaftskandidat die französische Kolonialgeschichte in Algerien als „Verbrechen gegen die Menschlichkeit" bezeichnete und damit einen Entrüstungssturm quer durch sämtliche politische Lager und alle Gesellschaftsschichten entfachte.

Die Kolonialgeschichte wurde in den vergangenen Jahren zudem auch zunehmend von radikalen Islamisten als Rekrutierungshebel benutzt. Da Frankreich in ihren Augen seit Jahrzehnten einen „Krieg gegen den Islam" führt, so die Argumentation gegenüber den jungen Novizen, sei der „heilige Krieg" eine gerechtfertigte Reaktion. Es besteht also dringender Handlungsbedarf bei der Aufarbeitung der französischen Kolonialgeschichte, da sie direkten Einfluss auf die heutige Islamdebatte hat und für einen Austausch auf Augenhöhe eine hohe Hemmschwelle darstellt.

Doch auch die weitere Migrationsgeschichte hat bis heute Auswirkungen auf die Debatte. Ähnlich wie in Deutschland zog die Arbeitsmigration während der Wirtschaftswunderjahre einen verstärkten Familiennachzug nach sich. Wobei lange davon ausgegangen wurde, dass sich die islamisch geprägte Kultur der Herkunftsländer „auswachsen" würde und die zugewanderten Familien zunehmend die französischen Gepflogenheiten annehmen würden.

Der wachsende Islamismus während des algerischen Bürgerkriegs in den 1990er Jahren, der zunehmend auch Frankreich bedrohte, und der erste Schulverweis von verschleierten Schülerinnen in der Stadt Creil im Jahr 1989 schärften den französischen Blick für die gesellschaftspolitischen Herausforderungen, die der Islam für den laizistischen Staat Frankreich mit sich bringt.

These 2: Frankreich hat sich früh als Einwanderungsland definiert und dennoch keine effiziente Integrationspolitik betrieben.

Frankreich hat sich anders als viele seiner europäischen Nachbarn und insbesondere Deutschland bereits seit Mitte des 19. Jahrhunderts als Einwanderungsland etabliert und auch als solches definiert.[3] Dennoch kam es erst in den 1980er Jahren im Rahmen der Familiennachzüge zur politischen Auseinandersetzung mit den Herausforderungen der Integration. Bis dahin wurden die republikanischen Werte „Freiheit, Gleichheit, Brüderlichkeit" als Selbstläufer für die Integration gewertet. Diese Werte hatte einerseits der Staat gegenüber den Einwanderern anzuwenden, andererseits verpflichtet sich jeder Neuankömmling, diese Grundwerte zu akzeptieren. Integration wurde im Rahmen dieser gegenseitigen Verpflichtung mit der Einbürgerung der Migranten gleichgesetzt; der Erwerb der französischen Staatsbürgerschaft als Garant für die Assimilierung der neuen Bürger gewertet.

Dieses Verständnis von Integration führte zu zwei Entwicklungen, die Auswirkungen auf die heutige Integrationsdebatte haben. Frankreichs Einbürgerungsrecht war lange Zeit sehr liberal ausgelegt. Mehr als hundert Jahre vor Deutschland, 1889, fand das „Ius Soli" Eingang in die französische Gesetzgebung, da das „Ius Sanguinis" nicht der republikanischen Grundüberzeugung entsprach. Gleichzeitig verlangt genau diese Grundüberzeugung von jeder einzelnen Bürgerin bzw. jedem einzelnen Bürger und insbesondere von den Neubürgern, sich von individuellen Zugehörigkeiten und Traditionen loszulösen. Sie sind im Privaten durchaus akzeptiert, unterstehen aber im französischen Selbstverständnis dem größeren, republikanischen Ganzen.

Viele der heutigen Integrationsdefizite sind auf dieses Assimilationskonzept zurückzuführen, das die kulturellen und insbesondere religiösen Identitäten der Migranten in den privaten Bereich und damit, wie sich später zeigen sollte, in eine Grauzone zurückwies. Erst in den 1980er Jahren und im Rahmen der Familiennachzüge wurde sich Frankreich der Notwendigkeit integrationspolitischer Maßnahmen bewusst. Mit der Etablierung eines Integrationsrates *(Haut Conseil à l'Intégration)* 1989 wurde die Integration endgültig als zentrales und eigenständiges Politikfeld in Frankreich etabliert, fokussierte sich jedoch insbesondere auf Fragen der sozialen Inklusion, der Bekämpfung von Diskriminierung und ab den 2000er Jahren auch verstärkt mit der Etablierung einer selektiven Migration. Religiöse Fragen wurden vom laizistischen französischen Staat dabei bewusst ausgeklammert. Auch deswegen ist die französische Integrationspolitik als defizitär zu bezeichnen, da sie auf Grundlage eines historisch gewachsenen Assimilationsprinzips und laizistischer Grundprinzipien die Frage nach der Rolle des Islams in Frankreich unbeantwortet ließ und sich erst ab den 1990er Jahren vorsichtig an das Thema herantastete.

These 3: Auch wegen des strikten Laizismus-Gebotes bleiben die bestehenden Gesetze ein Ritt auf der Rasierklinge.

Frankreich ist ein laizistischer Staat, so lautet der erste Satz der französischen Verfassung: „Frankreich ist eine unteilbare, laizistische, demokratische und soziale Republik." Religion wird somit zur Privatsache deklariert, der französische Staat ist zu strikter weltanschaulicher Neutralität verpflichtet. Hieraus ergeben sich andere Herausforderungen als für Deutschland, wo dem säkularen Staat bestimmte Handlungsoptionen offenstehen. Das seit 1905 im Gesetz verankerte Prinzip des Laizismus gilt bis heute als Garant für den gesellschaftlichen Zusammenhalt, was jedoch nicht bedeutet, dass Einigkeit darüber besteht, wie sich der französische Staat dem Islam gegenüber zu verhalten hat. Dabei wird auch immer wieder der Vorwurf laut, dass der Laizismus als Feigenblatt für islamkritische und -feindliche Positionen zweckverfremdet wird, sobald es um Kopftuch-, Burka- und Burkini-Verbote geht. Die Vorwürfe sind dabei nicht immer gerechtfertigt, richtig ist jedoch, dass das Prinzip des Laizismus aufgrund der diversen Auslegungen auch stark angreifbar ist.

Die Debatte darüber, wie sich der Islam im laizistischen Staat Frankreich zu positionieren hat, ist jedoch vor allen Dingen dadurch erschwert, dass sie sich auf keine Zahlen und Fakten stützen kann. Die selbstverordnete Neutralität des französischen Staates im Sinne des Gleichheitsprinzips haben Merkmale wie Herkunft und Religion in den privaten Bereich verbannt. Dies bedeutet im Rückschluss jedoch auch, dass öffentlichen Institutionen statistische Erhebungen untersagt sind, die Rückschlüsse auf oben genannte Merkmale zulassen. Die Debatten stützen sich dementsprechend auf schwankende Zahlen, die von 3,5 bis neun Millionen Muslimen ausgehen. Dabei wäre heute nichts wichtiger, als über verbindliche Zahlen zum Anteil von moderaten und radikalen Muslimen zu verfügen, sowie über verbindliche Angaben zu ihren Ansichten über gesellschaftsrelevante Themen. Dort wo statistische Daten zu genau diesen Themen fehlen, besteht einerseits viel Raum für populistische Spekulationen und kann anderseits die Dringlichkeit von Gesetzesverstößen hinterfragt werden.

Frankreich ist in den letzten Jahren über verschiedene Teilaspekte der Islamdebatte gestolpert, hat das 2004 erlassene Kopftuchverbot für Schulen im Jahr 2011 auf ein Verschleierungsverbot für den öffentlichen Raum erweitert. Immer wieder flackert die Debatte über Halal-Gerichte in französischen Schulkantinen auf. Die Burkini-Debatte im Sommer 2016 hat erneut gezeigt, wie stark die Definitionen und Interpretationen des Laizismus auseinandergehen. Bricht die französische Polizei demokratische Werte, wenn sie Frauen am Strand dazu zwingt, den Burkini abzulegen, oder ist der Burkini ein politisches Statement, das die Republik narrt? Was denken die Muslime in Frankreich überhaupt über Kopftuch, Burka und Halal-Lebensmittel?

Impulse für die Islamdebatte können hier Studien von privaten Forschungsinstitutionen geben. Eine Studie des *Institut Montaigne* aus dem Jahr 2016[4] geht so zum Beispiel von einem muslimischen Bevölkerungsanteil von 5,6 Prozent aus, was wiederum bedeuten würde, dass der Anteil bisher deutlich überschätzt wurde und das von Michel Houellebecq in seinem Roman „Unterwerfung" gezeichnete Bild einer Islamisierung der französischen Republik pure Fiktion bleibt. 46 Prozent der französischen Muslime bezeichnen sich als säkularisiert, 25 Prozent beschreiben sich als gläubig und fromm, lehnen aber die Vollverschleierung ab. Eine Mehrheit der Muslime, so ist festzuhalten, steht dementsprechend nicht im Konflikt mit den Grundprinzipien des laizistischen Staates. Gleichzeitig gaben 28 Prozent der Befragten an, dass sie die Werte ihrer Religion vor die Werte der Republik stellen. Diese Prozentwerte geben konkrete Impulse für die Islamdebatte. Sollten sich diese Prozentzahlen durch weitere Studien verfestigen, wäre die Angst vor Überfremdung endgültig als Phantomdebatte überführt. Gleichzeitig wäre nachgewiesen, dass ein Viertel der französischen Muslime die Werte der französischen Republik ihrer individuellen Religionsfreiheit unterstellen. Diese Gruppe stellt nicht nur für den laizistischen Staat Frankreich eine Gefahr dar, sondern bringt neue gesellschaftliche Herausforderungen mit sich und birgt ein hohes Sicherheitsrisiko für das Land.

These 4: Wie in Deutschland mangelt es auf muslimischer Seite an einem repräsentativen und einheitlichen Ansprechpartner.

Seit mehr als einem Jahrzehnt ist der französische Staat auf der Suche nach einem institutionellen Ansprechpartner, der die Muslime in Frankreich repräsentiert. Der in Frankreich hauptsächlich vertretene sunnitische Islam besitzt jedoch keine hierarchischen Strukturen, die eine Repräsentation gegenüber dem Staat ermöglichen. Auch Deutschland musste in den vergangenen Jahrzehnten diese Erfahrung machen. Die muslimischen Verbände in Frankreich sind vor allen Dingen dezentral organisiert und stützten sich auf lokale Gemeinden. Erschwerend kommt hinzu, dass Frankreich bis zum Ende der 1980er Jahre seine Beziehung zu den Muslimen Frankreichs vor allen Dingen durch das Prisma der Herkunftsländer definiert hat und mit den Konsulaten in religionspolitischen Fragen in Kontakt stand. Ein Grundgedanke, der angesichts der Tatsache, dass die muslimische Gemeinschaft immer weniger Doppelstaatler zählte, zunehmend obsolet erschien. Die in den 1990er Jahren beginnende Suche nach verbindlichen und repräsentativen Ansprechpartnern scheiterte vorerst an zwei falschen Ansätzen: Die „Reflexionsgruppe über den Islam in Frankreich" *(Conseil de réflexion sur l'islam en France),* die im Jahr 1989 gegründet wurde, war ein rein konsultatives Organ, das eng an die staatliche Verwaltung gebunden und somit wenig repräsentativ erschien. 1993 wurde dem „Repräsentativen Rat der Muslime Frankreichs" *(Conseil représentatif des musulmans de France)* der Rektor der Großen Moschee Frankreichs *(Grande Mosquée de Paris)* vorgestellt. Geprägt war diese Nominierung durch den Wunsch, dem Islam Frankreichs „ein Gesicht zu geben". Da die Pariser Moschee jedoch vor allen Dingen als Sprachrohr Algeriens perzipiert wurde, war auch dieser Versuch, einen repräsentativen Ansprechpartner zu finden, zum Scheitern verurteilt.

Sechs Thesen zu Frankreichs Islamdebatte

Auf Basis dieser Erfahrungen wurde im Jahr 2003 der „Französische Rat der Muslime" (*Conseil français du culte musulman*, CFCM) geschaffen, der bis heute vom französischen Staat als zentraler Ansprechpartner genutzt wird. Durch die Einbindung der sechs großen muslimischen Verbände, namentlich des „Verbandes der Großen Moschee von Paris" (GMP), der bis heute stark an Algerien gebunden ist, des „Nationalen Verbandes der Muslime in Frankreich" (FN-MF), der sich aus der Opposition gegen die Monopolstellung der „Großen Moschee von Paris" gegründet hat, der „Versammlung der Muslime in Frankreich" (RMF), die sich von der FNMF abgespalten hat und stark marokkanisch geprägt ist, der „Union der islamischen Organisationen Frankreich" (UOIF), die 1983 von der Muslimbruderschaft gegründet wurde, des Verbandes „Komitee zur Koordination der türkischen Muslime Frankreichs" (CCMTF), der seine Imame in Ankara ausbildet, sowie des „Französischen Verbandes der islamischen Vereine Afrikas, der Komoren und der Antillen" (FFAIACA), sollte der Heterogenität der muslimischen Bevölkerung Rechnung getragen werden.

2013 wurde angesichts der fortlaufenden Spannungen zwischen den Verbänden eine rotierende Präsidentschaft durchgesetzt, bei der im Zweijahresrhythmus die drei stärksten Verbände den Vorsitz stellen. Auf den Rektor der „Großen Moschee von Paris", Dalil Boubakeur, folgte 2015 der in Marokko geborene Anouar Kbibech. Seit Juni 2017 sitzt dem CFCM der türkischstämmige Ahmet Ogras vor, dessen Nähe zum Erdogan-Regime in Frankreich nicht unbeachtet blieb. Auch wenn der CFCM sich nunmehr seit 14 Jahren als Ansprechpartner des französischen Staates etablieren konnte, kristallisieren sich aktuell zwei Herausforderungen heraus. Die UOIF boykottiert seit 2013 die Aktivitäten des CFCM. Auch wenn sich die Union umbenannt hat und heute unter dem weniger provokativen Namen „Muslime Frankreichs" agiert, kann nichts darüber hinwegtäuschen, dass die Nähe zur Muslimbruderschaft in Frankreich mit Argwohn beobachtet wird. Ihre erneute Annäherung zum CFCM wird als schrittweise Ausbreitung islamistischen Gedankenguts in dem Verband gewertet. Stärker noch lastet jedoch die Generationenfrage auf dem CFCM. Die Vertreter des CFCM werden von vielen jungen Muslimen als „Blédard", als nordafrikanische „Hinterdörfler" wahrgenommen. In der Tat stammen die Entsandten der Moscheen mehrheitlich aus der Arbeiterklasse der 1960er Jahre, der Altersdurchschnitt liegt bei 65 Jahren. Laut der Studie des *Institut Montaigne* fühlen sich nur 68 Prozent der französischen Muslime durch den CFCM repräsentiert. Es ist davon auszugehen, dass sich gerade die jungen Muslime zunehmend über soziale Netzwerke und lokale Vereine neu organisieren werden. Der französische Staat trägt dieser neuen Entwicklung derzeit keine Rechnung.

These 5: Für Paris ist die Schaffung eines französischen Islams heute unumgänglich.

In Reaktion auf die Terroranschläge von 2015 und 2016 ist eine neue, vielfach stark emotional geprägte Islamdebatte in Frankreich entbrannt. Der laizistische Staat Frankreich hinterfragt heute, ob der Islam der Institutionen, den man ab den 1990er Jahren etablierte, den heutigen Anforderungen gerecht wird, denn die Terroristen waren vielfach „Kinder der Republik". Politiker verschiedener politischer Lager fordern nun die Etablierung eines französischen Islams. Eingegrenzt werden sollen insbesondere der Einsatz von Imamen ohne Kenntnisse der französischen Sprache und Kultur und die Finanzierung von Moscheen aus dem Ausland. Laut eines Berichts des französischen Senats aus dem Jahr 2016 befinden sich aktuell 301 Imame aus dem Ausland in Frankreich (30 aus Marokko, 120 aus Algerien, 151 aus der Türkei).[5] Der

Bericht hebt hervor, dass diese Imame häufig über keine französischen Sprachkenntnisse und sozio-kulturellen Kenntnisse über Frankreich verfügen. Insbesondere was die Finanzierung aus dem Ausland angeht, mangelt es an Transparenz: Die Türkei bezahlt z.B. ausschließlich die nach Frankreich entsandten Imame, Algerien hat hingegen zusätzlich zu den Gehältern der Imame zwei Millionen Euro an die „Große Moschee in Paris" überwiesen (2016). Aus Saudi-Arabien sollen seit 2011 circa 3,7 Millionen Euro für den Bau von Moscheen in Frankreich geflossen sein.

Wie sind diese Ziele jedoch zu erreichen, wenn eine Ausbildung von französischen Imamen an staatlichen Universitäten nicht dem Neutralitätsgebot des laizistischen Staates entspricht? Wie können Finanzierungen aus dem Ausland unterbunden werden, wenn staatliche Subventionen nur indirekt, zum Beispiel durch die Finanzierung von Bibliotheken, Restaurants, Lehrräumen oder Räumen des Kulturaustausches, stattfinden können? Eine öffentliche Stiftung für den Islam Frankreichs und ein beigeordneter Förderverein, der die Finanzierung von Glaubensstätten kontrolliert, sollen nun Abhilfe verschaffen. Die Stiftung besteht de facto seit 2005 als „Stiftung für die Werke des Islams in Frankreich" *(Fondation pour les Oeuvres de l'islam en France)* auf dem Blatt, blieb jedoch auf Grund von Führungsmangel eine leere Hülle.

Die Umbenennung der Stiftung in *Fondation pour l'islam de France* (Stiftung für den Islam Frankreichs) ist bezeichnend, denn lange Zeit drehte sich die französische Debatte darum, ob es einen Islam in Frankreich oder einen „französischen Islam" geben soll. Die Entwicklungen der letzten Jahre scheinen diese Frage nun endgültig geklärt zu haben.

Die Aufgabenteilung zwischen der öffentlichen Stiftung für den Islam Frankreichs und dem Förderverein orientiert sich an den laizistischen Grundprinzipien. Der Förderverein soll auf eigenen Beinen stehen, finanziell die theologische Ausbildung der Imame unterstützen und als Zentralstelle für den Bau von Moscheen dienen. Finanzierungen aus dem Ausland würden durch den Verein verwaltet und an die einzelnen Projekte weiterverteilt. Zudem ist eine sogenannte Halal-Steuer geplant, die auf Produkte, bei deren Herstellung die Einhaltung von Halal-Regeln sichergestellt ist, erhoben werden soll. Hier müssen noch die genauen Modalitäten geklärt werden, denn die Steuer kann nicht durch die französischen Behörden erhoben werden, denen durch das Laizitätsgesetz die Erhebung von Steuern zugunsten religiöser Institutionen verboten ist. Die öffentliche Stiftung wird vor allen Dingen Projekte im Bereich der Bildung, der Kultur und der Jugend finanzieren. Hierfür sollen der Stiftung jährlich fünf Millionen Euro zur Verfügung gestellt werden, die von Unternehmen und Privatpersonen beigesteuert werden sollen. Nicht finanzieren kann die Stiftung die Ausbildung von Imamen. In diesem Bereich sollen mit den Ministerien für religiöse Angelegenheiten im Ausland Verträge abgeschlossen werden, die die Voraussetzungen für die Entsendung nach Frankreich festlegen. Ein Fokus könnte hierbei zum Beispiel auf die Sprachkenntnisse gelegt werden. Durch die Stiftung können dann hingegen eine juristische und staatsbürgerliche Fortbildung der entsandten Imame an einer staatlichen Universität Frankreichs finanziert werden. Die Etablierung eines französischen Islam wird auch vom neuen Staatspräsidenten Emmanuel Macron eingefordert. Als erster französischer Staatspräsidenten nahm er im Sommer 2017 während des Ramadans am Fastenbrechen des CFCM teil und forderte eine deutlichere Positionierung im Kampf gegen den Terrorismus ein.

These 6: Die Muslime in Frankreich sind eine sehr heterogene Bevölkerungsgruppe. Der Islamdebatte ist deswegen mit Schubladendenken nicht gedient.

Die Islamdebatte in Frankreich kann nur dann erfolgreich ablaufen, wenn man sich der Heterogenität der Einstellungen der Muslime im Land bewusst ist und dieser gerecht wird. Dabei lassen sich in der französischen Gesellschaft zwei zentrale Entwicklungen feststellen. Während sich die französische Gesellschaft zunehmend säkularisiert, erscheinen Teile der muslimischen Bevölkerung in Frankreich zunehmend religiös. Obwohl sie nicht die Mehrheit darstellen – die Studie des *Institut Montaigne* geht davon aus, dass 46 Prozent der französischen Muslime säkularisiert sind, 25 Prozent beschreiben sich als gläubig und fromm, lehnen aber zum Beispiel die Vollverschleierung ab –, ist die französische Islamdebatte stark auf diese Gruppe ausgerichtet und wird von moderaten Muslimen und „Kulturmuslimen" zunehmend als Affront wahrgenommen. Hieraus ergibt sich ein ernstzunehmendes Risiko für eine gesellschaftliche Spaltung.

Während die erste muslimische Einwanderergeneration der 1950er und 1960er Jahre ihren identitären Bezugspunkt vor allen Dingen im „Bled", also dem Herkunftsland fand, identifizierte sich die zweite Generation verstärkt mit der französischen Republik. Teile der dritten Generation scheinen nun jedoch auf ihrer Identitätssuche Religion als Marker für Ich-Bewusstsein entdeckt zu haben. So zumindest erklären sich französische Soziologen die verstärkte Religiosität von französischen Muslimen, die sich aus einzelnen Umfragen der letzten Jahre erlesen lässt. Eine Studie des Meinungsforschungsinstituts *IFOP* aus dem Jahr 2009[6] zeigte auf, dass seit Beginn der 1990er Jahre eine Rückkehr zur Religion stattgefunden hat. Während 1994 zwölf Prozent der in Frankreich lebenden Muslime angab, zum Freitagsgebet in die Moschee zu gehen, verdoppelte sich die Zahl in nur 13 Jahren.

Fasteten 1994 60 Prozent der Muslime in Frankreich während des Ramadan, waren es 2009 bereits 70 Prozent.

Gleichzeitig zeigt zum Beispiel die Studie des *Institut Montaigne* auf, dass diese Prozentzahlen auszudifferenzieren sind. Zwar kaufen 70 Prozent der Befragten ausschließlich Produkte, bei deren Herstellung die Einhaltung von Halal-Regeln sichergestellt ist, lediglich sechs Prozent kaufen niemals Halal-Lebensmittel. Der Konsum dieser Lebensmittel scheint von den Muslimen jedoch vielmehr in Frankreich zum Marker für die soziale Zugehörigkeit geworden zu sein und dies auch unter den Muslimen, die als säkularisiert einzuordnen sind. Der Konsum von Halal-Lebensmittel würde in dem Fall also vorrangig eine Lebensart symbolisieren und erst dann ein Bekenntnis zum islamischen Glauben. Nichtsdestotrotz wünschen sich 80 Prozent der praktizierenden und 67 Prozent der „Kulturmuslime", dass in der Schulkantine ein Halal-Gericht angeboten wird; in diesem Feld scheint also Einigkeit zu bestehen. Die Kopftuchdebatte spaltet die muslimische Gemeinde hingegen viel stärker. 60 Prozent der praktizierenden Muslime gaben an, es sollte Schülerinnen gestattet sein, in der Schule ein Kopftuch zu tragen. Bei den „Kulturmuslimen" unterstützen lediglich 37 Prozent diese Forderung. Des Weiteren lässt sich ein deutlicher Unterschied zwischen Männern und Frauen feststellen: 26 Prozent der muslimischen Männer lehnen das Tragen eines Kopftuches ab, bei den weiblichen Befragten sind es nur 18 Prozent. 28 Prozent der muslimischen Frauen gaben zudem an, eine Vollverschleierung zu akzeptieren. In der Praxis tragen zwei Drittel der „Kulturmusliminnen" nie ein Kopftuch.

Die Islamdebatte, so zeigen die Studien auf, lässt keine Schwarz-Weiß-Malerei zu. So kann auch ein „Kulturmuslim" für Halal-Gerichte in der Schulkantine sein, ein praktizierender Muslim die Kopftuchverbote in öffentlichen Schulen gutheißen. Die Auseinandersetzung mit muslimischen Identitäten in Frankreich ist viel komplexer, muss historische Elemente und Familiengeschichten ebenso beachten wie private Empfindsamkeiten und Überzeugungen.

Nachbemerkung

15 Abgeordnete mit arabisch-muslimischen Wurzeln haben es bei den Parlamentswahlen im Sommer 2017 in die Nationalversammlung geschafft. Laut einer *IFOP*-Studie[7] waren 6,5 Prozent der Kandidaten arabisch-muslimischer Herkunft, was in etwa ihrem Bevölkerungsanteil entspricht. Gleichzeitig stellen die Franzosen in den Reihen der Kämpfer der Terrormiliz IS weiterhin die größte europäische Gruppe dar. Rund 700 Franzosen sollen sich derzeit noch in den Kampfgebieten befinden, 232 wurden für tot erklärt.[8] Diese Zahlen zeigen die zwei Seiten der Medaille auf und skizzieren doch nur schemenhaft die Heterogenität der Muslime in Frankreich. Beiden Seiten gerecht zu werden und auch der leisen Mehrheit im Rauschen der Aktualität eine Stimme zu geben, ist nun die vermutlich dringlichste gesellschaftspolitische Aufgabe der französischen Politik und Zivilgesellschaft.

Anmerkungen

1 Alain Peyrefitte: C'était de Gaulle, Paris: Editions De Fallois/Fayard, 1994–2000, Band 1, Kapitel 6. Paris 2002.
2 Siehe hierzu auch den Länderbericht „Paris will einen französischen Islam. Frankreichs Islam-Debatte nach den Terroranschlägen von 2015/2016", Konrad-Adenauer-Stiftung Paris, Oktober 2016.
3 Siehe hierzu auch Benedict Göbel: Integrationspolitik in Frankreich. Welche Lehren für Deutschland?, Analysen und Argumente 216/2016, Konrad-Adenauer-Stiftung.
4 Institut Montaigne: Un islam français est possible. Paris, September 2016.
5 Rapport d'information, De l'Islam en France à un Islam de France, établir la transparence et lever les ambiguïtés", n° 757 (2011–2016), 5. Juli 2016.
6 IFOP: Analyse 1989–2009. Enquête sur l'implantation et l'évolution de l'islam en France, Paris, August 2009.
7 URL: http://www.slate.fr/story/147171/deputes-diversite.
8 Le Figaro: Terrorisme: „Un millier de velléitaires en France manifestent la volonté de partir en Syrie", 17. Januar 2017.

Das französische Sozialmodell vor alten und neuen Herausforderungen

von Benjamin Schreiber

Herausforderungen

Frankreich ist längst in die europäische und globalisierte Wirtschaft eingebunden und hat seit geraumer Zeit schleichend an Wettbewerbsfähigkeit eingebüßt. Mit dem Ende des wirtschaftlichen Aufholprozesses der 1950er bis 1970er Jahre scheint das französische Sozialmodell inzwischen an seinen Grenzen angelangt zu sein. Die Finanzierbarkeit des französischen Sozialsystems ist unmittelbar vom Wachstum und vor allem von einem hohen Beschäftigungsgrad abhängig. Während der letzten zehn Jahre wird für die schwachen wirtschaftlichen Leistungen Frankreichs regelmäßig ein ursächlicher Zusammenhang mit dem sozialen Sektor hergestellt. Als Indikatoren gelten hierbei die hohen Arbeitslosenzahlen, Haushaltsdefizite und eine erhebliche Staatsverschuldung sowie eine defizitäre Handelsbilanz. Hinzu kommen hohe öffentliche Ausgaben, Steuern und Abgaben, die in der europäischen Rangliste einen Spitzenplatz einnehmen.[1] In diesem Kontext werden regelmäßig Stimmen laut, die nach einer tiefgreifenden Reform des französischen Sozialsystems rufen.

Damit man sich ein realistisches Bild vom französischen Sozialmodell und von möglichen Reformen des sozialen Sicherungssystems machen kann, sollte man zunächst die alten und neuen Herausforderungen Revue passieren lassen, die es derzeit auf unterschiedlichen Ebenen zu bewältigen gilt. Zu diesen Herausforderungen zählen die wachsenden Finanzierungsprobleme des Sozialsystems, dessen Effizienz, die Legitimität, Transparenz sowie die Akzeptanz des Systems und schließlich die Frage der Absicherung neuer sozialer Risiken, mit denen die französische Gesellschaft konfrontiert ist.

Im vorliegenden Beitrag kann der gesamte Bereich des französischen Sozial- bzw. Wohlfahrtsmodells (z.B. kostenlose und allesumfassende öffentliche Dienstleistungen, Arbeitsrecht und Steuerwesen, die Rolle der Gewerkschaften) nicht umfassend erörtert werden. Im Folgenden wird vielmehr das soziale Sicherungssystem in den Blick genommen, das dem von Bismarck inspirierten kontinentaleuropäischen Modell entspricht und das gemäß einem korporatistischen Leitbild öffentlich organisiert ist. Die *Sécurité sociale* wird im Wesentlichen über Sozialabgaben von Arbeitnehmern finanziert und zeichnet sich durch ein hohes Niveau sozialer Schutz- und Dienstleistungen aus.

Das französische Sozialmodell

Infoblock:

Die gesetzliche Sozialversicherung *(Sécurité sociale)* als institutioneller Kern des französischen Sozialstaats deckt zunächst die Risiken Krankheit, Alter sowie Berufsunfälle und -krankheiten ab. Interessant aus deutscher Sicht ist, dass auch die Familienförderung als Sozialversicherungszweig etabliert wurde. Dies geschah zunächst aus bevölkerungspolitischen Motiven: Um die demografische Entwicklung zu fördern, sollten Familien keine Nachteile gegenüber Kinderlosen entstehen. Der Lastenausgleich für Eltern und die Vereinbarkeit von Familie und Beruf zählten daher von Beginn an zu den Prioritäten der französischen Familienförderung. Heute dient sie zunehmend auch zur Prävention von Armut, von der vor allem Alleinerziehende und deren Kinder bedroht sind.
Seit 1958 gibt es ferner eine Arbeitslosenversicherung, die jedoch organisatorisch nicht Teil der *Sécurité sociale* wurde. Da je nach Alter des Betroffenen nur für einen begrenzten Zeitraum von zwei bis drei Jahren Leistungen aus der Arbeitslosenversicherung gezahlt werden, existiert für Langzeitarbeitslose außerdem ein steuerfinanziertes Mindesteinkommen *(Revenu de solidarité active)*. Die Finanzierung der *Sécurité sociale* erfolgt wie in Deutschland im Wesentlichen über Beiträge aus Erwerbseinkommen, das heißt, Arbeitnehmer und Arbeitgeber führen Teile des Lohns als Sozialversicherungsabgaben ab. Die Unfallversicherung und die Familienkasse werden ausschließlich von den Arbeitgebern alimentiert. In den ersten Jahrzehnten der Nachkriegszeit funktionierte dieses System angesichts des wirtschaftlichen Aufschwungs und niedriger Arbeitslosigkeit sehr gut. Daher wurden auch die Leistungen der Sozialversicherung kontinuierlich ausgebaut und der Kreis der Anspruchsberechtigten systematisch erweitert. Den Höhepunkt stellte schließlich die Senkung des Renteneintrittsalters auf 60 Jahre durch François Mitterrand Anfang der 80er Jahre dar.[2]

Das Sozialmodell als nationale Errungenschaft

Schon seit geraumer Zeit ist das französische Sozialmodell Gegenstand äußerst lebhafter Diskussionen, weil es tief im kollektiven Bewusstsein des Landes verwurzelt ist. Die Verwurzelung reicht so tief, dass der Wohlfahrts- und Sozialstaat untrennbar mit der Identität der Nation verbunden ist. In erster Linie auch deshalb, weil das französische Sozialmodell unmittelbar auf das Programm des Nationalen Widerstandsrates verweist, der nach dem Kriegsende 1945 bzw. 1946 die Grundlagen für die gegenwärtige Ausprägung des modernen Sozialstaats legte. Der damalige Widerstandsrat, der Widerstandsbewegungen, politische Parteien und Gewerkschaften, die sich gegen das Vichy-Regime gestellt hatten, vereinte, hat inzwischen eine mythische Aura erlangt. Der Aufbau des gesellschaftlichen, sozialen und ökonomischen Aufbaus Frankreichs ist ein wichtiges symbolisches Erbe. Dieser Mythos weckt ebenso Erinnerungen an die „glorreichen" Nachkriegsjahre *(Trente Glorieuses)* und an Zeiten der wirtschaftlichen Gesundung wie an einen historischen Konsens bzw. Kompromiss zwischen Kommunisten und Gaullisten. Seit langen Jahren ist dieses sakrosankte „Totem" eine nationale Errungenschaft, die zum ausschlaggebenden Kriterium geworden ist, von dem die Bewertung der Leistungsfähigkeit des Sozialsystems (und möglicher Reformen) abhängig gemacht wird. Daher kommt eine Kritik des Sozialsystems einem Angriff auf die nationale Identität gleich, d.h. jeder Reformvorschlag ist in den Augen der französischen Bevölkerung stets eine heikle Frage, die große Zukunftsängste schürt. Laut einer Umfrage aus dem Jahr 2012 glauben 86 Prozent der Franzosen, dass das Sozialmodell ein wesentlicher Teil der nationalen Identität Frankreichs ist, und 82 Prozent erklären, daran festhalten zu wollen.[3] Obwohl sich hinter dieser breiten Zustimmung großer Stolz (z.B. auf das breit aufgestellte Gesundheitssystem) verbirgt, weisen andere Umfragen darauf hin, dass es der Mehrheit der Franzosen durchaus bewusst ist, dass es keineswegs beim gegenwärtigen Zustand bleiben kann[4] und somit eine Bereitschaft für die Umsetzung von Reformen vorhanden ist. Wenn zukünftige Reformen eine Chance auf Erfolg haben sollen, dürfen diese jedoch nicht auf das bloße Ziel der Ausgabenreduzierung beschränkt sein, gestützt durch das „klassische" marktkonforme Argument, sich an die liberale Wirtschaft anpassen zu müssen, um das Modell zu „retten". Vielmehr müssen die Ziele, Mittel und das Funktionieren des gesamten Systems auf den Prüfstand gestellt werden.

Die Finanzierbarkeit: ein (noch nicht gelöstes) Dauerproblem

Die Krise der finanziellen Tragfähigkeit, in der sich das französische Sozialmodell seit geraumer Zeit befindet, ist die sichtbarste und offensichtlichste Herausforderung im Kontext internationalen Wettbewerbs und verschärfter steuerlicher Konkurrenz. Es ist eine offenkundige Tatsache, dass das französische Modell inzwischen schwer zu finanzieren ist. Das System ist in eine finanzielle Schieflage geraten, d.h. Frankreich lebt über seine Verhältnisse. Frankreich hat – im OECD-Vergleich – die höchsten Ausgaben für wohlfahrtsstaatliche Maßnahmen. 2016 lagen sie bei 31,5 Prozent des Bruttoinlandsprodukts (BIP), wobei der Durchschnitt in der OECD bei 21 Prozent und der Deutschlands bei 25,3 Prozent lag.[5] Dieses hohe Ausgabenniveau wird jedoch relativiert, wenn man die Ausgaben pro Einwohner berücksichtigt oder wenn man die Steuern in Betracht zieht, die von anderen Ländern vermehrt für andere Aufgaben eingesetzt werden. Legt man diese Parameter zugrunde, so holt Frankreich in der OECD-Einstufung auf. Diese Zahlen stellen aber letztlich die Tatsache nicht in Frage, dass das französische Modell kostspielig ist. Doch so richtig diese Feststellung ist, so sagt sie wenig über die Art, Ausprägung und Legitimität des französischen Systems aus, die in Frankreich auch aus einer anderen Perspektive diskutiert werden. Die Höhe der öffentlichen Ausgaben bedeutet nämlich nicht notwendigerweise, dass die sozialen Dienstleistungen, die der Allgemeinheit zugutekommen, automatisch teurer sind als anderswo. Sie entsprechen vielmehr einer in Frankreich getroffenen politischen – und letztlich gesellschaftlich akzeptierten – Entscheidung für ein großzügig ausgebautes, solidarisch finanziertes soziales Sicherungssystem.

Ein großer Teil der Ausgaben des gesamten öffentlichen Haushalts (ca. 46 Prozent) wird für Sozialleistungen aufgewendet. Diese Ausgaben sind aus keynesianischer Sicht nicht verloren, da sie den Haushalten zugutekommen und letztlich wieder in die Wirtschaft zurückfließen. Zudem ist es vor allem wichtig festzuhalten, dass sich die hohen französischen Sozialausgaben zu einem großen Teil aus der Option Frankreichs für eine öffentliche Finanzierung erklären. Da private Formen der Absicherung im Vergleich zu anderen Ländern weniger praktiziert werden, rückt Frankreich in den internationalen Rankings weiter vor.

Die Abweichung des Ausgabenniveaus zwischen Frankreich und den meisten OECD-Ländern erklärt sich vor allem durch die hohen Ausgaben für die Alterssicherung (und im geringeren Maße durch die Ausgaben für die Kranken- und Arbeitslosenversicherungen). Die Rentenversicherung ist der Posten, für den Frankreich am meisten ausgibt: 13,8 Prozent des BIP im Jahr 2013. Dies erklärt sich zwar teilweise durch das großzügig bemessene System, das den Lebensstandard der Rentnerinnen und Rentner im Schnitt dem der aktiven Erwerbsbevölkerung angleicht. Ein noch wichtigerer Grund dafür ist eben, dass es im öffentlichen Umlageverfahren finanziert wird. Der Trend zur individuellen Altersvorsorge (private Vorsorge, Sparverträge und Lebensversicherungen) setzte erst Ende der 1990er Jahre ein.

Wie ist es um die öffentlichen Finanzen bestellt?

Wie ist es nun um die öffentlichen Finanzen bestellt? Bei genauer Betrachtung ist das gesamte System der sozialen Sicherung (Unfallversicherung, Krankenversicherung, Altersversicherung und Familienkasse) in der Tat mit dem alarmierenden Problem der Finanzierbarkeit – die wiederum von der Entwicklung des wirtschaftlichen Wachstums abhängig ist – konfrontiert.

Die Sozialversicherung verzeichnet seit 2002 Verluste und hat 2010 sogar einen Spitzenverlust von 37 Milliarden Euro erreicht, da die Wirtschaftskrise von 2009 die Sozialkassen schwer belastet hat: einem Rückgang des Wachstums und der Mittel standen erhöhte Leistungen gegenüber. Gleichwohl lässt die derzeitige Tendenz auf eine finanzielle Besserung der Sozialkassen schließen. 2016 wiesen sie einen Verlust von etwas weniger als acht Milliarden Euro aus, 2017 sollte das Defizit Prognosen zufolge nur noch 5,5 Milliarden Euro betragen.[6] Angesichts dieser Entwicklung hat sich die amtierende Regierung das Ziel und den zeitlichen Horizont gesetzt, bis 2020 das Defizit auszugleichen.

Auch die Arbeitslosenversicherung ist seit 2010 wegen steigender Arbeitslosigkeit in die roten Zahlen gerutscht (3,6 Milliarden Euro 2017), sollte aber 2020 im Zuge von in den letzten Jahren beschlossenen Reformmaßnahmen auf ein Defizit von minus 0,8 Milliarden Euro zurückgeführt werden.

Die Beschränkung der Ausgaben durch eine Politik der Kostenreduzierung wird für Frankreich in den nächsten Jahren weiterhin eine echte Herausforderung darstellen. Die Reformen der vergangenen Jahre hatten allesamt die Kostenreduzierung im Blick. Die Sozialleistungen (wie z.B. die Entwicklung der Sozialhilfe) wurden genauso wie die Rentenberechnungen mit strengeren Auflagen versehen: Rentenanpassungen folgten z.B. nicht mehr der Lohn-, sondern der

Preisentwicklung (Preisindexierung). Langfristig bleiben damit die Renten hinter der Lohnentwicklung zurück. Bereits in den vergangenen Jahren wurden das Renteneintrittsalter auf 62 bzw. 67 Jahre (abschlagsfrei) und die Beitragszeiten schrittweise auf 43 Jahre erhöht. Zudem wurde die Rentenberechnung im Basissystem auf 25 (vormals zehn) „beste Jahre" umgestellt.[7] Die nicht zu umgehenden Kostenreduzierungen werden bis 2020 wohl oder übel – wie in anderen Ländern auch – zu einer Senkung der Renten führen. Die ausgeglichene Finanzierbarkeit der Rentenkasse wird jüngsten Planungen zufolge allerdings auf einen späteren Zeitraum als vorgesehen verschoben – theoretisch sogar bis 2040! Dies dürfte zu weiteren Maßnahmen zur Steigerung der Beschäftigungsquote der Senioren führen.

Die Sozialversicherungszweige der Familienkasse und der Unfallversicherung befinden sich in einem finanziell ausgewogenen Zustand. Im Übrigen hat die mit 4,8 Milliarden Euro (2016) noch defizitäre Krankenversicherung den Platz mehr und mehr für Zusatzversicherungen *(mutuelles)* freigemacht. Dennoch werden die Anstrengungen zur Haushaltskonsolidierung fortgesetzt: Nachdem die Selbstbeteiligung für ärztliche Behandlungen erhöht wurde, wurden vor kurzem die Krankenhausverwaltung rationalisiert, Einsparungen in den Krankenhäusern durch Budgetierung umgesetzt und die Medikamentenpreise gesenkt.

Ein weiterer Hinweis, der auch in der öffentlichen Debatte zunehmend an Gewicht gewinnt, ist an dieser Stelle notwendig: Der Beschäftigungsgrad im öffentlichen Dienst (ohne die mit öffentlichen Geldern geförderten Arbeitsplätze), der sich auf ungefähr 20 Prozent der Gesamtbeschäftigung beläuft, ist nicht unbedingt vorrangig für die Erhöhung der öffentlichen Ausgaben verantwortlich, da die Löhne (Pensionen eingeschlossen) seit 1980 nur um 0,4 Prozent im Verhältnis zum BIP gestiegen sind (trotz einer nachgewiesenen Explosion der Personalkosten bei den Gebietskörperschaften).[8] Diese Ausgaben sind nicht automatisch höher als in anderen OECD-Ländern. Bei statistischen Vergleichen ist stets Vorsicht geboten, weil bestimmte Aufwendungen für Vergütungen externalisiert werden (wie z.B. beim Krankenhauspersonal in Deutschland) und daher bei den Personalkosten des öffentlichen Dienstes gar nicht verbucht werden. Vergleicht man die Anzahl von Personen, die nicht marktbestimmte Dienstleistungen anbieten, mit der Anzahl von Einwohnern, liegt Frankreich auf demselben Niveau wie andere große Industrieländer.[9]

Veränderung der Finanzierungsstruktur

Eine andere, bereits eingeleitete Entwicklung betrifft die Veränderung der Finanzierungsstruktur der sozialen Sicherungssysteme, die durch die Zunahme der Massenarbeitslosigkeit und die Überalterung der Bevölkerung ins Wanken geraten ist. Das korporatistische System, das im Wesentlichen auf Sozialbeiträgen beruht, entspricht einer Sozialstruktur, die es nicht mehr gibt. Eine Struktur nämlich, die auf Vollbeschäftigung beruht und vom Leitbild des männlichen, festangestellten Vollzeitbeschäftigten ausgeht. Angesichts der bröckelnden Finanzierungsgrundlage hat Frankreich sein System in den letzten Jahrzehnten auf ein breiteres Fundament gestellt. Der Anteil der Sozialbeiträge an der Finanzierung der sozialen Sicherung, der auf den Einkommen der Beschäftigten lastet, wurde durch eine Sozialsteuer *(Contribution sociale généralisée)*, die u.a. auch auf andere Einkommen (Kapitaleinkommen und Renten) erhoben wird, gesenkt und belief sich 2014 auf nur noch 65 Prozent der Gesamteinnahmen. Diese Entwicklung wurde von der Einführung einer für alle zugänglichen sozialen Mindestabsicherung begleitet, die nicht beitrags- sondern steuerfinanziert ist und folgende Leistungen abdeckt: Sozialhilfe, eine Mindestrente, Krankenversicherung für nicht sozialversicherte Personen sowie Sozialleistungen für die einkommensschwachen Familien. Auch die vormals auf Beiträgen, die vom Erwerbseinkommen abgeleitet wurden, beruhenden Versicherungen werden immer mehr über Steuern finanziert. Die steuerbasierte Finanzierung wird in den kommenden Jahren immer mehr Gewicht erlangen.

Aus rein rechnerischer Sicht ist es durchaus möglich, dass das soziale Sicherungssystem Frankreichs theoretisch durch die konsequente Fortführung einer Politik der Kostenbegrenzung in Zukunft einen steuerbaren Kurs beschreiten könnte, ohne die wohlfahrtsstaatlichen Grundlagen gänzlich infrage zu stellen. Allerdings wird die Entwicklung mangels Strukturreformen weiterhin stark vom Wirtschaftswachstum – und damit auch vom Beschäftigungsgrad – abhängig sein. Angesichts der dringend notwendigen finanziellen Solidität des französischen Sozialstaatsmodells ist die Debatte über zu hohe Kosten nur dann sinnvoll, wenn die Frage nach der Effizienz gestellt wird.

Die Frage der Effizienz

Der französische Sozialstaat soll nicht nur finanzierbar sein. Da die Sozialausgaben im Verhältnis zur Wirtschaftsleistung überdurchschnittlich hoch sind, sollte er auch entsprechend hohen Anforderungen von Sozialschutz und wirtschaftlichem Fortschritt gerecht werden. Doch die „Leistungsfähigkeit" des Sozialstaatsmodells wird vielerorts kritisch gesehen. Didier Migaut, derzeitiger Präsident des französischen Rechnungshofes, hat dies 2015 in einem Interview des Magazins *Challenges* wie folgt zusammengefasst: „Frankreich erreicht innerhalb der EU bei der Last der öffentlichen Ausgaben den zweiten Rang, während die Ergebnisse seiner Politik hingegen oft bescheidener ausfallen." Dieser in Frankreich häufig zitierte Satz ist eine Reaktion auf die von internationalen und nationalen Institutionen ermittelten Leistungsindikatoren, bei denen das Land – gemessen an der Effizienz der voll-

Das französische Sozialmodell 133

brachten Leistungen und dem Verhältnis von Resultaten und Mitteleinsatz – nicht so gut abschneidet. Auch wenn solche internationalen Vergleiche ihre Schwächen haben, auf ungenauen Statistiken beruhen und objektive Unterschiede (z.B. Demografie, Lebensstil usw.) vernachlässigen, so haben sie in Frankreich dennoch dazu beigetragen, dass die verschiedenen Bereiche der öffentlichen Politik zunehmend auf Effizienz geprüft werden sollen.[10] Der regierungsnahe Thinktank *France Stratégie* hat z.b. drei Politikfelder herausgestellt, in denen im Verhältnis zu vergleichbaren Ländern Effizienzsteigerungen notwendig wären: im Bildungsbereich sowie in der Gesundheits- und Rentenpolitik.[11] Ein weiteres Beispiel für mangelnde Effizienz ist die Wohnungspolitik mit einem sehr hohen Budget von 40 Milliarden Euro. Aufgrund erheblicher Probleme auf dem Wohnungsmarkt (z.B. knapper Wohnraum, steigende Mieten und Wohnkosten) wird die staatliche Wohnungspolitik gemeinhin als sehr ineffizient beurteilt.

Wenn man das französische Modell nach seinen Auswirkungen auf Wirtschaftswachstum, Wettbewerbsfähigkeit und Beschäftigung beurteilt, weisen die klassischen Wirtschaftsindikatoren Wettbewerbsfähigkeit und Kosten darauf hin, dass es die Faktoren Arbeit und Kapital sowie den Produktionsapparat stärker belastet als im OECD-Durchschnitt (die von den Arbeitgebern 2014 gezahlten Sozialabgaben stellen z.B. 11,4 Prozent des BIP dar, gegenüber durchschnittlich 5,2 Prozent bei den OECD-Ländern). Die jüngsten Anstrengungen zur Senkung der Sozialbeiträge zugunsten der Arbeitgeber haben allerdings dazu beigetragen, die Kosten zu verringern und die Differenzen bei der Wettbewerbsfähigkeit innerhalb Europas zu vermindern (im Vergleich zu Deutschland sind diese Abweichungen z.B. zwischen 2007 und 2015 von 17 auf 6 Prozent gesunken).[12] Seitens der nicht-preislichen Wettbewerbsfähigkeit gibt es auch in anderen wesentlichen Bereichen Nachholbedarf. Die Leistungsfähigkeit des Bildungssystems lässt zum Beispiel zu wünschen übrig: Die PISA-Studien für den sekundären Bildungsbereich zeigen ein generell eher durchschnittliches Niveau und die PIAAC-Studie, die die Kompetenzen von Erwachsenen erfasst, ergab ein Niveau unterhalb des OECD-Durchschnitts. Was die Produktionsprozesse in den Betrieben und Unternehmen anbelangt, so wirken sich auch die schlechten Beziehungen zwischen den Sozialpartnern, die ein weiteres Kennzeichen des gegenwärtigen französischen Sozialmodells sind, nicht sonderlich günstig[13] aus.

Sozialer Zusammenhalt, soziale Ungleichheit

Betrachtet man die Leistungsfähigkeit des Modells unter dem Aspekt der Umverteilungswirkung, so kann Frankreich im Allgemeinen ein relativ zufriedenstellendes Niveau an sozialer Stabilität und Kohäsion vorweisen. Die soziale Ungleichheit bewegt sich auf einem mittleren Niveau: 2014 lag die Einkommensungleichheit in Frankreich nahe am OECD-Durchschnitt. Mit einem Gini-Index von 0,294 im Jahr 2014 lag Frankreich gleichauf mit Deutschland.[14] Die Armutsrate wiederum ist relativ niedrig (2015 betrug sie 13,6 Prozent gegenüber 16,7 Prozent in Deutschland oder 17,3 Prozent in der EU).[15] Das größere Bevölkerungswachstum, verursacht durch eine steigende Lebenserwartung und höhere Geburtenrate als in den meisten Ländern der OECD, wird häufig der Familienpolitik und dem französischen Gesundheitssystem angerechnet. PISA hingegen hat den hohen Grad an Fortschreibung sozialer Unterschiede im Schulsystem offenbart. In der Gesamtschau liegt Frankreich gemäß einem Indikatorenkatalog des Forschungszentrums *Cepremap* bei der Verringerung der Ungleichheit, der Armutsbekämpfung, der Senkung der Arbeitslosigkeit sowie der Qualität von Gesundheit und Bildung immerhin hinter den skandinavischen Ländern auf einem achtenswerten sechsten Platz unter den EU-Mitgliedstaaten.

Das französische Sozialmodell

Generell hatte die monetäre Umverteilungswirkung in den letzten zwanzig Jahren nachgelassen: Die Steuerbemessung ist weniger progressiv geworden, und die Sozialleistungen haben sich langsamer entwickelt als die Durchschnittseinkünfte der Bevölkerung. Doch das Sozialmodell Frankreichs bleibt weiterhin beständig: Während Frankreich eine größere Ungleichheit bei den Bruttoeinkommen der Privathaushalte (also der Einkommen vor Steuern und Transfers) aufweist als der europäische Durchschnitt, gelingt es, die Unterschiede beim Nettohaushaltseinkommen stärker zu verringern (um 48 %) als in anderen OECD-Ländern, die im Schnitt bei 37 Prozent liegen.[16] Und gerade darin liegt die Besonderheit des französischen Modells: Da Frankreich durch seine soziale Ungleichheit und ausgeprägten sozialen Hierarchien ein den südlichen Ländern gleichendes Profil aufweist, geht es mit seinem Sozialsystem nach skandinavischem Zuschnitt[17] mehr soziale Herausforderungen an, um Ungleichheiten – auch mit Blick auf die Akzeptanz der Bürgerinnen und Bürger – auszugleichen.

Abbildung 1: Ungleichheit bei den Brutto- und verfügbaren Nettoeinkommen

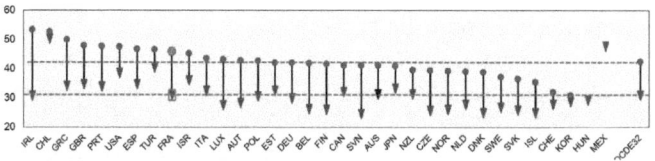

- Ungleichheit bei den Bruttoeinkommen
- ▼ Ungleichheit bei den verfügbaren Nettoeinkommen

Quelle: OECD: In It Together: Why Less Inequality Benefits All. 21. Mai 2015
https://www.oecd.org/els/soc/OCDE2015-Tous-Concernes-In%C3%A9galite
-FRANCE-Embargo21Mai11amParis.pdf [31.10.2017].

Angesichts des hohen Maßes an Umverteilung, das den französischen Bürgern abverlangt wird, ist die Frage der gesellschaftlichen Akzeptanz dieses Modells von herausragender

Bedeutung – und daher einer der Schlüssel für die Verbesserung des derzeitigen Systems.

Akzeptanz und Legitimität

Die Akzeptanz – und damit auch die Legitimität – des französischen Wohlfahrtsmodells stehen in unmittelbarem Zusammenhang mit dem Mangel an Effizienz. Das französische Sozialmodell zeichnet sich im OECD-Vergleich durch eine wohl einzigartige institutionelle Zerstückelung und hohe Komplexität seiner Organisation aus. Im Kontext der derzeitigen Krise verringert dies das Vertrauen der Bürgerinnen und Bürger in die Institutionen. Umfragen belegen deutlich, dass die Franzosen den Institutionen immer mehr misstrauen und gleichzeitig bemängeln, dass sich das Institutionengeflecht zu wenig um Ungleichheiten und Armut kümmert.

Die institutionelle Struktur des Sozialmodells ist von einem auf beruflichem Status basierenden, korporatistischen Leitgedanken geprägt, aus dem ein komplexes Gewirr von Akteuren, Aktionsebenen und vielfältigen, oft voneinander abweichenden Teilsystemen hervorgegangen ist. Es gibt in Frankreich z. B. mehr als 37 verschiedene berufliche Rentenkassen, die unterschiedliche Regelungen und Leistungen haben. Die Versicherungsleistungen sind wiederum an Zusatzversorgungssysteme *(retraites complémentaires)* angebunden, die ebenfalls obligatorisch sind.[18] Diese Systeme bieten unterschiedliche Berechnungsregeln für die Beiträge und Renten an. Der Mangel an Koordination zwischen diesen Systemen sorgt für Mehrkosten und Verwaltungsprobleme und führt auf Seiten der Versicherten zu mangelnder Transparenz und Rechtsunsicherheit.

Auch die Organisation des Gesundheitswesens hat eine intransparente Struktur. Dies betrifft das Leistungsangebot, die Entwicklung der Leistungsnachfrage sowie die Steuerung des gesamten Systems (s. unten). Das Gesundheitssystem beruht auf einer inkohärenten Aufteilung zwischen Basis- und Zusatzversicherungen *(mutuelles)*: die Zusatzversicherungen erstatten nicht nur zusätzliche bzw. kostenintensive Behandlungen, sondern auch einen Teil der Grundversorgung, die die Basisversicherung nicht vollständig erstattet. Sowohl die Basis- als auch die Zusatzversicherungen decken also gemeinsam Grund- und Zusatzbehandlungen zu unterschiedlichen Erstattungssätzen ab.

Inzwischen liegen zahlreiche Reformvorschläge vor. So gibt es z. B. beim Rentensystem den Vorschlag, die Verwaltung der Rentenkassen sowie die Versicherungsausgaben mit einer sukzessiven Angleichung der Regeln und Rechte zu vereinheitlichen. Dies setzt eine systematische Reform voraus, die zahlreiche Partikularinteressen infrage stellt. Die von der amtierenden Regierung angekündigte Reform, in den nächsten zehn Jahren ein vereinheitlichtes System auf der Grundlage nomineller Konten einzuführen, scheint in diese Richtung zu gehen. Bei der Gesundheitspolitik gibt es Überlegungen, die Kostendeckung grundlegender Behandlungen vollständig auf die gesetzliche Basisversicherung zu übertragen. Eine andere, weitaus radikalere Option ist es, sie auf sämtliche Gesundheitsausgaben auszudehnen. Dies kommt einer Krankenversicherung „für alle" gleich, die es erlauben würde, administrative Verfahren zu vereinfachen und höhere Verwaltungskosten bei den weggefallenen Zusatzversicherungen einzusparen.

Des Weiteren steht die Steuerung und Verwaltung des Systems der sozialen Absicherung seit langem stark in der Kritik. Die Steuerung und Verwaltung werden im Rahmen des französischen Systems der Mitbestimmung (Tripartismus) garantiert, deren Ausmaß in Europa einzigartig ist. Diese Form der Mitbestimmung gewährt den Sozialpartnern (Gewerkschaften und Arbeitgeberverbände) die direkte und indirekte Einflussnahme auf zahlreiche Einrichtungen des sozialen Schutzes (Arbeitslosenversicherung, Zusatzrenten, berufliche Bildung, Arbeitsgerichte). Die Sozialpartner haben die Verfügungsmacht über ungefähr ein Viertel (ca. 150 Milliarden Euro) der Gesamtausgaben für den sozialen Schutz.[19] Dies ist ein französisches Charakteristikum: Obwohl die Sozialpartner in vielen Unternehmen und Branchen konfliktreiche (oder gar keine) Beziehungen miteinander haben, pflegen sie auf nationaler Ebene eine ambitionierte Zusammenarbeit im Interesse des Gemeinwohls. Die personelle Präsenz der Sozialpartner auf dem sozialen Sektor spiegelt sich in 200.000 Mandaten in zahlreichen Beratungsorganen wider (Ausschüsse, Kommissionen). Dieser Form der Mitbestimmung bzw. Einflussnahme wird ein Mangel an Transparenz, an Effizienz und eine gewisse Tendenz zur Reformblockade vorgeworfen. Es scheint also dringend geboten, das System weiter zu optimieren, die Modalitäten der Mitbestimmung zu überdenken und die Einflussnahme auf das Finanzgebaren durch die Sozialpartner zu ändern.

Letzen Endes ist die gesamte Finanzstruktur ein weiteres Problemfeld: Die im Verhältnis zu den Sozialbeiträgen gestiegene Finanzierung des Sozialsystems durch Steuermittel hat zu einem hybriden System geführt, jedoch ohne dass die Ziele und die Maßnahmen des Sozialmodells neu definiert wurden.[20] Die Koexistenz mehrerer Denkansätze und finanzieller Verflechtungen (jedes Teilsystem des sozialen Schutzes wird gleichzeitig durch Beiträge und Steuermittel finanziert) wird regelmäßig infrage gestellt. Eine denkbare Option wäre zunächst, die grundsätzliche Struktur zu klären, d.h. klare Abgrenzungen und Zuständigkeiten zwischen staatlichen Leistungen und Leistungen der Sozialversicherung zu definieren. Experten diskutieren zurzeit die Möglichkeit, die Sozialbeiträge ausschließlich für beitragsfinanzierte Leistungen (z.B. Rente, Arbeitsunfall) und die steuerbasierte Finanzierung für Leistungen, die der Allgemeinheit zugutekommen (z.B. Gesundheit, Familie, Wohnungsmarkt, Armut und drohende Exklusion) zu verwenden.[21] Diese Klärung würde die

Transparenz, die Effizienz des gesamten Systems und die Akzeptanz der Bürgerinnen und Bürger, Risiken gesamtgesellschaftlich zu tragen, erhöhen. Die Frage der gesellschaftlichen Akzeptanz ist nicht zuletzt deshalb von zentraler Bedeutung, weil sie den Spielraum staatlicher Politik für machbare Reformen bestimmt. Und bei der Frage, welchen Anteil die Steuer als Finanzierungsgrundlage für den sozialen Schutz haben sollte, sollten hierbei auch weitere Aspekten in die Debatte einfließen, wie ihre (im Vergleich zu den Sozialabgaben eher positive) Rolle bei der Umverteilung und Entlastung der Arbeit.

Herausforderungen durch neue soziale Risiken

Eine positive Reform des französischen Sozialmodells muss auch mögliche neue soziale Risiken und deren Sprengkraft bewältigen. Die Entwicklung des französischen Arbeitsmarktes schwächt nicht nur die finanzielle Tragfähigkeit des Sozialsystems. Die Wirtschaftsentwicklung trifft vor allem weniger qualifizierte Arbeitnehmer und erhöht deren Risiko, in unsichere Arbeits- und Lebensverhältnisse gedrängt zu werden. Auf diese Entwicklung hat die Sozial- und Arbeitsmarktpolitik bisher nur unzureichend reagiert. Die Zweiteilung des Arbeitsmarktes wurde durch die Euro- und Wirtschaftskrise von 2009 noch verschärft. Die Spaltung zwischen denen, die einen unbefristeten Arbeitsvertrag haben, und jenen mit einem befristeten Arbeitsverhältnis wird immer größer. Heutzutage sind ca. 85 Prozent der Einstellungen befristet. Unter Frauen und Jugendlichen sind Zeitverträge, Teilzeit- und Leiharbeit weit verbreitet, die Übergangsquote von einem befristeten Arbeitsverhältnis zu einer dauerhaften Beschäftigung ist in Frankreich geringer als in anderen Ländern, während sich die Zahl der von Armut betroffenen Arbeitnehmer – gemessen an einem Nettoeinkommen von weniger als 60 Prozent des gesellschaftlichen Durchschnitts (Median) –

bei ungefähr zwei Millionen eingependelt hat. Dies wird durch eine in Frankreich traditionell geringere soziale Mobilität im Verhältnis zu vergleichbaren europäischen Ländern verstärkt.[22] Durch die Globalisierung der Wertschöpfungsketten, den technologischen Wandel und die Digitalisierung der Produktionsprozesse ist eine weitere Polarisierung des Arbeitsmarktes aufgrund steigender Qualifikationsprofile der Beschäftigten zu erwarten.

Außerdem ist die französische Gesellschaft mit weiteren sozialen Problemlagen konfrontiert: Wachsende Jugendarbeitslosigkeit und -armut, eine wachsende Zahl von Alleinerziehenden, Ungleichheit zwischen Frauen und Männern sowie das Ausmaß gering qualifizierter Bevölkerungsgruppen sind brisante und noch ungelöste Probleme. Der Zugang zu Ausbildung und Beruf wird stark von der sozio-ökonomischen Herkunft bestimmt, d.h. Kinder und Jugendliche aus privilegierten sozialen Milieus haben deutlich bessere Chancen als Kinder von weniger qualifizierten Beschäftigten. Auch die berufsqualifizierende Aus- und Weiterbildung für Erwachsene ist weniger entwickelt als in anderen Ländern und kommt in den Unternehmen vor allem leitenden Angestellten zugute.

Das Ausmaß der Ungleichheit ist auch abhängig vom Wohnsitz, vom Geschlecht oder von der ethnischen Herkunft. Ein weiterer Umstand trägt zur Ungleichheit auf dem Arbeitsmarkt bei: der Zugang zum öffentlichen Sektor bzw. öffentlichen Dienst ist an bestimmte soziale Milieus gebunden und regional unterschiedlich ausgeprägt. Ebenso ist im Gesundheitsbereich der Zugang zu medizinischer Versorgung und Behandlung in Gebieten mit geringer Bevölkerungsdichte weitaus schwieriger. Gleiches gilt für den Wohnungsmarkt, das kulturelle Angebot, den öffentlichen Nahverkehr und den Grad der Digitalisierung.

Angesichts drohender Entwicklungen ist der anfängliche Grundsatz des französischen Sozialsystems, alle Bürger wären gleichermaßen sozialen Risiken ausgesetzt, somit zur Illusion geworden. Eine denkbare Lösung wäre es, vorbeugende – d.h. präventive – Maßnahmen zu verstärken, die es ermöglichen, Menschen auf neue soziale Risiken vorzubereiten und deren Eintreten zu minimieren. Dies entspricht dem international anerkannten Konzept der „Sozialinvestitionen", das die Sozialausgaben zu einem wichtigen Produktionsfaktor macht, der auf einen sukzessiven Anstieg der Kompetenzen und Ressourcen von Menschen abzielt, gleichzeitig Ungleichheiten besser bekämpfen und ein nachhaltiges Wachstum entwickeln kann. Frankreich ist in diesem Sektor im Verzug: Es gibt mit 10,5 Prozent des BIP (2012) weniger für diese sozialen Investitionen aus als andere Länder (wie z.B. die Niederlande oder Dänemark).[23] Da die Karrieremuster und beruflichen Biografien komplexer geworden sind, ist ein dynamisches Sozialmodell zu favorisieren, das nicht auf dem Status der auf dem Arbeitsmarkt Beschäftigten beruht, sondern die Bürgerinnen und Bürger durch individuelle, auf die Person zugeschnittene Rechte entlang verschiedener Lebenszyklen (s. unten) begleitet.[24]

Für den Bildungssektor bedeutet dies, in lebenslange Bildung – von der frühen Kindheit bis zur beruflichen Aus- und Weiterbildung – zu investieren. Eine dringende Notwendigkeit ist es, noch mehr in den Primarbereich (Vor- und Grundschule) zu investieren. Im Vergleich zum Durchschnitt aller OECD-Länder ist der primäre Bildungsbereich in Frankreich zu 30 Prozent unterfinanziert. Eine Entwicklung der Aufnahmekapazitäten von Ganztages- und Betreuungseinrichtungen ist ebenfalls notwendig. Mit dem seit 1. August 2013 geltenden Rechtsanspruch auf einen Betreuungsplatz für unter Dreijährige hat z.B. Deutschland bei der kollektiven Betreuung von Kleinkindern Frankreich überholt. Um die beruflichen Ungleichheiten zwischen Frau und Mann zu bekämpfen, erstrecken sich derzeitige Überlegungen z.B. auf die Abschaffung des Ehegattensplittings und einen verbindlichen Ausbau des Vaterschaftsurlaubs.

Im Bereich des Arbeitnehmerschutzes ist die Sicherung der beruflichen Laufbahnen eine der grundlegenden Reformbaustellen. Angesichts der derzeitigen Unterbeschäftigung und der Flexibilisierung des Arbeitsmarktes, auf dem Beschäftigte immer mehr gefordert sind, Arbeitsplätze und Tätigkeitsfelder zu wechseln oder Zeiten der Arbeitslosigkeit und der beruflichen Neuorientierung in Kauf zu nehmen, dürfen die Rechte der Beschäftigten nicht mehr ausschließlich an den Arbeitsvertrag gekoppelt sein. Der Arbeitnehmerschutz muss vielmehr stärker an den einzelnen Beschäftigten gekoppelt und auf andere Berufszweige und Tätigkeitsfelder übertragbar sein. Das von der französischen Regierung 2016 eingeführte persönliche „Aktivitätskonto" (CPA) stellt den Kern dieses Systems dar. Auf diesem Konto werden die Ansprüche auf Fortbildung und auf Anpassung des Rentenalters (je nach Schwere der ausgeübten Arbeit) verbucht. Gewerkschaften fordern auch, dass ein übertragbares Zeitsparkonto in das System integriert wird.

Im Rahmen der sozialen Investitionen wird es bei aller Komplexität der Aufgaben und Risiken künftig darauf ankommen, angesichts des engen Haushaltspielraums eine Ausgewogenheit herzustellen: die Beibehaltung angemessener Sozialschutzleistungen und die gleichzeitige Verwendung eines Teils der Mittel für die Prävention – deren positive Effekte aber erst mittelfristig erkennbar sind – müssen in Einklang gebracht werden.

Fazit

Aufgrund des wirtschaftlichen Strukturwandels, des wachsenden internationalen Wettbewerbs und der demografischen Entwicklung muss sich das französische Sozialmodell mit dem Problem der finanziellen Tragfähigkeit auseinandersetzen, das aus rein rechnerischer Sicht mittelfristig gelöst werden kann, aber weiterhin stark vom wirtschaftlichen

Wachstum abhängen wird. Es ist denkbar, dass das generell hohe Niveau der öffentlich finanzierten Sozialausgaben erhalten bleibt, weil es einem Gesellschaftsmodell entspricht, das Teil der französischen Identität ist. Es geht nicht so sehr darum, das Niveau der Ausgaben im Verhältnis zum BIP zu senken, als vielmehr darum, sie an die neuen sozio-ökonomischen Gegebenheiten des Landes anzupassen und weiterhin trotz angespannter Haushaltslage das für die Bevölkerung notwendige Niveau von Sicherheit und Wohlfahrt zu gewährleisten. Damit ergibt sich eine zweifache Problemstellung. Der soziale Zusammenhalt und die Wettbewerbsfähigkeit der französischen Wirtschaft müssen miteinander in Einklang gebracht werden. Aus dieser Zielsetzung heraus können mehrere Reformansätze entstehen: Wenn es auch schwierig ist, die Effizienz des Sozialmodells über den schlichten Kausalzusammenhang zwischen Ausgaben und Resultaten zu beurteilen, so regen die eher durchschnittlich beurteilten Leistungen des französischen Sozialmodells zumindest an, Strukturen und Abläufe grundlegend zu verbessern. Die Finanzierungsstruktur des Sozialsystems muss unter Wahrung der immer wichtigeren Rolle der Steuern neu gestaltet werden, mit dem Ziel, gleichzeitig mehr Effizienz zu schaffen und den Faktor Arbeit zu entlasten. Um seine Akzeptanz und Legitimität bei den Bürgerinnen und Bürgern zurückzugewinnen, muss auch sein institutioneller Aufbau (u. a. bei der Renten- und Gesundheitspolitik) vereinfacht und umstrukturiert werden. Schließlich muss es sich am Leitbild der vorsorgenden Sozialinvestitionen orientieren, um die Bürgerinnen und Bürger angesichts vielfältiger gewordener sozialer Risiken zu schützen und nachhaltiges Wachstum zu fördern.

Anmerkungen

1 2016 war der Anteil der öffentlichen Ausgaben laut dem französischen Institut *INSEE* am höchsten. Er lag vor dem der skandinavischen Länder (mit 56,2 % des BIP), d. h. zehn Prozentpunkte mehr im europäischen Durchschnitt und zwölf Prozentpunkte mehr als Deutschlands Anteil an öffentlichen Ausgaben am BIP. Die Höhe der Steuern und Abgaben lag wiederum bei 44,3 Prozent.
2 Vgl. http://www.bpb.de/internationales/europa/frankreich/152672/sozial system [11.10.2017]. Der kurze Auszug stammt aus dem von Dominik Grillmayer verfassten Beitrag über das französische Sozialsystem; abrufbar auf der Homepage der Bundeszentrale für politische Bildung (s. oben).
3 Die Umfrage (Das französische Sozialsystem, Erwartungen und Perspektiven) wurde 2012 vom Meinungsforschungsinstitut Louis Harris für *Liaisons sociales* durchgeführt; vgl. URL: www.liaisons-sociales-quotidien.fr [27.09. 2017].
4 Laut einer Umfrage in *Opinion Way* vom 21. Mai 2014.
5 Laut Datenbank der OECD, vgl. URL: https://data.oecd.org/fr/socialexp/ depenses-sociales.htm [27.09.2017].
6 Die Zahlen stammen aus dem Bericht der Kommission für die Abrechnungen der Sozialversicherung vom Juli 2017; vgl. URL: http://www.securite-so ciale.fr/IMG/pdf/ccss-juillet2017.pdf [27.09.2017].
7 Die Rentenkassen in der Privatwirtschaft beruhen auf dem dualen System einer Basissicherung, die von der staatlichen Rentenkasse verwaltet wird und einer darauf aufbauenden obligatorischen Zusatzversicherung.
8 OECD (2017): Government at a Glance. OECD Publishing, Paris.
9 Gemäß einer Berechnung des französischen Forschungszentrums *L'Observatoire français des conjonctures économiques* (OFCE).
10 Philippe Askenazy/Daniel Cohen/Claudia Senik (u.D.L.) (2017): Das Sozialmodell überdenken. 8 neue Wirtschaftsfragen. Paris.
11 Dieser Thinktank ist dem Premierminister zur Seite gestellt und damit beauftragt, die öffentliche Politik auszuwerten und mögliche Wandlungsprozesse der französischen Gesellschaft zu antizipieren.
12 Vgl. France Stratégie: Welche Hebel für die Beschäftigung? Mai 2016. URL: http://www.strategie.gouv.fr [27.09.2017].
13 Laut einem Bericht des *World Economic Forum* aus dem Jahr 2016 über die Wettbewerbsfähigkeit belegt Frankreich bezüglich der Qualität der Kooperation zwischen den Sozialpartnern den 110. Platz von 138 Ländern.
14 Der Gini-Index ist ein Indikator für die Gleich- oder Ungleichverteilung von Einkommen. Der Index schwankt zwischen 0,0 und 1,0. Je näher man der Zahl 1,0 kommt, desto höher sind die Ungleichheiten.
15 Monetäre Armutsrate laut Eurostat (Anteil der Personen, die ein verfügbares Einkommen (nach Sozialtransfers) unter der Risikoschwelle für Armut haben, festgelegt auf 60 % vom Median des Äquivalenzeinkommens; URL:

Das französische Sozialmodell

    http://ec.europa.eu/eurostat/fr/web/gdp-and-beyond/quality-of-life/at-risk-of-poverty-rate [27.09.2017].
16. OECD: In It Together: Why Less Inequality Benefits All, 21. Mai 2015. https://www.oecd.org/els/soc/OCDE2015-Tous-Concernes-In%C3%A9galite-FRANCE-Embargo21Mai11amParis.pdf [31.10.2017].
17. Guillaume Duval (2016): Inégalités: pourquoi le modèle social français fonctionne mal. Observatoire des inégalités. April 2016.
18. Vgl. Endnote 7.
19. Laut einem parlamentarischen Auftrag über die Mitbestimmung im Juni 2015.
20. France Stratégie: Welches Frankreich in zehn Jahren – welches Sozialmodell? September 2013. Paris. URL: http://www.strategie.gouv.fr [27.09.2017].
21. Rat für Wirtschaftsanalyse: Den sozialen Schutz führen: Transparenz und Effizienz. Januar 2016.
22. Laut einem auf dem Zusammenhang zwischen den Vergütungen der Eltern und denjenigen der Kinder basierenden Indikator, eingesetzt durch Miles Corak in seiner Studie „Chasing the same dream, climbing different ladders". Januar 2010. (URL: http://www.pewtrusts.org/~/media/legacy/uploadedfiles/pcs_assets/2010/pewempuscanadapdf.pdf [27.092017]). Frankreich schneidet z. B. weniger gut ab als die skandinavischen Länder, Deutschland oder auch Kanada.
23. *France Stratégie*: Verschuldung, Defizit und öffentliche Ausgaben: welche Orientierungen? Juli 2016. URL: http://www.strategie.gouv.fr [27.09.2017].
24. Bernard Gazier/Bruno Palier/Hélène Périvier (2014): Das System des sozialen Schutzes stärken, für eine neue Generation sozialer Rechte. Paris, Presses de Sciences Po, coll. Nouveaux Débats, 2014.

Frankreichs Wirtschaft

von Eileen Keller

Nachdem Frankreichs Wirtschaft längere Zeit eher durch Negativschlagzeilen auf sich aufmerksam gemacht, setzt der im Mai 2017 ins Amt gewählte französische Präsident alles daran, dies zu ändern. Während in der Vergangenheit immer wieder die Reformunfähigkeit des Landes, seine mangelnde Wettbewerbsfähigkeit und ein nicht an die aktuellen Rahmenbedingungen angepasstes Sozialmodell angeprangert wurden, betont der neue Präsident mit Vehemenz, dass sich Frankreich geändert habe. Seinen Aussagen verleiht er mit einer Reihe von Reformen Nachdruck, die, in der Tat, das Bild des Landes bei ausländischen Investoren deutlich gebessert haben.

Um die Stärken, aber auch die Schwächen von Deutschlands wichtigstem Wirtschaftspartner über Momentaufnahmen hinaus zu verstehen und einzuordnen, muss man diese in den französischen Entwicklungskontext der vergangenen Jahrzehnte sowie die wirtschaftspolitischen Rahmenbedingungen einbetten. In einem ersten Schritt wird ein kurzer Überblick über wichtige makroökonomische Kennzahlen der französischen Volkswirtschaft gegeben. Anschließend wird diese analytisch im Rahmen von Typologien unterschiedlicher Wirtschaftsforderungen verortet. Davon ausgehend werden in einem dritten Schritt wichtige Implikationen für das derzeitige Funktionieren und die Entwicklung der französischen Wirtschaft sowie wichtige Reforminitiativen erörtert.

Lage der französischen Volkswirtschaft

Die derzeitige Situation der französischen Volkswirtschaft lässt sich anhand einiger makroökonomischer Indikatoren umreißen, die andeuten, dass nach Jahren durchwachsener Ergebnisse viele Anzeichen auf Besserung stehen – nicht zuletzt dank der Reformen, die Präsident François Hollande in der zweiten Hälfte seiner Amtszeit und sein Amtsnachfolger Emmanuel Macron seit gut einem Jahr umsetzten. Nachdem die französische Wirtschaft in den vergangenen Jahren langsamer gewachsen war als die Eurozone insgesamt, nimmt die konjunkturelle Entwicklung zunehmend an Fahrt auf. Wie Abbildung 1 zeigt, ist das *Wirtschaftswachstum* in Frankreich in der Zeit seit der Finanzkrise zwar weniger eingebrochen als dies in Deutschland und im Euroraum insgesamt der Fall war. Frankreich ist aufgrund einer geringeren Exportorientierung weniger unmittelbar von den Entwicklungen der Weltmärkte betroffen als beispielsweise Deutschland. Gleichzeitig hat sich das Wachstum danach zunächst weniger stark erholt und lag mit Wachstumsraten um ein Prozent unter dem europäischen Schnitt. Für 2018 wird das Wachstum auf 2,2 Prozent geschätzt. Damit liegt es in einer ähnlichen Größenordnung wie für Deutschland.

Frankreichs Wirtschaft 149

Daneben waren die Jahre nach der Finanzkrise in Frankreich durch eine gewisse Investitionszurückhaltung seitens der Unternehmen gekennzeichnet, welche sich in den schwachen Wachstumsraten niederschlägt. Seit 2014 lässt sich allerdings bezüglich Investitionen und Kreditaufnahmen eine Zunahme feststellen, auch begünstigt durch Reformmaßnahmen, die die Abgabenlast für Unternehmen senkten und damit neue Spielräume für Investitionen schafften (Cavalier/Bossy 2016: 7).

Abbildung 1: Wachstumsrate des realen BIP, Veränderung gegenüber dem Vorjahr in Prozent.

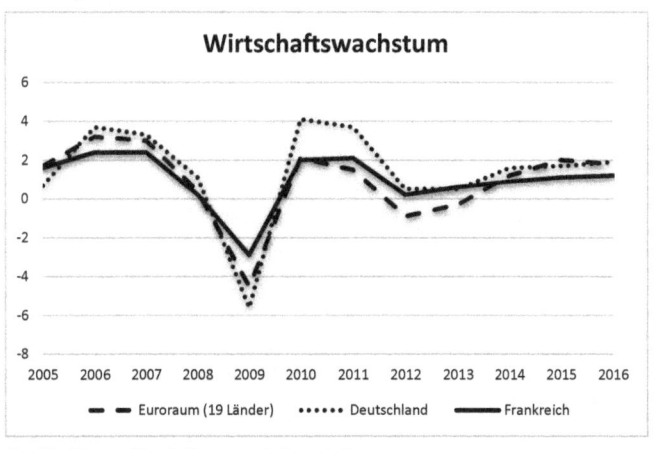

Quelle: Eigene Darstellung nach Eurostat.

Auch bei der *Entwicklung der Arbeitslosenzahlen* zeigt sich nach Jahren der Stagnation in der jüngsten Zeit eine Trendumkehr (vgl. Abbildung 2). Während die Arbeitslosigkeit in den Jahren vor der Krise in Frankreich unter der Deutschlands lag, nahm sie in den folgenden Jahren stetig zu und verharrte bei Werten um 10 Prozent. Zwar liegt die Arbeitslosigkeit in Frankreich unter dem Schnitt der Eurozone, allerdings zeichnete sich dort die Trendumkehr in Richtung sinkender Arbeitslosigkeit schon länger und deutlicher ab – und dies obwohl schon Emmanuel Macrons Vorgänger 2012 mit dem Wahlversprechen angetreten war, sich an der Entwicklung der Arbeitslosenquoten messen zu lassen. Seit gut einem Jahr scheint die Trendwende geschafft. Im Februar 2018 war die Arbeitslosenquote im Vergleich zum Vorjahr um 1,1 Prozentpunkte auf 8,9 Prozent gesunken. Seit 1975 war diese von einem Quartal zum nächsten in Frankreich nicht mehr so stark gefallen (Ruello/Fouquet 2018).

Besonders stark von Arbeitslosigkeit sind in Frankreich – wie in einigen anderen europäischen Ländern – die unter 25-Jährigen betroffen: Jeder fünfte, der sich nicht in Studium oder Ausbildung befindet, ist ohne Beschäftigung. Davon betroffen sind vor allem Jugendliche mit geringer Qualifizierung und fehlenden Abschlüssen. Nach Sektoren betrachtet, war vor allem das französische verarbeitende Gewerbe in den vergangenen Jahren von einem Schrumpfungsprozess betroffen. Allein seit der Finanzkrise wurde dort eine halbe Million Stellen abgebaut, zwischen 1980 und 2007 waren es bereits 1,7 Millionen (vgl. Picut 2015). Neue Arbeitsplätze entstehen vor allem im Dienstleistungsbereich.

Abbildung 2: Links: Harmonisierte Arbeitslosenquoten, Anteil der Erwerbspersonen. Rechts: Öffentlicher Bruttoschuldenstand, Prozent des Bruttoinlandsprodukts.

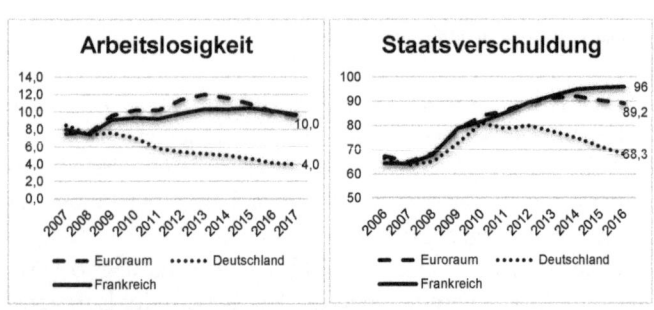

Quelle (beide): Eigene Darstellung nach Eurostat.

Daneben schränkt eine deutlich über dem europäischen Durchschnitt liegende *Staatsverschuldung* die fiskalischen Handlungsspielräume ein. Die Gesamtverschuldung entspricht mit 96 Prozent des Bruttoinlandsprodukts (BIP) fast der Wirtschaftskraft des Landes und liegt deutlich über der gemäß den Maastrichter Stabilitätskriterien maximal zugelassenen Staatsverschuldung von 60 Prozent für Euromitgliedstaaten. Die Verschuldung stieg mit der Finanzkrise stark an und führt zu einer steigenden Schuldenlast, die bei einer Abkehr der Europäischen Zentralbank von ihrer derzeitigen Niedrigzinspolitik noch schwerer wiegt. Emmanuel Macron hat die Einhaltung der Kriterien zur Neuverschuldung zu einer seiner Prioritäten gemacht, und so lag sie 2017 zum ersten Mal seit zehn Jahren mit 2,6 Prozent wieder unter den europäischen Vorgaben von 3 Prozent.

Hinzu kommt, dass Frankreich in den vergangenen Jahren an Anteilen beim Welthandel verloren hat. Während Deutschland den Anteil seiner Exporte gemessen am Wirtschaftsvolumen seit den 2000er Jahren sukzessive steigerte, ist in Frankreich eine gegenläufige Tendenz festzustellen. Im Verhältnis zu den Exporten nahmen die Importe kontinuierlich zu. Seit 2007 ist die *Außenhandelsbilanz* negativ, was bedeutet, dass die Importe die Exporte im Volumen übersteigen (vgl. Abbildung 3). Ein Exportüberschuss oder ein Exportdefizit ist nicht per se gut oder schlecht. Wenn es allerdings durch Schwächen beim Export verursacht ist, kann sich darin eine mangelnde Wettbewerbsfähigkeit ausdrücken, und dies ist bei Frankreich der Fall. Insgesamt betrachtet waren französische Produkte in den vergangenen Jahren weniger auf dem Weltmarkt nachgefragt. Diesbezüglich spielen sowohl preisliche Faktoren (hohe Lohnstückkosten, divergierende Lohnentwicklung in der Eurozone) als auch qualitative Faktoren wie Produkteigenschaften eine Rolle (vgl. Artus 2015). Ausgenommen hiervon ist der Bereich touristischer Dienstleistungen – Frankreich ist weltweit Urlaubsziel Nummer eins. Selbiges gilt für die Lebensmittelindustrie, die Luft- und Raumfahrt sowie den pharmazeutischen Bereich – alles Bereiche, in denen Frankreich konstant beachtliche Handelsüberschüsse aufweist.

Abbildung 3: Außenhandelsbilanz, Prozent des BIP.

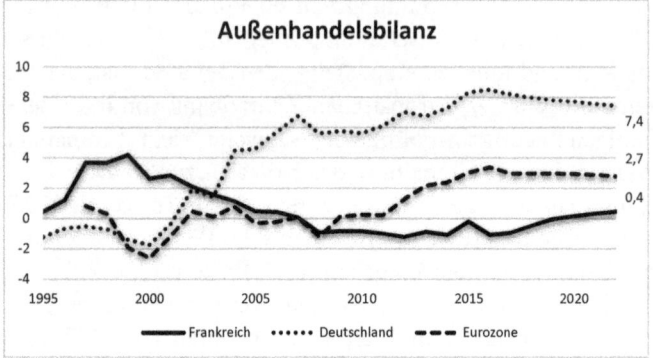

Außenhandelsbilanz

Quelle: Eigene Darstellung nach IWF. Angaben ab 2107 sind Schätzwerte.

Die dargestellten Indikatoren drücken wesentliche Eigenschaften der französischen Wirtschaft auf aggregierter, makroökonomischer Ebene aus. Letztlich resultieren diese aus dem Zusammenspiel zahlreicher Wirtschaftsfaktoren, die von konjunkturellen Dynamiken einzelner Wirtschaftsbereiche und Wirtschaftszonen bis hin zu nationalen wirtschaftspolitischen Entscheidungen und strukturellen Rahmenbedingungen reichen. Um wesentliche Stellgrößen ihres Zustandekommens besser zu verstehen, ist es hilfreich, sich näher mit den Rahmenbedingungen auseinanderzusetzen, in denen das französische Wirtschaftsgeschehen stattfindet. Hierbei sind Typologien unterschiedlicher Wirtschaftsordnungen hilfreich.

Konzeptuelle Einordnung – Typologien marktwirtschaftlicher Wirtschaftsordnungen

Moderne Demokratien sind eng verknüpft mit einer marktwirtschaftlichen Wirtschaftsordnung. In ihr kommt dem Markt als Verteilungs- und Koordinationsmechanismus sowie dem individuellen Gewinnstreben und Privateigentum im Vergleich zu anderen Wirtschaftsordnungen eine besondere Bedeutung zu. Zentrale Wirtschaftsprozesse laufen jedoch in einzelnen Volkswirtschaften oftmals nicht nach dem gleichen Muster ab. So gibt es beispielsweise in Frankreich und Großbritannien einen gesetzlich geregelten Mindestlohn, während im Rahmen der Tarifautonomie in Deutschland bis 2015 die Lohnfindung außerhalb des staatlichen Einflussbereiches ablief. Ebenso spielen die Banken in Deutschland und Frankreich traditionell eine größere Rolle in der Finanzierung der Realwirtschaft als dies in Großbritannien der Fall ist, wo die Finanzmärkte stärker entwickelt sind. All diese Eigenschaften wirken sich auf die Wirtschaftsabläufe aus.

Seit den 1960er Jahren und verstärkt durch den Zusammenbruch sozialistischer Wirtschaftsordnungen wurde deshalb untersucht, welche institutionellen Unterschiede zwischen einzelnen marktwirtschaftlichen Wirtschaftsordnungen (oder Kapitalismustypen) bestehen. Eine Wirtschaftsordnung umfasst dabei die zentralen Normen und Organisationsstrukturen, die das Funktionieren und den Ablauf zentraler wirtschaftlicher Prozesse beeinflussen, beispielsweise die Art der Tariffindung, die Organisation wesentlicher Wirtschaftsakteure und ihre Austauschbeziehungen, die Organisation der Erwerbsarbeit und der beruflichen Ausbildung. In den einzelnen (nationalen) Volkswirtschaften bestehen unterschiedliche Institutionengefüge, die zu Unterschieden zwischen den Ländern führen und mit unterschiedlichen sogenannten komparativen Produktions- und Standortvorteilen verbunden sind.

In der komparativen Kapitalismusforschung, der interdisziplinären Forschungsrichtung an der Schnittstelle von Politikwissenschaft, Soziologie und Institutionenökonomie, die sich systematisch mit diesen Unterschieden beschäftigt, wurden diverse Typologien entwickelt, die wesentliche Unterschiede einzelner Wirtschaftsordnungen herausarbeiten. Auch wenn es gewisse Überschneidungen zwischen einzelnen Typologien gibt, so herrscht keine Einigkeit darüber, wie viele relevante Typen es zu unterscheiden gilt und anhand welcher Dimensionen diese sich am besten unterscheiden lassen (für einen Überblick: Jackson/Deeg 2006). Wenn es darum geht, die Besonderheit Frankreichs zu verstehen, bieten sich die Arbeiten der US-amerikanischen Politikwissenschaftlerin Vivien Schmidt (2002) besonders an. In Anlehnung daran lassen sich, bezogen auf den europäischen Kontext der Nachkriegszeit, drei Kapitalismusmodelle als induktive generalisierte Beschreibungen ausgehend von Ländergruppierungen mit ähnlichen Eigenschaften unterscheiden: ein marktzentrierter, ein koordinierter sowie ein staatszentrierter Kapitalismustyp. Die drei Formen unterscheiden sich hauptsächlich hinsichtlich der Struktur der Unternehmensbeziehungen (zwischen einzelnen Unternehmen sowie zwischen Real- und Finanzwirtschaft), der Art der Beziehungen des Staates zu den Unternehmen und den Arbeitgeber- und Arbeitnehmervertretungen sowie der Struktur der Arbeitsbeziehungen (Schmidt 2002: 107 f.). Einen Überblick über wichtige Charakteristika gibt Tabelle 1.

Frankreichs Wirtschaft

Tabelle 1: Typologie der Kapitalismusmodelle

	Marktzentrierter Kapitalismus	Koordinierter Kapitalismus	Staatszentrierter Kapitalismus
Koordinationsmechanismus	vorwiegend Märkte	Märkte, aber auch außerhalb koordiniert	zumindest teilweise staatlich organisiert
Unternehmensbeziehungen	– individualistisch – lose – kurzfristig	– netzwerkbasiert – eng – langfristig	– staatlich moderiert – staatlich vermittelt – mittelfristig
Rolle des Staates	zurückhaltender liberaler Schiedsrichter	verhandelnder, ermöglichender Staat	interventionistisch lenkender Staat
Arbeitsbeziehungen	– feindlich konflikthaft – marktbestimmt	– kooperativ – koordiniert	– feindlich konflikthaft – staatlich kontrolliert
Komparative Vorteile	– Marktresponsivität – radikale Innovationen – risikobehaftete Unternehmungen – schnelle Adaptationsfähigkeit, Flexibilität – Preiswettbewerb	– inkrementelle Innovation – große Stabilität – beständige Gewinnentwicklung – langfristige Finanzplanung – Qualitätswettbewerb – hohe Produktivität	– Staat kann schnell und effektiv in das Wirtschaftsgeschehen eingreifen – Staat schützt Unternehmen (bspw. vor Übernahmen) – langfristige Finanzplanung durch den Staat

Quelle: Eigene Darstellung nach Schmidt (2002: 113, 131 ff.; 2009: 521 f.).

Im marktzentrierten Kapitalismus werden Wirtschaftsprozesse besonders stark und vorwiegend punktuell über den Markt koordiniert. Unternehmen konkurrieren auf diesem und finanzieren sich vorwiegend über Finanzmärkte. Der Staat greift lediglich bei Marktversagen regulierend in die Wirtschaft ein. Charakteristisch sind diese Eigenschaften vor allem für den angelsächsischen Raum. In koordinierten Marktwirtschaften sind die Beziehungen zwischen einzelnen Wirtschaftsakteuren weniger kompetitiv, sie kennzeichnen sich stattdessen häufig durch Kooperationen. Diese Art von Wirtschaftsbeziehungen ist in Deutschland stark ausgeprägt. Man denke beispielsweise an die Kooperationen zwischen den Automobilherstellern und ihren Zulieferern oder aber auch Entwicklungskooperationen zwischen Unternehmen und anwendungsorientierten Forschungsinstituten. Der Staat trägt durch in ihrer Intensität variierende Interventionen als ermöglichender Staat zu einem günstigen Gesamtklima bei.

In staatszentrierten Volkswirtschaften hat der Staat eine zentrale Lenkungsfunktion hinsichtlich wirtschaftlicher Vorgänge: Er nimmt im Rahmen seiner umfassenden Planungstätigkeit Einfluss auf die Beziehungen zwischen einzelnen Unternehmen, trifft Investitionsentscheidungen, vermittelt Finanzierungsmöglichkeiten und ist über staatseigene Unternehmen selbst Produzent. Wo der Staat nicht eingreift, dominieren – ähnlich wie im Marktkapitalismus – Markt und Wettbewerb. Dieser Typ war charakteristisch für Frankreich in den ersten Nachkriegsjahrzehnten, hat sich aber im Laufe der Zeit unter veränderten wirtschaftlichen Rahmenbedingungen, verbunden mit dem europäischen Einigungsprozess, dem technologischen Fortschritt sowie der Intensivierung der Austauschbeziehungen durch die Globalisierung am stärksten verändert. Im Folgenden sollen wesentliche Eigenschaften sowie seine Entwicklung im Zeitverlauf am Beispiel der französischen Wirtschaft dargestellt werden.

Verortung und Entwicklung der französischen Wirtschaft

Frankreich gilt als das Land, das dem Idealtyp des Staatskapitalismus bis Anfang der 1980er Jahre besonders nahekam. Ein umfassender, zentralisierter Staatsapparat lässt sich bis zum *Ancien Régime* zurückverfolgen und wurde durch die Französische Revolution mit der Ausschaltung wesentlicher gesellschaftlicher Zwischenorganisationen in seiner zentralen gesellschaftlichen Stellung weiter gestärkt. Seinen Ruf als europäische Ausnahme hinsichtlich der umfassenden wirtschaftlichen Rolle des Staates erwarb sich das Land jedoch vor allem in den ersten Nachkriegsjahrzehnten durch eine massive, staatlich geplante und gelenkte dirigistische Wiederaufbau- und Modernisierungspolitik, die eine zentralistische Steuerung weiter Teile des Wirtschaftslebens, Preisregulierung, sektorale Industriepolitik und die Planung der regionalen Wirtschaftsentwicklung umfasste. Verbunden war dies mit der Grundüberzeugung, dass der technokratische staatliche Verwaltungsapparat besser als Märkte und Unternehmen die unausweichlich erscheinende Modernisierung voranbringen könne (Uterwedde 2005: 174 f.).

Im französischen Kapitalismus bis in die 1980er Jahre hatte der Staat eine zentrale Koordinations- und Mittlerfunktion. Investitionsentscheidungen trafen staatliche Instanzen nach nationalen, polit-ökonomischen Prioritäten, aus denen Prestigeobjekte, beispielsweise im Bereich der Kernenergie, der Luft- und Raumfahrt, der Rüstungsindustrie oder auch die Entwicklung des Hochgeschwindigkeitszuges TGV, hervorgingen (vgl. Schmidt 2002: 116 und 184 ff.). Finanziert wurden diese über staatliche Subventionen oder staatlich definierte Niedrigzinsprogramme. Der Staat verfügte über zahlreiche öffentliche Unternehmen. 1981 waren 25 Prozent der Industrie und 97 Prozent der Banken verstaatlicht (Boyer 1997: 85).

Nachdem diese Politik in den ersten drei Nachkriegsjahrzehnten (den sogenannten *Trente Glorieuses*) zu durchaus beachtlichen Modernisierungsfortschritten und einer prosperierenden Wirtschaft führte, sah sich Frankreich ab den 1970er Jahren angesichts einer sich verschlechternden weltwirtschaftlichen Lage sowie verschärfter internationaler Konkurrenz einem erheblichen Anpassungsdruck ausgesetzt. Insgesamt war die Industrie zu diesem Zeitpunkt wenig innovativ und international nicht hinreichend wettbewerbsfähig, die Flexibilität der Arbeitsmärkte sowie die Koordination zwischen den Firmen unzureichend und die Lohnkosten für das Produktivitätsniveau und den Qualifizierungsgrad zu hoch (Schmidt 2002: 139 und 187 f.). Auch konnte Frankreich, das bis dahin inflationäre Tendenzen, unter denen die Wettbewerbsfähigkeit der Wirtschaft litt, durch Abwertungen des Francs ausglich, dies im Rahmen der europäischen Währungsregime (Vorläufer der Währungsunion) nur noch eingeschränkt tun. All dies führte dazu, dass der bisherige Kurs nicht mehr tragfähig erschien.

Nachdem ein letzter Versuch expansionistischer, neokeynesianischer Wirtschaftspolitik, verbunden mit einem weiteren Nationalisierungsprogramm, zu Beginn der Amtszeit des sozialistischen Präsidenten François Mitterrand scheiterte, begann die Regierung 1983, den Staat in der Wirtschaftspolitik mit marktorientierten Reformen zurückzubauen. In diesem Rahmen wurden die Finanzmärkte liberalisiert, die Unternehmenstätigkeit dereguliert, viele der staatseigenen Unternehmen in mehreren Wellen privatisiert und die Lohnverhandlungen teilweise dezentralisiert (Schmidt 2002: 183; Seidel 2007: 169 ff.). Die Privatisierungserlöse aus dem Verkauf von Banken und Unternehmensanteilen zwischen 1986 und 2004 beliefen sich auf rund 72 Milliarden Euro (vgl. Seidel 2007: 184) und verschafften dem Staat neue fiskalische Handlungsspielräume. Die marktorientierten Privatisierungsprozesse waren selbst wiederum stark staatlich gelenkt. Beispielsweise ging der Staat bei der Investorensuche selektiv vor und bestimmte einen Maximalwert für ausländische Investoren ebenso wie einen festen Anteil für die Belegschaft (Schmidt 2002: 191).

Das zwiespältige Erbe eines starken Staates

Frankreichs Wirtschaft war in den vergangenen Jahrzehnten erheblichen Wandlungsprozessen unterworfen, die aufzeigen, wie sehr sich das Land an veränderte Rahmenbedingungen angepasst hat. Das Ergebnis dieses Reformprozesses war jedoch weder der koordinierte Typ noch ein rein marktliberales Modell. Vielmehr handelt es sich um eine Mischform, die hinsichtlich einzelner Aspekte eher dem einen oder dem anderen Typus ähnelt. Die in der Vergangenheit häufig konfliktreichen Arbeitsbeziehungen ähneln beispielsweise eher denen, die man in marktliberalen Wirtschaften vorfindet. Dies trifft auch für die Bedeutung der Finanzmärkte für die Ausrichtung der Unternehmensstrategie der großen Unternehmen zu. Hinsichtlich anderer Aspekte ähnelt Frankreich hingegen eher dem koordinierten Typ. Dies gilt zum Beispiel für die enge Verflechtung wirtschaftlicher und politischer Eliten.

Gleichzeitig wirkt die besondere Rolle, die der Staat als Wirtschaftsakteur einst einnahm, in mehrerlei Hinsicht weiter nach. Zuvorderst äußert sich dies in einem immer noch verhältnismäßig großen Staatsapparat. Frankreich liegt mit einer Staatsquote von 57 Prozent in der Spitzengruppe der OECD-Länder. Im Verhältnis zur Wirtschaftsleistung (BIP) gibt nur der finnische Staat mehr aus. Beim Steueraufkommen liegt Frankreich mit 45 Prozent des BIP hinter Dänemark ebenfalls auf dem zweiten Platz (OECD 2015: 16). Auch hält der französische Staat über seine Beteiligungsgesellschaften zum Teil erhebliche Anteile an französischen Unternehmen, unter ihnen neben zahlreichen weiteren EDF, Renault, Orange, Airbus und Thales. Insgesamt hält der Staat Beteiligungen an 1750 Unternehmen mit einem Volumen, das sich auf knapp 99 Milliarden beläuft (Schreiber 2017). Damit bleibt der französische Staat ein wichtiger wirtschaftlicher und nicht nur wirtschaftspolitischer Akteur, auch wenn seine Befugnisse deutlich reduzierter sind als in der Vergangenheit.

Daneben führte der starke Staat zu einem umfassenden Wohlfahrtsstaat und ausdifferenzierten Sozialmodell. Diese umfassen nicht nur hohe staatliche Ausgaben für die Altersvorsorge, das Gesundheitssystem, Familie und Wohnen sowie umfängliche Leistungen im Fall der Arbeitslosigkeit – Frankreich gibt mit über 30 Prozent des BIP mehr als alle anderen OECD-Länder für Soziales aus (OECD 2015: 19) –, sondern auch die von den Sozialisten im Jahr 1998 eingeführte 35-Stundenwoche, ein mit 9,76 Euro verhältnismäßig hoher Mindestlohn (der zweithöchste in der EU nach Luxemburg; in Deutschland beträgt er 8,84 Euro), sowie einen insgesamt hohen Arbeitnehmerschutz. All das sind Errungenschaften, die viele Franzosen sehr schätzen.

Das Erbe eines starken Staates, verbunden mit dem Rückbau, den dieser seit den 1980er Jahren erfuhr, hat aber auch seine Schattenseiten. In Frankreich herrscht eine große Erwartungshaltung, was eine Absicherung durch den Staat und den Umfang staatlicher Leistungen sowie das soziale Absicherungsniveau insgesamt betrifft. Dies macht es bisweilen schwierig, bisherige Standards, Privilegien und Vergünstigungen an veränderte Rahmenbedingungen anzupassen, bzw. aus haushaltspolitischen Gründen zu kürzen. Man denke beispielsweise an die Auseinandersetzungen um den *Contrat Premier Embauche* (CPE) aus dem Jahr 2005, einem Arbeitsvertrag für unter 26-Jährige mit geringerem Kündigungsschutz, der aufgrund von Studentenprotesten von der Regierung zurückgenommen wurde. Auch die Arbeitsmarktreform François Hollandes von 2016 war von heftigen sozialen Protesten begleitet, wurde aber trotzdem größtenteils durchgesetzt.

Wie diese Beispiele zeigen, waren insbesondere im Bereich des Arbeitsmarktes manche der Standards in den vergangenen Jahren zum Problem geworden. Hohe und schwer kalkulierbare Abfindungen im Kündigungsfall ließen vor allem Kleinstunternehmen immer wieder davor zurückschrecken, einzustellen. Auch führte der hohe Kündigungsschutz dazu, dass er durch befristete Beschäftigungen schlichtweg ausgehebelt wurde. In Frankreich liegt der Anteil unbefristeter

Verträge (*Contrat à durée indéterminée*, CDI) an allen Vertragsschlüssen aktuell bei 13 Prozent. 87 Prozent aller Vertragsneuschließungen sind folglich befristet, wovon 70 Prozent eine Laufzeit von weniger als vier Wochen ausweisen (Artus 2015: 8). Auch der Übergang von befristeter zu unbefristeter Beschäftigung funktioniert verhältnismäßig schlecht (Bachmann u. a. 2016: 38).

Daneben gelang es bisher nur schleppend, den gewünschten Rückbau des Staates im Bereich der Arbeitsbeziehungen durch kompromissorientierte, nichtstaatlich organisierte Aushandlungsprozesse zu ersetzen (vgl. hierzu Grillmayer 2014). Angesichts umfänglicher staatlicher Regulierungen kam der autonomen Aushandlung zwischen den Sozialpartnern lange Zeit eine untergeordnete Rolle zu. Unter diesen Rahmenbedingungen konnte sich eine echte Kooperations- und Verhandlungskultur zwischen den Sozialpartnern nicht herausbilden. Die Arbeitsbeziehungen sind vorwiegend konfrontativ. In Ratings zur (Selbst-)Einschätzung ihrer Qualität im eigenen Land durch Unternehmenschefs und Vertreter der Führungsebene landet Frankreich weltweit auf einem der hinteren Plätze (Platz 110 von 138; Schwab 2016: 179). Durch Streiks und Aussperrungen verursachte Arbeitsausfälle sind hoch: 132 Tage pro tausend Beschäftigte im Jahresdurchschnitt (in Deutschland: 15 Tage; WSI 2015: 10), und die Mitgestaltungsspielräume auf Unternehmensebene sind im Vergleich zur deutschen Mitarbeitermitbestimmung begrenzt. Auch wurde erst seit 2007 mit dem Larcher-Gesetz eine Konsultation der Sozialpartner zu Sozialreformen gesetzlich verankert. All dies ist im Wandel begriffen, braucht aber Zeit. Die Lücke, die durch einen Rückbau des Staates entsteht, schließt sich nur langsam und setzt ein gewandeltes Rollenverständnis auf allen Seiten voraus.

Zentrale Reformbereiche in Frankreich[1]

Frankreichs Wirtschaft weist, wie eingangs aufgezeigt, gewisse Schwächen auf. Um diese zu beheben und Wachstumskräfte freizusetzen, stehen insbesondere die nachfolgenden Prioritäten im Mittelpunkt.

- **Unternehmen entlasten:** Frankreichs Unternehmen sind durch hohe Steuern und Sozialabgaben stärker belastet als europäische Konkurrenten. Um diesen Wettbewerbsnachteil zu beheben und Raum für Investitionen zu schaffen, sollen diese gesenkt werden. Bereits unter François Hollande wurden diese insbesondere im Rahmen von Steuerrückerstattungen (*Crédit d'impôt pour la compétitivité et l'emploi*, CICE) sowie Erleichterungen bei den Sozialabgaben entlastet. Unter Macron gibt es weitere Entlastungen, u. a. durch eine einheitliche Besteuerung von Kapital mit 30 Prozent sowie eine schrittweise Reduzierung der Körperschaftssteuer von derzeit 33,3 Prozent auf 25 Prozent, was dem europäischen Durchschnitt entspricht. Weitere vor allem regulatorische Erleichterungen, für kleinere und mittelständische Unternehmen sind im PACTE-Gesetz enthalten.
- **Arbeitsmarkt flexibilisieren:** Hierbei geht es vor allem um Transparenz, Planungssicherheit sowie Vereinfachung und mehr Spielräume, um die Arbeitsbedingungen stärker an die Verhältnisse vor Ort durch Verhandlungen auf Unternehmensebene anpassen zu können. Im Jahr 2016 führte das El Khomri-Gesetz zu Lockerungen, weitere sind in Macrons *Loi Travail* aus dem Jahr 2017 enthalten.
- **Mehr Wettbewerb zulassen:** In Frankreich sind einige Wirtschaftssektoren durch hohe Regulierungsstandards vor Wettbewerb geschützt. Mit dem *Loi Macron* wurden 2014 bereits der Fernbusverkehr sowie einige der sogenannten reglementierten Berufe (Notare, Gerichtsvollzieher) liberalisiert. Auch als Präsident verfolgt Macron diesen Weg weiter, beispielsweise durch eine Reform der französischen Bahngesellschaft SNCF.

- **Blockaden beim Berufseinstieg abbauen:** Auch wenn die Performanz des Bildungssystems insgesamt solide ist, so gilt es vor allem, kein Kind und keinen Jugendlichen zurückzulassen, Schulabbrecherquoten zu reduzieren und angesichts der hohen Jugendarbeitslosigkeit den Einstieg ins Berufsleben zu erleichtern. Bereits für das Schuljahr 2017/2018 beschloss die neue Regierung eine Reduzierung der Klassengröße an Grundschulen in benachteiligten Vierteln (Halbierung der Schülerzahl oder zusätzliche Lehrer). Ein weiterer wichtiger Ansatz ist eine umfassende Reform der beruflichen Ausbildung in Richtung größerer Praxisnähe durch eine Stärkung des dualen Systems. Die Berufsausbildung findet häufig ausschließlich in Schulen *(lycées professionnels)* statt, da die duale Ausbildung unter einem echten Imageproblem leidet. Auch hier knüpft Macron an Bemühungen der vorigen Regierung an.

Fazit

Nicht alles, was in Frankreich gut oder schlecht läuft, hängt ursächlich und vor allem nicht ausschließlich mit den Handlungsspielräumen staatlicher Instanzen zusammen. Nichtsdestotrotz hat die sich ändernde Rolle des Staates das Wirtschaftsgeschehen der vergangenen Jahrzehnte in Frankreich maßgeblich mitgeprägt. Die Herausforderungen, vor denen Frankreich steht, können nicht über das Potenzial hinwegtäuschen, das in Frankreichs Wirtschaft steckt. Frankreich ist, gerade auch im Vergleich zu Deutschland, ein junges Land mit einem großen Arbeitskräftepotenzial. Frankreich wird als Wirtschaftsstandort für seine gute Infrastruktur und Forschungslandschaft sehr geschätzt und zieht viele privatwirtschaftliche Forschungs- und Entwicklungszentren an. Auch im Bereich der Startup-Szene ist es Frankreich mit dem Label der *French Tech* gelungen, eine dynamische Unternehmerlandschaft ins Land zu holen, mit schnell wachsenden, innovativen Unternehmen, die Frankreich bei Rankings (z. B. Top 100 Global Innovators) Spitzenplätze einbringen und Investoren anziehen. Es mangelt also nicht an Substanz: Vielmehr gilt es, das Potenzial, das in Frankreichs Wirtschaft steckt, durch eine Veränderung der Rahmenbedingungen besser zu nutzen – und daran arbeitet die neue Regierung mit vereinten Kräften.

Anmerkung

1 Siehe vertiefend hierzu Grillmayer et al. (2018).

Literatur

Artus, Patrick (2015): La France ne s'est pas adaptée à l'ouverture économique internationale. Natixis. Flash économie 1009.

Artus, Patrick (2017): Que nous apprend le déficit extérieur de la France? Natixis. Flash économie 312.

Bachmann, Ronald/Bechara, Peggy/Bredtmann, Julia/Schaffner, Sandra/Vonnahme, Christina (2016): Durchlässigkeit europäischer Arbeitsmärkte. Gütersloh.

Boyer, Robert (1997): French Statism at the Crossroads. In: Crouch, Colin/Streeck, Wolfgang (Hrsg.): Political Economy of Modern Capitalism. Mapping Convergence & Diversity. London, S. 71–101.

Cavalier, Bruno/Bossy, Fabien (2016): France and the Economy of the Common Good. Oddo Securities, Paris.

Grillmayer, Dominik (2014): Stärkung des sozialen Dialogs in Frankreich? Aktuelle Frankreich-Analysen 28. Deutsch-Französisches Institut, Ludwigsburg.

Grillmayer, Dominik/Keller, Eileen/Seidendorf, Stefan (2018): Ein Jahr Macron – Reformen, Regierungsstil, Herausforderungen. Aktuelle Frankreich Analysen Nummer 32. Ludwigsburg, Deutsch-Französisches Institut. URL: https://www.dfi.de/pdf-Dateien/Veroeffentlichungen/afa/afa32.pdf [23.05.2018].

Jackson, Gregory/Deeg, Richard (2006): How Many Varieties of Capitalism? Comparing the Comparative Institutional Analyses of Capitalist Diversity. MPIfG Discussion Paper 06/2. URL: http://mpifg.de/mpifg-dp/dpo6-2.pdf [05.09.2017].

OECD 2015: OECD Economic Surveys. France. URL: http://www.oecd.org/eco/surveys/France-2015-overview.pdf [05.09.2017].

Picut, Gaelle (2015): L'industrie a perdu un demi-million d'emplois depuis fin 2007. In: Le Monde, 20.03.2015.
Ruello, Alain/Claude Fouquet (2018): Un recul massif et inattendu du taux de chômage, Les Echos. URL: https://www.lesechos.fr/economie-france/conjoncture/0301300800967-le-taux-de-chomage-revient-a-son-niveau-de-2009-2153917.php [20.04.2018].
Schmidt, Vivien (2002): The Futures of European Capitalism. New York.
Schmidt, Vivien (2009): Putting the Political Back into Political Economy. Bringing the state back in yet again. In: World Politics, 3/2009, S. 516–546.
Schreiber, Paul (2017): État actionnaire: 33 milliards d'euros de privatisations. Ifrap. Société Civile 179. Paris.
Schwab, Klaus (Hrsg.) 2016: The Global Competitiveness Report 2016–2017. Cologny. URL: https://www.weforum.org/reports/the-global-competitiveness-report-2016-2017-1 [05.09.2017].
Seidel, Fred (2007): Frankreichs business system: Politische, soziale und ökonomische Institutionen. In: Barmeyer, Christoph/Schlierer, Hans-Jörg/Seidel, Fred (Hrsg.): Wirtschaftsmodell Frankreich. Märkte, Unternehmen, Manager. Frankfurt am Main u. a., S. 167–246.
Uterwedde, Henrik (2005): Kapitalismus à la française. Die mühsame Erneuerung eines Modells. In: Kimmel, Adolf/Uterwedde, Henrik (Hrsg.): Länderbericht Frankreich. Bonn, S. 173–191.
WSI/Wirtschafts- und Sozialwissenschaftliches Institut (2015): Jahresbericht 2015. Düsseldorf.

Die deutsch-französischen Beziehungen

von Jonas Metzger, Thomas Freisinger

Eine neue Dynamik im deutsch-französischen Tandem?

Zu Beginn der Amtszeit des französischen Staatspräsidenten Emmanuel Macron sprach Bundeskanzlerin Angela Merkel von einem „Geist neuer Zuversicht", welcher die deutsch-französischen Beziehungen umgebe.[1] Der neugewählte, reformmutige bekennende Pro-Europäer Macron hatte auf beiden Seiten des Rheins Hoffnungen auf eine Erneuerung des in den letzten Jahren etwas ins Stocken geratenen deutsch-französischen „Motors" geweckt. Denn von Zuversicht war in den letzten Jahren kaum die Rede. Im Gegenteil, spätestens infolge der europäischen Krisen der letzten Jahre hatte sich auch das deutsch-französische Verhältnis verschlechtert. Nicolas Sarkozy und Angela Merkel fanden nach anfänglichen Spannungen unter dem Druck der Eurokrise doch noch zusammen. Macrons Vorgänger François Hollande hingegen war es trotz großer Ambitionen und Versprechungen nicht gelungen, gemeinsam mit Kanzlerin Merkel die Europäische Union (EU) voranzubringen. Merkel und Macron waren von Anfang an bestrebt, gemeinsame Positionen zu finden. Nachdem Macron lange auf eine Antwort Deutschlands auf seine ambitionierten Vorschläge warten musste, konnten sich beide Seiten im Juni 2018 auf Schloss Meseberg auf eine gemeinsame Linie in der Europapolitik verständigen. Denn genau an dieser Fähigkeit der EU, in schweren weltpolitischen Zeiten neue Impulse geben zu können, wird sich das ungleiche Paar messen lassen (müssen).

Eines steht allerdings bereits fest: Auch in den neuen politischen Konstellationen werden Differenzen und Kontroversen zu Tage treten, wie sie für die langjährige Geschichte der deutsch-französischen Beziehungen kennzeichnend sind. Es handelt sich dabei um eine einmalige Geschichte der erfolgreichen Versöhnung und Annäherung zweier Länder, wie sie gegensätzlicher kaum sein könnten. Beobachter sind sich einig, dass es einer Neubelebung der deutsch-französischen Partnerschaft bedarf, um diese Erfolgsgeschichte fortzuschreiben. Hierbei geht es nicht nur um eine bloße Auffrischung der Symbolik, vielmehr wird es entscheidend sein, in konkreten Themen- und Politikfeldern der deutsch-französischen Kooperation Fortschritte zu erzielen. Wie dies gelingen soll, will der vorliegende Beitrag aufzeigen, der u.a. auf folgende Fragen eingeht: Wie lässt sich diese besondere historische Entwicklung erklären? Was treibt die deutsch-französischen Beziehungen an, was hält beide Länder zusammen?

Ein gegensätzliches Paar nähert sich an

Der historische Umschwung der deutsch-französischen Beziehungen nach dem Zweiten Weltkrieg ist im Rückblick eine wohl einzigartige historische Leistung: aus dem vermeintlichen „Erbfeind" auf der anderen Seite des Rheins wurde in nur wenigen Jahren ein zunehmend unverzichtbarer Partner. Als Meilenstein dieser Erfolgsgeschichte gilt der Élysée-Vertrag, der 1963 unterzeichnet wurde und die deutsch-französische Zusammenarbeit institutionalisierte. Seither ist zwischen beiden Ländern in über sechzig Jahren eine Dynamik der gegenseitigen Annäherung entstanden, die sich auf viele Bereiche ausweitete und die für viele Beobachter zeitweise als eine Selbstverständlichkeit angesehen wurde. Sei es über Regierungskonsultationen, Austauschprogramme oder Städtepartnerschaften – sowohl auf offizieller Ebene als auch im Bereich der Zivilgesellschaft wurde ein breites Netz an Verflechtungen und Kooperationen gespannt.[2]

Wie besonders und historisch einzigartig diese Entwicklung ist, wird deutlich, wenn die grundlegenden Unterschiede beider Länder betrachtet werden: So versteht sich Frankreich aufgrund seiner Geschichte als *Grande Nation*, die mit ihren Revolutionen, ihren Königreichen und als Kolonialmacht Weltgeschichte geschrieben hat. Die deutsche Tradition hingegen kann nicht auf eine ähnlich nationalstaatliche Geschichte zurückgreifen, und so beruft man sich vor allem auf jüngere Errungenschaften und die Rolle als wirtschaftliche Führungsmacht in Europa. Deutschland und Frankreich haben auf den ersten Blick auch heute noch wenig miteinander gemeinsam. So unterscheiden sich beide stark voneinander, was die jeweiligen Machtattribute betrifft. Während Deutschland sich nach dem Zweiten Weltkrieg als Wirtschafts- und Zivilmacht entwickelte, erhebt Frankreich als ständiges Mitglied des UN-Sicherheitsrates und als Nuklearmacht weiterhin den Anspruch, eine Weltmacht zu sein. Ferner sind beide Länder in Bezug auf Staatsaufbau (französischer Zentralismus, deutscher Föderalismus) und Gesellschaftsverständnis (französischer Laizismus und eine „hinkende Trennung" von Staat und Kirche in Deutschland) sehr unterschiedlich. Begleitet werden diese Gegensätze durch divergierende Sichtweisen bzw. Ordnungsvorstellungen in grundlegenden Aspekten wie Staatsverständnis und Wirtschaftspolitik, welche sich auch noch in den heutigen Differenzen widerspiegeln und im Zuge von Euro-, Staatsschulden- und zuletzt Flüchtlingskrise zu Tage traten. Vor diesem Hintergrund ist es nicht verwunderlich, dass es den Regierungen beider Länder zuletzt nur selten gelang, auf einen gemeinsamen Nenner zu kommen. Der wichtigste Vorteil der institutionalisierten Beziehungen ist es, dass es dank ihrer gelang, die bestehenden Unterschiede stets zu überwinden. Unter der Präsidentschaft Hollandes hat dies jedoch nur noch sehr eingeschränkt funktioniert.

Der Amtswechsel im Élysée-Palast hat neue Möglichkeiten eröffnet und lässt sowohl die beiden Nationen als auch ganz Europa hoffen. Denn trotz aller Gegensätze sind die deutsch-französischen Beziehungen für die Zukunft beider Länder, aber auch für die zukünftige Entwicklung Europas in vielerlei Hinsicht unabdingbar (Gustin/Martens 2016: 16). Ohne Deutschland und ohne Frankreich bzw. ohne ein gutes Verhältnis der beiden bevölkerungsreichsten Staaten der EU zueinander scheint keine gemeinsame europäische Politik möglich. Wie sehr beide Länder aufeinander angewiesen sind, lässt sich anhand der engen wirtschaftlichen Verflechtungen belegen, die sich unter anderem im Zuge der europäischen Einigung entwickelt haben.[3] Seit den 1960er Jahren sind beide Länder wichtige wechselseitige Handelspartner.[4] Bilaterale Investitionsverflechtungen und industrielle Kooperationen in der Rüstungsindustrie oder der Luft- und Raumfahrt vervollständigen das Bild (vgl. Uterwedde 2017: 188). Das politische Gewicht des Tandems zeigt sich nicht zuletzt daran, dass beide Staaten zusammen über 170 von 761 Sitzen im Europäischen Parlament verfügen und Vertreter aus beiden Ländern wichtige europäische Ämter bekleiden.

Motive und Stationen der Annäherung

In Anbetracht der Tatsache, dass sich beide Länder dreimal innerhalb von nur siebzig Jahren kriegerisch gegenüberstanden, erscheint der heutige Zustand umso außergewöhnlicher. Die in beiden Ländern proklamierte „Erbfeindschaft", ausgetragen im Deutsch-Französischen Krieg 1870/1871 sowie in den beiden Weltkriegen, hinterließ tiefe Spuren und festigte eine Feindschaft, die ganz Europa zu spüren bekam (vgl. Uterwedde 2017: 186). Umso erstaunlicher ist es, wie schnell diese Ablehnung in den ersten Jahren der Nachkriegszeit überwunden wurde. Doch wie kam es zu dieser friedlichen Transformation?[5]

Dabei ist die Rolle verantwortungsvoller und weitsichtiger Politiker von ausschlaggebender Bedeutung. Wegweisende Vordenker wie Robert Schuman, Jean Monnet oder Alfred Grosser erkannten schon früh, dass eine stabile Nachkriegsordnung – und darauf aufbauend eine europäische Einigung – nur auf der Grundlage eines deutsch-französischen Neuanfangs zu realisieren war. Es waren vor allem der französische Präsident Charles de Gaulle und der deutsche Bundeskanzler Konrad Adenauer, die die gegenseitige Annäherung vorantrieben, indem sie die *réconciliation* – also die Aussöhnung mit dem Nachbarn – zur Priorität ihrer Politik erklärten. Charles de Gaulles Rede an die deutsche Jugend in Ludwigsburg 1962 war ein entscheidender Moment, der auch für die Einbeziehung der Bevölkerung in diesen Versöhnungsprozess steht. De Gaulle sprach damals bewusst die deutsche Jugend direkt an, um ihr Selbstvertrauen zurückzugeben und die Deutschen als gleichwertige Partner anzuerkennen. Auch der Besuch Adenauers bei Präsident de Gaulle in Reims 1962 und der Handschlag von Bundeskanzler Helmut Kohl und Präsident François Mitterrand in Verdun 1984 waren bildstarke Symbole dieser gelebten Annäherung. Zuletzt konnten auch Merkel und Hollande mit dem gemeinsamen Gedenken an den Ersten Weltkrieg an diese Tradition anknüpfen. Durch die wiederholte Inszenierung solcher „Rituale" ist ein Narrativ entstanden, auf das man sich auf beiden Seiten des Rheins berufen kann.

Auch im Bereich der wirtschaftlichen und gesellschaftlichen Verflechtung wurden wichtige Schritte eingeleitet. In der Nachkriegszeit erfolgte der Prozess der Annäherung zunächst aus rein pragmatischen Gründen (Calla 2013: 14). Der Wiederaufbau, eine Friedensgarantie für Europa und wirtschaftliches Wachstum waren die Triebkräfte hinter den ersten bilateralen Kooperationen. Dieser Pragmatismus zeigte sich daran, dass zunächst strategische Bereiche wie Wirtschaft und Energie in den Blick genommen wurden. Erst anschließend setzte man auf die Kraft der Symbolik und der Bilder, um eine positive Wahrnehmung des anderen zu schaffen.

Die nach 1945 begonnene Aussöhnung wurde 1963 durch institutionelle Komponenten ergänzt (vgl. Leonhard 2015). Mit dem „Élysée-Vertrag der deutsch-französischen Freundschaft" wurden die Annäherungsprozesse verstetigt und gefestigt. Fortan etablierte sich ein bilateraler Dialog, welcher über die Jahrzehnte fortentwickelt wurde. Seit 2003 gibt es beispielsweise regelmäßige Treffen des Deutsch-Französischen Ministerrats alle sechs Monate. Außerdem wurde mit dem Deutsch-Französischen Jugendwerk (DFJW) 1963 der Grundstein für eine weitere Vertiefung der zivilgesellschaftlichen Annäherung gelegt, die bereits unmittelbar nach Kriegsende begonnen hatte. In der Folge kam es zur Gründung der Deutsch-Französischen Brigade, des deutsch-französischen Fernsehsenders ARTE (1991), sowie der Deutsch-Französischen Hochschule (1997), welche binationale Studiengänge fördert (vgl. Uterwedde 2017: 189). Ergänzt wurden diese institutionellen Entwicklungen auf offizieller Ebene durch zivilgesellschaftliche Netzwerke, die z.B. durch Städtepartnerschaften oder Jugendkooperationen für eine real gelebte Annäherung sorgten.

In den über fünfundfünfzig Jahren seines Bestehens hat der Élysée-Vertrag maßgeblich zu einer gelungenen Beziehung zwischen beiden Ländern beigetragen. So ist ein nachhaltiges deutsch-französisches Netzwerk entstanden, welches den unverzichtbaren Unterbau der deutsch-französischen Beziehungen bildet. Das politische Gewicht der deutsch-französischen Partnerschaft zeigt sich auf europäischer und internationaler Ebene auch darin, dass es sich gegenwärtig kein politischer Amtsträger erlauben kann, auf internationaler Ebene Politik ohne Abstimmung mit den jeweiligen deutschen oder französischen Amtskollegen zu machen. Die Berufung auf die deutsch-französische Kooperation ist in politischen Diskursen geradezu zu einem Automatismus geworden. Dies gilt auch für den europäischen Kontext: Der Prozess der europäischen Integration ist mit der deutsch-französischen Annäherung unmittelbar verflochten, und beide Länder wurden zum Taktgeber und Schwungrad dieser Entwicklung.

Deutschland und Frankreich als Motor und Taktgeber der europäischen Integration

„Es gibt keine echte europäische Lösung, wenn es zwischen Deutschland und Frankreich nicht passt", erklärte Präsident Macron anlässlich des ersten EU-Gipfels kurz nach seinem Amtsantritt.[6] In der Tat haben beide Länder als Kernnationen Europas eine besondere Verantwortung in der europäischen Politik. Ihre Wirtschaftskraft macht 40 Prozent des europäischen Bruttoinlandsprodukts aus, und sie stellen zusammen etwa ein Drittel der EU-Bevölkerung.

Eine positive Wechselwirkung für Europa

Sei es bei der Gründung der Europäischen Gemeinschaft für Kohle und Stahl (EGKS) 1951, der Unterzeichnung der Verträge von Maastricht 1992 oder zuletzt bei der Krisenpolitik der EU – stets hat die europäische Integration durch die deutsch-französische Kooperation die entscheidenden Schübe erhalten. Das Tandem war damit sowohl Initiator als auch Schrittmacher der EU. Das zunehmende Ungleichgewicht zwischen einzelnen Mitgliedstaaten und die deutsche Vormachtstellung in der EU haben allerdings diese positive Dynamik in den letzten Jahren aus dem Takt gebracht.

Die europäischen Krisen des letzten Jahrzehnts waren zwangsläufig auch immer Krisen für beide Länder. Eine krisengebeutelte EU bedarf jedoch – nicht zuletzt seit dem Austrittsreferendum Großbritanniens – deutsch-französischer Führung, um die notwendigen Reformschritte einleiten zu können. Der partielle Ausfall der deutsch-französischen Motorfunktion ist nur ein Symptom für die aktuell zu konstatierende Stagnation der europäischen Politik.

Eine privilegierte Stellung innerhalb der EU

Denn auch bei weiteren Reformschritten wird sich die besondere Rolle herauskristallisieren, die beiden Ländern in Europa zukommt. Mit Frankreich als Interessenvertreter und Sprachrohr der südeuropäischen Länder und Deutschland als Vertreter der Positionen der nordeuropäischen Staaten ist ein deutsch-französisches Einverständnis meist eine entscheidende Weichenstellung für einen europaweiten Konsens. Die Synthese deutsch-französischer Divergenzen hat es oft ermöglicht, einen europäischen Konsens zu erarbeiten, der zu Beginn unerreichbar schien (vgl. Lequesne 2015: 178). Das vertrauensschaffende System eines institutionalisierten Dialogs markiert den Unterschied zu anderen bi- oder multilateralen Beziehungen innerhalb der EU, wie etwa der Visegrád-

Staaten (Lequesne 2015: 179). Sind sich Deutschland und Frankreich (aller gegensätzlichen Auffassungen zum Trotz) erst einmal einig geworden (ein sogenannter „Stellvertreterkompromiss"), so ist es wahrscheinlich, dass es auch unter den anderen EU-Mitgliedern zu einer Einigung kommt. Und umgekehrt: liegt keine deutsch-französische Übereinkunft vor, so ist es sehr unwahrscheinlich, dass es auch auf europäische Ebene zu einer Einigung kommt. Der Gipfel von Deauville 2012 gilt hierfür als Paradebeispiel. Im Kontext der Verhandlungen um einen Stabilitätspakt, der von der Europäischen Kommission vorgestellt wurde, trafen sich Merkel und Sarkozy und verhandelten auf bilateraler Ebene die Einführung eines Stabilitäts- und Wachstumspaktes. Ein Vorschlag, der dann als solcher von den europäischen Institutionen angenommen wurde. „Deauville" ist aber zugleich ein Beispiel für das Misstrauen, welches deutsch-französischen Zusammenkünften von anderen Mitgliedstaaten entgegengebracht wird. Denn nicht selten ist von einem „deutsch-französischen Diktat" die Rede. Ungeachtet dessen galt diese Fähigkeit, andere Mitgliedstaaten zu überzeugen, lange als das herausstechende Merkmal der privilegierten Beziehung zwischen Deutschland und Frankreich innerhalb der EU (Lequesne 2015: 179).

Gegensätzliche Auffassungen treten angesichts von Krisen deutlicher zu Tage

Was aber sind die Ursachen der Divergenzen, die eine erfolgreiche EU-Politik gerade in den letzten Jahren so schwierig machen? Spätestens seit den 1990er Jahren sind die unterschiedlichen Vorstellungen und Szenarien zur Ausgestaltung der EU besonders deutlich geworden. Bei der Osterweiterung der EU (2004 und 2007) setzte Deutschland auf eine schnelle und umgreifende Integration, während Frankreich das Hauptaugenmerk auf eine flexible Integration rund um ein Kerneuropa legte. Diese Debatte ist ein weiterer Beleg dafür, dass sich Frankreich und Deutschland erneut als Sprecher und Interessenvertreter verschiedener europäischer Regionen darstellen.

Wiederkehrende Missverständnisse und Unstimmigkeiten herrschen auch mit Blick auf die Funktionsweise der EU (Calla 2013: 81). Deutschland tritt meist als Befürworter supranationaler Institutionen und Entscheidungen auf, während Frankreich, beruhend auf seiner historischen Besonderheit, traditionell dem Erhalt der eigenen nationalen Souveränität den Vorrang einräumt und für intergouvernementale Lösungen plädiert (Uterwedde 2017:184). Weitere Differenzen treten in der EU-Finanzpolitik auf. So beharrt Deutschland auf eine restriktive Ausgabenpolitik und besteht auch unter der neuen Regierung auf die „schwarze Null", also einen ausgeglichenen Haushalt. Frankreich hingegen fordert – als „Anwalt" und Fürsprecher der krisengeplagten Staaten Südeuropas – regelmäßig mehr finanzpolitische Solidarität ein und sieht ein Eurozonen-Budget vor. Ein solcher Haushalt könne, so Macron, ein Minimum an Solidarität unter den EU-Staaten schaffen und helfen, wirtschaftliche Schocks abzufedern, die einzelne Mitgliedsstaaten treffen könnten. Macron bekennt sich dabei bewusst zum Ideal eines „anderen Europas" als Alternative zur deutschen Austeritätspolitik (vgl. Grillmayer et al. 2018).

In jüngerer Vergangenheit sind brisante Themen wie die Einführung eines Investitionshaushaltes oder eines gemeinsamen Asylsystems, der Umgang mit Griechenland und die mögliche Einführung eines Eurozonenbudgets zwischen beiden Partnern weiterhin sehr umstritten. In diesen Fällen sind die voneinander abweichenden Positionen vor allem der unterschiedlichen wirtschaftlichen Situation beider Länder geschuldet. Deutschland als stärkste europäische Wirtschaftsmacht mit einer sehr exportorientierten Wirtschaft ist viel an finanzpolitischer Stabilität gelegen, während Frankreich aufgrund seiner schwierigen ökonomischen Lage und hohen Arbeitslosigkeit auf eine Politik des wirtschaftlichen Aufschwungs setzt. Die ökonomischen Unterschiede lassen sich mit nur wenigen Zahlen einleuchtend belegen. Die Jugendarbeitslosenquoten sind hierbei besonders aussagekräftig: Im Mai 2017 lag diese Quote in Deutschland bei 6,7 Prozent und in Frankreich bei 21,6 Prozent.[7]

Die ökonomische Asymmetrie zeigt sich unter anderem daran, dass Frankreich erstmals nicht mehr wichtigster Handelspartner Deutschlands ist: Erster Abnehmer deutscher Produkte 2017 waren die USA, bei den deutschen Importen liegt Frankreich hinter China und den Niederlanden auf Platz 3[8](vgl. hierzu auch Demesnay/Schwarzer 2017: 38). Diesem Ungleichgewicht liegen strukturelle Veränderungen zugrunde: Durch die Wiedervereinigung und durch die Einführung des Euros wurde Deutschlands exportorientierte Wirtschaft in Europa und der Welt gestärkt, was aus französischer Perspektive mit Sorge beobachtet wurde. Denn die französische Wirtschaft bereitet ebenfalls seit Jahren Sorgen. Galt zu Beginn des Jahrhunderts Deutschland noch als der „kranke Mann" Europas, so konnte es durch Arbeitsmarktreformen in der Ära Schröder und durch gesteigerte Exporte seine Position als Europas Wirtschaftsmacht Nummer eins wieder festigen. Deshalb sehen viele Beobachter eine Machtverschiebung zugunsten Deutschlands, welches zuweilen sogar als „Hegemon" Europas bezeichnet wird. In diesen Ansichten spiegelt sich die französische „Angst" vor einem „deutschen Europa" wider, die den gesamten Prozess der europäischen Einigung begleitet hat. Der Neid auf den Nachbarn angesichts der eigenen wirtschaftlichen Schwierigkeiten war zuletzt häufig Auslöser von Frustrationen, welche einer gelingenden Kooperation im Weg standen. Nur wenn Deutschland klarstellt, dass ihm viel an einem starken Partner Frankreich gelegen ist, kann wieder an die „produktive Partnerschaft" der vergangenen Jahrzehnte angeknüpft werden (vgl. Uterwedde 2017: 185). Allerdings gehen nicht nur in wirtschaftlichen Fragen die Auffassungen weiter auseinander. Auch in der Flüchtlingspolitik ist es Angela Merkel nicht gelungen, die Unterstützung Frankreichs zu gewinnen – und schon stand Deutschland europaweit recht alleine da. Angesichts dieses Auseinanderdriftens ist es offensichtlich, dass die deutsch-französische Partnerschaft vor großen Herausforderungen steht, die es für die neuen Regierungen zu überwinden gilt, wenn dem Tandem neues Leben eingehaucht werden soll.

Neue Herausforderungen als Prüfstein für die Partnerschaft

Eine zunehmende Entfremdung zeichnete sich bereits seit Anfang der 2000er Jahre ab. Das französische „Nein" beim europäischen Verfassungsreferendum im Jahre 2005 deutete eine Verschlechterung der Beziehungen beider Länder an (Martens/Gustin 2016: 8). Seither fand zwar weiterhin eine ausgeprägte binationale Kooperation statt, jedoch ohne wesentliche Fortschritte. Konnte das Politikerpaar Merkel und Sarkozy anfängliche Startschwierigkeiten während der Krisenperiode noch überwinden und sich „zusammenraufen", so hat das deutsch-französische Tandem schließlich mit dem Amtsantritt von François Hollande – trotz offiziellem Bekenntnis zu Deutschland – bald an Dynamik verloren. Während der vielen Krisen stellte sich schnell ein egoistisches Klima des „jeder für sich" ein, und ein sich zunehmend ausbreitender Euroskeptizismus in der Bevölkerung wirkte als zusätzliche Bremskraft für gemeinsame Projekte. Unter dem Druck des Rechtspopulismus, verkörpert durch den *Front National (bzw. Rassemblement National)* oder seit 2013 die *Alternative für Deutschland*, traten führende Politikerinnen und Politiker seltener für europäische Projekte ein. Ferner prägten weiterhin Missverständnisse die gegenseitige Wahrnehmung (Demesnay/Schwarzer 2017: 36), was sich vor allem während der Eurokrise zuspitzte. Wolfgang Schäuble, der deutsche Finanzminister, wurde von allen Parteien Frankreichs vehement kritisiert. Ihm wurde unter anderem eine „unerträgliche Frankreichfeindlichkeit" attestiert.[9] Er wurde von einigen Medien zur Hassfigur stilisiert und für die eigene wirtschaftliche Misere verantwortlich gemacht. Diese Spannungen zeigten sich auch innerhalb der Bevölkerung, indem plötzlich alte Vorurteile wieder salonfähig wurden.

Im französischen Präsidentschaftswahlkampf 2017 diente Deutschland mancherorts wieder als echtes Feindbild. So wurden teilweise längst für überwunden geglaubte antideutsche Ressentiments geschürt – vor allem von radikalen Politikern wie Marine Le Pen oder Jean-Luc Mélenchon. Le Pen brachte das Gespenst der *Germanophobie* zurück (Demesnay/Schwarzer 2017: 37), indem sie ankündigte: „Frankreich wird auf jeden Fall von einer Frau regiert werden – entweder von mir oder von Frau Merkel".[10] Im gleichen Atemzug bezeichnete sie François Hollande als „Vizekanzler" von Merkel – worin sich die vermeintliche Unterwerfung vor dem scheinbar übermächtigen Deutschland ausdrückt.

Die deutschen Medien hingegen greifen ebenfalls auf starke Ressentiments zurück, wenn es um Macron geht. Als „der teure Freund"[11] betitelte ihn die *FAZ* beispielsweise und reihte sich in den Tenor ein, Frankreich wolle vor allem an Deutschlands Geld – eine Position, die sogar der eher linksliberale *Spiegel* wenige Tage später übernahm.[12]

Diese Entfremdung wirkte sich negativ auf die mobilisierende und impulsgebende Kraft beider Staaten in der EU aus. „Ein deutsch-französischer Kompromiss garantiert […] nicht mehr, dass sich die anderen Staaten anschließen", konstatierten Claire Demesnay und Daniela Schwarzer noch im Frühjahr 2017 (Demesnay/Schwarzer 2017: 34). Zu unterschiedlich seien die Interessen, zu sensibel die Politikbereiche. Aber auch auf einer ganz anderen Ebene hatte die deutsch-französische Verständigung einen Rückschlag erlitten: Im Zuge der Collège-Reform von Francois Hollande wurde der

Deutschunterricht in französischen Schulen deutlich verringert, worin Beobachter die Gefahr einer sprachlichen Entfremdung sahen. Insgesamt stößt die deutsch-französische Annäherung auch fünfzig Jahre nach dem Élysée-Vertrag da an ihre Grenzen, wo es an ausreichenden Kenntnissen und Interessen für den anderen mangelt – was sich auch am schwachen Stellenwert der französischen Sprache in Deutschland ausdrückt. Umgekehrt erliegen viele Franzosen der jungen Generation dem Charme exotischer Länder und sehen keinen Nutzen im Erlernen der Sprache des Nachbarn. Eines steht fest: Deutschland und Frankreich sind in Zeiten von Instabilität und politischen Umwälzungen mehr denn je aufeinander angewiesen. Mit der Umstrukturierung der transatlantischen Beziehungen infolge der schwer einzuschätzenden US-amerikanischen Politik unter Donald Trump und dem Ausscheiden Großbritanniens aus der EU sind neue Konstellationen entstanden, die ein gemeinsames Handeln Deutschlands und Frankreichs unabdingbar machen. Der „Brexit" könnte ein Weckruf für die EU sein und den Raum für deutsch-französische Initiativen eröffnen. Denn mit Großbritannien scheidet ein traditioneller Widersacher für Reformvorhaben der EU aus. Dies könnte auch dazu beitragen, dass beide Länder sich darauf besinnen, das wirtschaftliche Potenzial einer engen Kooperation vollkommen auszuschöpfen. Auch hierfür sind asymmetrische Verhältnisse nicht nur eine Hürde, sondern eine Chance. So könnte dem Fachkräftemangel in der deutschen Wirtschaft durch einen deutsch-französischen Austausch begegnet werden, während Deutschland Frankreich bei der Bekämpfung der Jugendarbeitslosigkeit wirkungsvoll unterstützen könnte.

Dass für die Umsetzung solcher Vorschläge jedoch grundlegend unterschiedliche Auffassungen über die Europolitik – deutsche Sparpolitik einerseits, französische Präferenzen für ein gemeinsames Eurozonen-Budget andererseits – überwunden werden müssten, ist den führenden Politikerinnen und Politikern sehr wohl bewusst. Letztlich bleibt nur die Lösung, trotz Divergenzen gemeinsam zu handeln. Zumal sich hieraus auch eine Dynamik ergeben kann, die Cécile Calla mit „produktivem Antagonismus" bezeichnet (Calla 2013: 134). Eine Zusammenarbeit also, bei der aus den Gegensätzen über Kompromisse umsetzbare Reformen entstehen, die dann für eine Vielzahl der EU-Mitgliedstaaten akzeptabel sind. Auch wenn, wie beschrieben, dies heute schwerer zu erreichen scheint denn je. Denn selbst wenn der deutsch-französische Motor funktioniert – der Motor muss ein größeres Fahrzeug bewegen als früher, und dies auf einer schwerer zu befahrenen Straße[13].

Merkel und Macron: Zwischen Partnerschaft und Rivalität

Die Wahl Macrons, die von Seiten Deutschlands zunächst geradezu euphorisch bewertet worden war, könnte sich für die anstehenden Herausforderungen – trotz aller fortbestehenden Meinungsverschiedenheiten – gleichwohl als Glücksfall erweisen[14]. Denn der neue Präsident schickte sich an, die Frustration und anti-deutsche Haltung auf französischer Seite zu überwinden. Die Lage scheint in der Tat zunächst sehr günstig: Der selbsternannte „Politiker der Mitte" Macron steht der konservativen Kanzlerin Merkel programmatisch näher als noch der bekennende Sozialist Hollande. Auch im neu gewählten französischen Parlament scheint eine Kompromissbereitschaft vorzuliegen, die sich positiv auf den deutschfranzösischen Bereich auswirken könnte. Bereits Macrons Entscheidung, den zweisprachigen Schulunterricht wieder einzuführen, wurde von deutscher Seite positiv aufgenommen. Als Zeichen der „Germanophilie", also der Zuneigung der neuen Regierung zu Deutschland, wurde ebenso gewertet, dass viele wichtige Minister wie etwa der diplomatische Berater Philippe Étienne, Wirtschaftsminister Bruno Le

Maire oder auch der Premierminister Édouard Philippe der deutschen Sprache mächtig sind.[15] Emmanuel Macron legt vor, indem er innenpolitische Reformen entschlossen umsetzt. Diese sieht er auch als vertrauensbildende Maßnahme gegenüber Deutschland: sie sollen zeigen, dass Frankreich seine „Hausaufgaben" macht. Denn ihm ist bewusst, dass eine erfolgreiche und gesunde Kooperation nur gelingen kann, wenn sich beide Partner auf Augenhöhe begegnen. Mit seiner Rede an der Pariser Sorbonne und im Europaparlament in Straßburg preschte Macron jedoch zugleich vor und präsentierte seine ambitionierten Reformpläne für die EU. Plötzlich ist Deutschland in der Rolle des Zauderers, welches sich durch Macrons Alleingänge und dessen affirmierten Anspruch auf eine außenpolitische Führungsrolle herausgefordert sieht. Es ist nur noch von „Minimalübereinstimmungen" die Rede[16], und tieferliegende Entzweiung unterhalb der Oberfläche zeichnen sich ab. Einmal mehr zeigt sich, wie sehr auch tagesaktuelle Politik von den Dynamiken zwischen Partnerschaft und Rivalität bestimmt wird, wie sie die deutsch-französischen Beziehungen seit jeher prägen. Es wird sich zeigen, ob Deutschland die „ausgestreckte Hand" Macrons annehmen wird, wenn es um die konkrete Umsetzung von Vorhaben wie einem Haushalt für die Eurozone, einer europäischen Interventionsarmee oder der Vollendung der europäischen Bankenunion geht. Bisher stehen vor allem die konservativen Kräfte auf deutscher Seite Macrons Plänen sehr skeptisch gegenüber. Denn wie Merkel es gleich zu Beginn von Macrons Amtszeit klarstellte: Der Zauber eines jeden Anfangs halte nur, „wenn auch Resultate kommen."[17]

Damit es allerdings zu Resultaten kommt, muss zunächst wieder die Vertrauensbasis für ein gemeinsames Vorgehen geschaffen werden. Nur durch ein besseres Verständnis des anderen und die Suche nach gemeinsamen Lösungen können Kompromisse mit nachhaltiger Wirkung entstehen. Hierfür sind nicht nur Annäherungen auf höchster politischer Ebene, sondern eben auch im gesellschaftlichen und kulturellen Bereich unabdingbar. Ein wichtiger Beitrag hierfür könnte die Erneuerung des Élysée-Vertrags sein, an der Regierungen und Parlamente beider Länder derzeit arbeiten. So soll u. a. mit einer verstärkten Kooperation der beiden Nationalparlamente sowie der Weiterentwicklung der Grenzregionen dem Vertrag neues Leben eingehaucht werden. Der politische Wille, Differenzen zu überwinden, scheint also gegeben zu sein, und die von Angela Merkel angedeutete „Zuversicht" hat durchaus ihre Berechtigung. Es wird mit Spannung zu beobachten sein, ob es dem Paar „Mercron" gelingt, die ambitionierten Vorhaben umzusetzen. Doch selbst wenn dies gelingt, ist es noch kein funktionierendes Tandem, das gemeinsam an der Weiterentwicklung Europas arbeitet. Es gilt vielmehr, die „oberflächliche" Routine der Symbolik (z. B. durch pompös inszenierte Staatsbesuche) hinter sich zu lassen und der Praxis des deutsch-französischen Austauschs wieder neue Inhalte zu geben.

Anmerkungen

1 Daniel Brössler/Thomas Kirchner/Alexander Mühlbauer (2017): Das Duo Merkel-Macron wirkt bereits. URL: http://www.sueddeutsche.de/politik/europa-das-duo-merkel-macron-wirkt-bereits-1.3558359 [30.08.2017]
2 Vgl. den Beitrag von Lisa Möller in diesem Heft.
3 Vgl. den Beitrag von Eileen Keller in diesem Heft.
4 Frankreichs Anteil an den deutschen Gesamtexporten liegt bei rund 8,6 Prozent und an den Importen bei rund 7 Prozent. Deutschland ist für 16 Prozent der französischen Exporte verantwortlich, sowie für 17 Prozent der Importe (vgl. Uterwedde 2017: 188; alle Zahlen für 2015)
5 Die deutsch-französischen Beziehungen setzen selbstverständlich nicht erst Ende des 19. Jahrhunderts ein, sondern haben eine viel längere Geschichte. Auch vor dem Beginn der Annäherung strebten etwa Gustav Stresemann und Aristide Briand erste deutsch-französische Kooperationen an. Aus Gründen des Umfangs konzentriert sich dieser Artikel auf die Entwicklungen nach 1945.
6 Daniel Brössler/Thomas Kirchner/Alexander Mühlbauer (2017): Das Duo Merkel-Macron wirkt bereits. URL: http://www.sueddeutsche.de/politik/europa-das-duo-merkel-macron-wirkt-bereits-1.3558359 [30.08.2017]

7 Quelle: Eurostat (o.J.): Europäische Union: Jugendarbeitslosenquoten in den Mitgliedsstaaten im Mai 2017. In: Statista – Das Statistik-Portal. URL: https://de.statista.com/statistik/daten/studie/74795/umfrage/jugendarbeitslosigkeit-in-europa/ [04.07.2017]

8 https://www.destatis.de/DE/ZahlenFakten/GesamtwirtschaftUmwelt/Aussenhandel/Tabellen/RangfolgeHandelspartner.pdf?__blob=publicationFile [02.07.2018].

9 Vgl. Michaela Wiegel (2015): Paris empört sich über Schäuble. URL: http://www.faz.net/aktuell/politik/ausland/europa/paris-empoert-sich-ueber-wolfgang-schaeuble-13544196.html [07.09.2017].

10 Vgl. http://www.liberation.fr/politiques/2017/05/04/le-pen-la-france-sera-dirigee-par-une-femme-ce-sera-moi-ou-mme-merkel_1567140 [07.09.2017].

11 http://www.faz.net/aktuell/wirtschaft/wirtschaftspolitik/emmanuel-macron-der-teure-freund-14993950.html [01.07.2018]

12 http://www.spiegel.de/politik/ausland/europa-und-macron-koste-es-was-es-wolle-kommentar-a-1147511.html [01.07.2018]

13 Wie es Staatsminister Roth auf der Jahrestagung des Deutsch-französischen Instituts treffend beschrieb

14 Vgl. http://www.lemonde.fr/politique/article/2018/05/07/macron-et-merkel-entrecomplicite-et-rivalite_5295404_823448.html#t3Mt06dmobGTXzTw.99

15 Vgl. Michaela Wiegel (2017): Germanophil. URL: http://www.faz.net/aktuell/politik/ausland/faz-kommentar-emmanuel-macron-und-die-deutschen-15023908.html [07.09.2017]; http://www.deutschlandfunkkultur.de/europapolitik-frankreich-und-deutschland-sind-kein-europa.1005.de.html?dram:article_id=415234 [27.05.2018].

16 Vgl. https://www.zeit.de/politik/ausland/2018-04/emmanuel-macron-rede-strassburgeuropaparlament [27.05.2018].

17 Vgl. https://www.sz-online.de/nachrichten/der-zauber-des-anfangs-3683115.html [27.05.2018].

Literatur

Ackeret, Markus (2017): Die Symbolik ist stärker als die politische Kraft. URL: https://www.nzz.ch/international/deutsch-franzoesische-beziehungen-die-symbolik-ist-staerker-als-die-politische-kraft-ld.1085599 [07.09.2017].

Calla, Cécile/Demesmay, Claire (2013): Que reste-t-il du couple franco-allemand? Paris.

Calla, Cécile (2017): Ende des Minderwertigkeitskomplexes? URL: http://www.zeit.de/kultur/2017-05/frankreich-deutschland-verhaeltnis-minderwertigkeitskomplex-10nach8 [07.09.2017].

Cirera, Daniel (2015): Allemagne-France: de la réconciliation au partenariat inégal. Pantin.

Demesmay, Claire/Kempin, Ronja (2013): Goldene Hochzeit in Katerstimmung. In: Internationale Politik, Heft 1/2103, S. 88–92.
Demesmay, Claire (2014): Das deutsch-französische Tandem. In: Internationale Politik, Heft 3/2104, S. 72–77.
Demesnay, Claire/Schwarzer, Daniela 2017: Ein unverzichtbares Paar. In: Internationale Politik, Heft 2/2017, S. 33–41.
Deutsch-Französisches Institut (2013): Frankreich-Jahrbuch 2012. Deutschfranzösische Beziehungen: Entwicklungslinien und Funktionswandel. Wiesbaden.
Dobbert, Steffen/Federl, Fabian (2017): Mercrons Pläne für die Zukunft. Zeit-Online. URL: http://www.zeit.de/politik/ausland/2017-06/europaeische-union-reform-deutschland-frankreich-emmanuel-macron/komplettansicht [10.09.2017].
Fuhrer, Armin/Haß, Norman (2013): Eine Freundschaft für Europa. Der lange Weg zum Élysée-Vertrag. München.
Goulard, Sylvie (2014): Le moteur franco-allemand est au point mort, il faut en sortir! URL: https://www.lesechos.fr/02/09/2014/lesechos.fr/0203742383 446_le-moteur-franco-allemand-est-au-point-mort--il-faut-en-sortir--.htm [07.09.2017].
Guérot, Ulrike: Frankreich und Deutschland sind kein Europa-Paar mehr. URL: http://www.deutschlandfunkkultur.de/europapolitik-frankreich-und-deutschland-sind-kein-europa.1005.de.html?dram:article_id=415234 [27.05.2018].
Gustin, Philippe/Martens, Stephan (2016): Deutschland und Frankreich: Der Neustart des europäischen Motors. Genshagen.
Gustin, Philippe/Koopmann, Martin/Marliere, Michel/Martens, Stephan (2014): Les Echos: Créons un ministère franco-alleman! URL: https://www.lesechos.fr/idees-debats/cercle/0211991691528-creons-un-ministere-franco-allemand-2081122.php [10.09.2017].
Grillmayer, Dominik/Keller, Eileen/Seidendorf, Stefan (2018): Ein Jahr Macron: Reformen, Regierungsstil, Herausforderungen. Aktuelle Frankreich Analysen, Nummer 32, Deutsch-Französisches Institut, Ludwigsburg
Heinrich-Böll-Stiftung/Deutsche Gesellschaft für Auswärtige Politik (2016): Frankreich und Deutschland – Bilder über den Nachbarn in Zeiten der Krise. Berlin.
Kauffmann, Sylvie (2017): Berlin et Paris ont rendez-vous. L'air du monde. In: Le Monde, 26.03.2017.
Larralde, Jean-Manuel/Leclerc, Stéphane (2013): Les 50 ans du traité de l'Élysée, 1963–2013. Le couple franco-allemand dans la construction européenne. Paris.
Leonhard, Jörn (Hrsg.) (2015): Vergleich und Verflechtung. Deutschland und Frankreich im 20. Jahrhundert. Konferenz „Vom Vergleich zur Verflechtung: Deutschland und Frankreich im 20. Jahrhundert". Berlin.
Le Monde (2018): Macron et Merkel, entre complicité et rivalité. URL: http://www.lemonde.fr/politique/article/2018/05/07/macron-et-merkel-entre

complicite-et-rivalite_5295404_823448.html#t3Mt06dmobGTXzTw.99 [27.05.2018].

Le Monde (2017): Paris-Berlin: Le mythe de la soumission. In: Le Monde 09.05.2017. URL: http://www.lemonde.fr/idees/article/2017/05/09/paris-berlin-le-mythe-de-la-soumission_5124750_3232.html

Le Monde (2017a): Merkel & Macron, le duo prometteur. Editorial du Monde (24.06.2017). URL : http://abonnes.lemonde.fr/idees/article/2017/06/24/m-m-le-duo-prometteur-merkel-macron_5150547_3232.html [10.09.2017].

Marcowitz, Reiner/Miard-Delacroix, Hélène (2012): 50 ans de relations franco-allemandes. Paris.

Seidendorf, Stefan (Hrsg.) (2012): Deutsch-Französische Beziehungen als Modellbaukasten? Zur Übertragbarkeit von Aussöhnung und strukturierter Zusammenarbeit. Baden-Baden.

Uterwedde, Henrik (2017): Frankreich – eine Länderkunde. Opladen u. a. 2017.

Zivilgesellschaftliche Beziehungen zwischen Deutschland und Frankreich

von Lisa Möller

Deutsch-französische Beziehungen: eine Erfolgsgeschichte

„Während unsere beiden Staaten die wirtschaftliche, politische und kulturelle Zusammenarbeit fördern werden, sollte es Ihnen [der deutschen Jugend, Anm. d. Verf.] und der französischen Jugend obliegen, alle Kreise bei Ihnen und bei uns dazu zu bewegen, einander immer näher zu kommen, sich besser kennenzulernen und engere Bande zu schließen" – so die Worte Charles de Gaulles am 9. September 1962 während seiner „Rede an die deutsche Jugend" in Ludwigsburg (de Gaulle 1962). Auch heute, 55 Jahre später, scheinen die Jugend und die deutschen und französischen Bürger einen besonderen Stellenwert in den Beziehungen zwischen Deutschland und Frankreich einzunehmen (Bock 1998: 13 f.). Während sich die Regierungen beider Staaten im Rahmen des Deutsch-Französischen Ministerrats zweimal jährlich treffen, finden im selben Zeitraum ca. 8000 vom Deutsch-Französischen Jugendwerk (DFJW) organisierte Jugendbegegnungen statt (vgl. Deutsch-Französisches Jugendwerk 2017a), und mehr als 2200 deutsch-französische Städtepartnerschaften und Deutsch-Französische Gesellschaften organisieren Fahrten ins Nachbarland, Vortragsabende und Boule-Turniere (vgl. Auswärtiges Amt; Ministère des Affaires étrangères 2017). Die Annäherung beider Gesellschaften diente zunächst der „Einbindung [...] zivilgesellschaftlicher Akteure und Strukturen in die bilateralen Beziehungen" (Seidendorf 2015: 11). Heute lässt sich jedoch feststellen, dass sich die zivilgesellschaftlichen Beziehungen durch die Entwicklung eines weitreichenden Netzwerkes weitgehend verselbstständigt haben.

Nach der allgemeinen Betrachtung der deutsch-französischen Beziehungen, die im vorherigen Beitrag[1] geleistet wurde, soll nun der Fokus auf den zivilgesellschaftlichen Beziehungen beider Länder liegen. Bereits der Begriff der Zivilgesellschaft bietet Raum zur Diskussion: Wie definiert man Zivilgesellschaft und welche Bereiche umschließt der Begriff? Fragen wie diese sollen eingangs mit einem Blick in theoretische Konzepte geklärt werden. Nach einer kurzen historischen Annäherung an die zivilgesellschaftlichen Beziehungen zwischen Deutschland und Frankreich im zweiten Teil nimmt der Beitrag im dritten Teil unterschiedliche zivilgesellschaftliche Akteure in den Blick. Hier werden relevante Organisationen und Institutionen sowie ihre maßgeblichen Handlungsspielräume charakterisiert. Abschließend werden vier Problemfelder identifiziert, die die deutsch-französische Zivilgesellschaft aktuell beschäftigen und zukünftig wesentlich verändern könnten.

Konzepte der Zivilgesellschaft

Um die zivilgesellschaftlichen Beziehungen zwischen Deutschland und Frankreich angemessen analysieren zu können, soll zunächst der sozialwissenschaftliche Terminus „Zivilgesellschaft" erläutert werden. Eine erste theoretische Verortung kann hier Orientierung geben und den Begriff eingrenzen, sodass gezeigt werden kann, was Zivilgesellschaft (nicht) ist.

Das Konzept der Zivilgesellschaft durchläuft aktuell eine Renaissance, sowohl in der Forschung als auch im alltäglichen Sprachgebrauch. Der Begriff ist in aller Munde und kann durchaus als Trend in der sozialwissenschaftlichen Forschung bezeichnet werden. Trotz seiner Allgegenwärtigkeit muss man konstatieren, dass die Begrifflichkeit der Zivilgesellschaft nicht eindeutig ist; vielmehr verwenden ihn unterschiedliche Personen in unterschiedlicher Art und Weise. Die dadurch entstehende Ambivalenz und mangelnde Präzision stellt ein Problem des Konzeptes dar (Rowell 2015: 17). Weiterhin sieht sich der Terminus mit der Behauptung konfrontiert, er sei normativ überladen und würde auch in wissenschaftlichen Diskussionen positiv konnotiert, was eine analytische Auseinandersetzung mit dem Konzept erschwere (ebd.: 18). Dieser Vorwurf ist in der oft gemachten Aussage begründet, dass zivilgesellschaftliches Engagement quasi automatisch zur Demokratieförderung beitragen würde (Hahn-Fuhr/Worschech 2014: 11 f.). Brigitte Geißel u.a. bezeichnen Zivilgesellschaft sogar als „Allheilmittel [...] für soziale und politische Integration, für die Entlastung staatlicher Institutionen und für die Steigerung gesellschaftlicher Selbstorganisations- und Problemlösungsfähigkeit" (Geißel u.a. 2004:

7). Dass Zivilgesellschaft jedoch nicht per se förderlich für die Demokratie und das Demokratieverständnis ist, zeigen aktuelle Diskussionen um die sogenannte *uncivil society* (vgl. Ruzza 2009) oder die „dunklen Seiten der Zivilgesellschaft" (Roth 2004).

Betrachtet man das Konzept der Zivilgesellschaft aus einer historischen Perspektive, lassen sich im Laufe der Jahrhunderte unterschiedliche Erklärungsansätze und Deutungsstränge identifizieren. Ende des 17. Jahrhunderts wurde der Begriff erstmals erwähnt und meinte zunächst die Sphäre aller Institutionen, die sich außerhalb des Staates befanden. Damit waren der Markt und seine Institutionen sowie private und öffentliche Vereine und Organisationen gemeint (Alexander 2006: 24). Frank Adloff bezeichnet diese Form der Zivilgesellschaft als einen „vorpolitischen Raum" und eine „Wirtschaftsgesellschaft, die sich in Akten der Produktion, des Tauschs und der Konsumtion konstituiert" (Adloff 2005: 28). Bedingt durch die Folgen der industriellen Revolution und den technischen Fortschritt sowie der damit einhergehenden Entwicklung der maschinellen Fertigung und der prekären Arbeitsverhältnisse konnte dieses dezidiert positive Bild einer Wirtschaftsgesellschaft nicht mehr aufrecht erhalten werden, und das Konzept verlor daraufhin an Bedeutung (Alexander 2006: 25). Erst in der zweiten Hälfte des 20. Jahrhunderts verwendeten tschechische und polnische Intellektuelle das Konzept erneut, um einen eigenen Raum für die Gesellschaft zu schaffen und unabhängig von den kommunistischen Regierungen agieren zu können. Dabei wurde auf die Funktion der Zivilgesellschaft als Wirtschaftsgesellschaft nicht mehr verwiesen (Rowell 2015: 23).

Heute wird Zivilgesellschaft häufig als ein Bereich „zwischen Staat, Markt und Privatsphäre" (Geißel u.a. 2004: 7) bezeichnet. Daran anknüpfend – und diese Definition soll auch als Grundlage für diesen Beitrag genutzt werden – begreift Detlef Pollack Zivilgesellschaft als „Gesamtheit der öffentlichen Assoziationen, Vereinigungen, Bewegungen und Verbände [...], in denen sich Bürger auf freiwilliger Basis versammeln" (Pollack 2004: 27). Diese Initiativen finden in aller Regel in der Öffentlichkeit statt, und die Mitglieder und Teilnehmenden verfolgen nicht zuvorderst ihre eigenen, sondern insbesondere kollektive Interessen.

Möchte man diese Definition auf die zivilgesellschaftlichen Beziehungen zwischen Deutschland und Frankreich übertragen, läuft man Gefahr, einige Institutionen, die jedoch einen (indirekten) Beitrag zu den Beziehungen leisten, von vornherein auszuschließen. Diese augenscheinliche Schwäche der Definition soll in den kommenden Abschnitten noch thematisiert werden.

Historischer Überblick über die zivilgesellschaftlichen Beziehungen zwischen Deutschland und Frankreich

Vor dem Hintergrund der Definition und Bedeutung des Begriffs Zivilgesellschaft sollen nun die Beziehungen zwischen Deutschland und Frankreich kurz nachgezeichnet werden, ohne dass ein Anspruch auf Vollständigkeit erhoben wird. Es geht an dieser Stelle vielmehr darum, den aktuellen Stand der Beziehungen, der später noch thematisiert wird, nachvollziehen zu können.

Wie Clémentine Chaigneau und Stefan Seidendorf treffend bemerken, begannen die deutsch-französischen Beziehungen „weder nach 1918, noch nach 1945" (Chaigneau/Seidendorf 2012: 27). Bedingt durch die geografische Nähe gab es schon früh Kontakte und kulturellen Austausch mit dem jeweiligen Nachbarland, sodass eine strikte Trennung der gesellschaftlichen und kulturellen Entwicklung in den beiden Staaten hinterfragt werden kann (ebd.). Diese ersten Kooperationen, wie beispielsweise die Herausgabe einer deutsch-französischen Zeitschrift, blieben jedoch „kleine Inseln im großen Meer von Feindseligkeit oder Gleichgültigkeit der großen nationalen Öffentlichkeit auf beiden Seiten des Rheins" (Bock 1998: 24), welche die Kriegsjahre nicht überdauerten. Nach dem Ersten Weltkrieg stellten die Verträge von Locarno und die Initiative der beiden Außenminister Gustav Stresemann und Aristide Briand erneute Annäherungsversuche zwischen Deutschland und Frankreich dar. Als Ergebnis entstanden viele Initiativen und Komitees, die jedoch mit der Etablierung des Nationalsozialismus nach 1933 nicht fortbestehen konnten (vgl. Chaigneau/Seidendorf 2012: 28–30).

Die Rhetorik der Erbfeindschaft zwischen Deutschland und Frankreich dominierte auch noch nach dem Ende des Zweiten Weltkrieges und wurde erst durch den Schuman-Plan und die realpolitisch motivierten Annäherungsversuche Adenauers und de Gaulles auf politischer Ebene relativiert (vgl. Kißener 2014: 30–32). Obgleich diese politische Annäherung den Weg für die heutige Entwicklung ebnete, fußte die zivilgesellschaftliche Annäherung auf Initiativen von Privatpersonen, „Intellektuelle[n], Idealisten und pazifistischen Organisationen" (Chaigneau/Seidendorf 2012: 44), die zunächst Zeitschriften[2], später auch Institutionen[3] gründeten. Als zentrale Akteure können dabei unter anderem Joseph Rovan und Raymond Schmittlein identifiziert werden, die mit ihrem Wirken maßgeblich zu einer Neugestaltung der zivilgesellschaftlichen Beziehungen beitrugen. Diese agierten zwar als Privatpersonen, waren jedoch gleichzeitig als Beamte in der französischen Militärverwaltung angestellt, sodass es zu einer Verschmelzung individueller und institutioneller Interessen kam (ebd.: 45 f.). In ähnlicher Weise ging auch die Gründung des Deutsch-Französischen Instituts in Ludwigsburg auf die Initiative von Privatpersonen zurück – insbesondere Carlo Schmid, Fritz Schenk und Theodor Heuss –, die allerdings ebenso politische Ämter bekleideten (vgl. Bock 1998: 79–82). So lässt sich nur schwer eine Grenze zwischen politisch geförderten und rein zivilgesellschaftlichen Aktionen ziehen. In direktem Zusammenhang mit dem Deutsch-Französischen Institut steht auch die Gründung der ersten deutsch-französischen Städtepartnerschaft zwischen Ludwigsburg und Montbéliard im Jahr 1950, die durch Vermittlung des Direktors des Instituts gelang.[4] Hier zeigt sich, dass Städtepartnerschaften, die als das zivilgesellschaftliche Element zwischenstaatlicher Beziehungen im deutsch-französischen Kontext schlechthin betrachtet werden, in ihrer Gründungsphase zunächst von einzelnen Institutionen oder Amtsinhabern gefördert wurden. Bei der Gründung der Städtepartnerschaft zwischen Ludwigsburg und Montbéliard hatte auch die 1948 gegründete „Internationale Bürgermeister-Union für deutsch-französische Verständigung und europäische Zusammenarbeit" (IBU) einen Anteil. Deren Ziel war es, ein „Locarno von unten" zu organisieren und durch die Förderung von Jugendbegegnungen die Versöhnung auf diesem Weg voranzubringen (vgl. Kißener 2014: 37 f.).[5] Parallel zur Entwicklung der Städtepartnerschaftsbewegung gründeten sich Ende der 1940er Jahre die ersten Deutsch-Französischen Gesellschaften, beispielsweise 1947 in Stuttgart die „Gesellschaft der Freunde französischer Kultur" (vgl. Mehdorn 2009: 103–110). Im Zusammenhang mit dem 1963 geschlossenen Élysée-Vertrag und der damit verbundenen Gründung des Deutsch-Französischen Jugendwerks (DFJW) wurden Jugendbegegnungen nun auch finanziell von beiden Regierungen gefördert und verstärkten dementsprechend die Weiterentwicklung der deutsch-französischen Beziehungen auf zivilgesellschaftlicher Ebene.

Auch in den folgenden Jahren fand eine zunehmende Verquickung der politischen und gesellschaftlichen Ebene der deutsch-französischen Beziehungen statt, sodass sich heute ein dichtes Feld mit einer Fülle an Organisationen, Initiativen und Instituten bietet. Der folgende Abschnitt soll diesen Bereich genauer beleuchten.

Zivilgesellschaftliche Beziehungen zwischen Deutschland und Frankreich – ein nahezu unüberschaubares Feld

Eine vollständige Übersicht aller deutsch-französischen Kooperationen kann und soll nicht Gegenstand des folgenden Abschnittes sein. Dennoch soll versucht werden, unterschiedliche Akteure, die einen Beitrag zu den zivilgesellschaftlichen Beziehungen leisten, eingehender zu betrachten.

Den größten und für die Öffentlichkeit sichtbarsten Teil machen wohl Städtepartnerschaften aus. Heute gibt es mehr als 2200 deutsch-französische Städtepartnerschaften. Das bedeutet, dass 75 Prozent der Deutschen und Franzosen in einem Ort wohnen, der mit einer Stadt im jeweils anderen Land eine Partnerschaft pflegt (vgl. Defrance/Pfeil 2013). Die Aktivitäten in Städtepartnerschaften können dabei ganz unterschiedlich sein. Einige Städte beschränken sich darauf, zu den jeweiligen Partnerschaftsjubiläen mit einer Delegation ins Nachbarland zu reisen. In anderen Städten gehören jährlich wechselnde Besuche, Jugendcamps, deutsch-französische Sportturniere und Mitarbeiteraustausche der Stadtverwaltungen zum abwechslungsreichen Programm. Auch die interne Struktur der Städtepartnerschaften kann variieren: Während einige größere Kommunen die Partnerschaftsarbeit in eigenen Abteilungen koordinieren, lassen andere Verwaltungen den Partnerschaftsvereinen oder lose organisierten Komitees freie Hand. Ebenso große Unterschiede gibt es bei der finanziellen Unterstützung, sodass insbesondere Komitees, die keinen Mitgliedsbeitrag erheben, nur wenige Ressourcen zur Verfügung haben. Insofern ist die Aktivität einer Städtepartnerschaft stets vom Engagement einzelner Personen abhängig und daher Fluktuationen unterworfen.

Im Vergleich dazu handelt es sich bei Deutsch-Französischen Gesellschaften um Vereine, die mehrheitlich aus der Initiative von Bürgerinnen und Bürgern entstanden. Die Gesellschaften haben meist keine direkten städtepartnerschaftlichen Beziehungen zu einer Gemeinde im Nachbarland, einige Städtepartnerschaftsvereine sind gleichzeitig eine Deutsch-Französische Gesellschaft. Deutsch-Französische Gesellschaften sind oft in größeren Städten aktiv und wollen dort interessierten Bürgern die kulturellen, historischen, politischen und kulinarischen Besonderheiten des Partnerlandes näherbringen. Die Deutsch-Französischen Gesellschaften sind vor allem in Deutschland präsent, in Frankreich engagieren sich die *Associations franco-allemandes* meist direkt für eine Städtepartnerschaft und nehmen die Rolle eines Städtepartnerschaftskomitees ein.

Die Vereinigung Deutsch-Französischer Gesellschaften für Europa e.V. sowie die französische Schwesterorganisation *Fédération des Associations Franco-Allemandes pour l'Europe* können als Dachorganisationen bezeichnet werden. Sie verstehen sich als „Plattform und […] Netzwerk des zivilgesellschaftlichen deutsch-französischen Engagements" und haben sich zum Ziel gesetzt, diese zu „repräsentieren, tragen, bewegen und [zu] fördern" (Vereinigung Deutsch-Französischer Gesellschaften für Europa 2017). Jährlich veranstaltet die Vereinigung für ihre Mitgliedsvereine einen Kongress, der jeweils abwechselnd in Deutschland und in Frankreich stattfindet.

Bei den drei vorgestellten Initiativen handelt es sich um ausdrücklich deutsch-französische Organisationen. Allerdings gibt es ebenso zahlreiche Institutionen und Vereine, die das „Deutsch-Französische" nicht im Namen tragen und dennoch unter anderem die zivilgesellschaftlichen deutsch-französischen Beziehungen pflegen. Hierzu zählen beispielsweise die Struktur der Europa-Union, deren Jugendverband der Jungen Europäischen Föderalisten sowie grenzüberschreitend tätige Verbände.

Schließlich sollen in diesem Rahmen auch diejenigen unterstützenden Akteure erwähnt werden, die zwar nicht der anfangs genannten Definition entsprechen, aber dennoch einen indirekten Beitrag zum zivilgesellschaftlichen Engagement leisten. Es handelt sich dabei zumeist um staatliche oder kommunale Institutionen bzw. Zusammenschlüsse. Die bereits angesprochene Verquickung der politischen und gesellschaftlichen Ebene zeigt sich an dieser Stelle in besonderer Form.

Im Anschluss an die Bestimmungen des Élysée-Vertrags wurde Mitte 1963 das Deutsch-Französische Jugendwerk (DFJW) gegründet, welches mit Mitteln des Auswärtigen Amtes und des französischen Außenministeriums Gruppenbegegnungen, individuelle Jugendaustausche und Fortbildungen finanziell unterstützt (vgl. Deutsch-Französisches Jugendwerk 2017b). Viele Projekte können erst durch die Förderung des DFJW stattfinden, sodass die Institution als ein zentraler Akteur für jugendliches Engagement in den deutsch-französischen Beziehungen gelten kann. Mittlerweile wurde das Konzept des DFJW auf andere bi- und multilaterale Beziehungen übertragen und ermöglichte so beispielsweise die Gründung des Deutsch-Polnischen Jugendwerks im Jahr 1991 sowie des *Regional Youth Cooperation Office* (RYCO) in der Balkanregion, das seine Arbeit 2017 aufnahm.

Weiterhin spielen auch die von der französischen Regierung geführten *Institut Français* eine wichtige Rolle in Deutschland, ebenso wie die deutschen Goethe-Institute in Frankreich. Diese Kulturinstitute fördern das Interesse der Gesellschaft am jeweiligen Nachbarland und bieten Sprachkurse, kulturelle Veranstaltungen und Ausstellungen an. Zivilgesellschaftliches Engagement, wie im ersten Abschnitt definiert, lässt sich bei diesen staatlichen Akteuren zwar nicht feststellen, allerdings ist davon auszugehen, dass die Institutionen dieses indirekt fördern. Gleiches gilt für die in vielen deutschen und französischen Städten angesiedelten Kulturzentren, wie beispielsweise das *Centre Français de Berlin* oder das *Centre culturel franco-allemand* in Nantes. Abschließend soll auch der Rat der Gemeinden und Regionen Europas

(RGRE) nicht unerwähnt bleiben, dessen Deutsch-Französischer Ausschuss aus kommunalen Vertretern jener deutschen Städte und Gemeinden besteht, die Partnerschaften mit französischen Kommunen pflegen. Dieser hat zum Ziel, die Partnerschaftsaktivitäten weiter zu fördern und insbesondere junge Menschen für die Partnerschaftsarbeit zu gewinnen (vgl. RGRE 2017).

Deutsch-französische Zivilgesellschaft in der Krise?

Auch wenn die deutsch-französischen Beziehungen regelmäßig als „Motor der Europäischen Union" bezeichnet werden und eine mögliche Modellfunktion für andere zwischenstaatliche Beziehungen in der Wissenschaft diskutiert werden (vgl. Seidendorf 2012), herrschen bei den zivilgesellschaftlichen Akteuren immer mehr Zweifel, ob und wie die zahlreichen Initiativen, Vereine und Gesellschaften dauerhaft bestehen bleiben können. Dabei können insbesondere vier Aspekte identifiziert werden, die sich gegenseitig bedingen und zusätzlich verstärken. Auf inhaltlicher Ebene kann zum einen die Frage nach dem Ziel oder der Begründung der zivilgesellschaftlichen Beziehungen zwischen Deutschland und Frankreich gestellt werden, zum anderen die Frage nach einer möglichen Ausgrenzung anderer, nicht ausschließlich deutsch-französischer Projekte. Auf struktureller Ebene werden die externe Wahrnehmung und Attribuierung als Elite sowie das Fehlen von jungen Mitgliedern thematisiert.[6]

Wie in dem kurzen historischen Abriss deutlich wurde, war die Begründung für die Entwicklung und Etablierung der deutsch-französischen Beziehungen der Versöhnungsgedanke – aus der Erbfeindschaft sollte im besten Falle eine Freundschaft werden. Der damalige Tenor lautete angesichts der grausamen Auseinandersetzung während des Deutsch-Französischen Krieges sowie des Ersten und Zweiten Weltkrieges „Nie wieder!". Dieses Leitmotiv ist heute, besonders bei Vertretern jüngerer Generationen, nicht mehr präsent (Baasner 2015: 159). Selbstverständlich ist sich jeder der konflikthaften Auseinandersetzungen zwischen Deutschland und Frankreich bewusst, aber diese Begründung scheint heute nicht mehr motivierend genug zu sein, um Menschen für ein Engagement im deutsch-französischen Bereich zu begeistern. Des Weiteren übt das Nachbarland Deutschland bzw. Frankreich heute scheinbar keine große Anziehungskraft mehr aus. Durch das Schengen-Abkommen und die zunehmende Globalisierung ist eine Reise ins Nachbarland heute für viele zur Selbstverständlichkeit geworden. Speziell in grenznahen Gebieten sind die deutsch-französischen Beziehungen in so hohem Maße in den Alltag integriert, dass „das Besondere" nicht mehr auffällt. Gleichzeitig richten sich viele Blicke in andere Teile der Welt, die aufgrund der geografischen Entfernung und der kulturellen Angebote nicht umsonst großen Reiz ausüben und größere Aktionsfelder als die bereits erschlossen erscheinende deutsch-französische Zusammenarbeit bieten.

Damit stellt sich die Frage, wie sich die zivilgesellschaftlichen Bemühungen im deutsch-französischen Bereich heute begründen lassen. Angesichts aktueller rechtsextremer und rechtspopulistischer Herausforderungen in ganz Europa können die deutsch-französischen Beziehungen in ihren lokalen Netzwerken für ein europäisches Miteinander sowie für Vielfalt und Toleranz werben. Zivilgesellschaftliches Engagement zwischen Deutschland und Frankreich kann hier zeigen, dass aus den sprichwörtlichen Feinden auch Freunde werden können.

Zweitens erscheinen vielen, wie bereits kurz angedeutet, die deutsch-französischen Beziehungen als abgeschlossenes Feld, welches seit Jahren besteht und wenig Raum für Neuerungen oder neue Aktive lässt. Gilbert Casasus bezeichnet die Beziehungen als „eigene kleine Welt, die sich immer wieder selbst reproduziert" (Casasus 2014: 41) und bringt es damit auf den Punkt. Dabei spielt nach Frank Baasner auch die Selbstbeschreibung als „Le Franco-Allemand" eine Rolle, die sowohl im deutschen als auch französischen Sprachgebrauch der Aktiven verwendet wird, um diese „Welt" zu beschreiben. Das möge für die Identifikation nach innen nützlich sein, allerdings verhindere die Namensgebung als „das Deutsch-Französische" eine tatsächliche Betrachtung dessen, was als deutsch-französisch gilt. Nicht nur interessierte Bürger, sondern auch andere, nicht explizit deutsch-französische Initiativen würden somit von der „Welt" ausgeschlossen (vgl. Baasner 2015: 160–163). Angesichts der Fülle an Organisationen und Netzwerken, die in unterschiedlichen Bereichen tätig sind, scheint eine Begriffsbezeichnung dennoch gewinnbringend, da sie identitätsstiftend wirken und somit die Vielzahl an Akteuren zusammenbringen kann.

Nichtsdestotrotz kann die als zum Teil isoliert wahrgenommene Außendarstellung deutsch-französischer Akteure dazu führen, dass Kooperationen, insbesondere in kleinen Städten, bereits im Keim erstickt werden könnten. Mögliche Synergien aus einer gemeinsamen Nutzung eines Veranstaltungsraums oder einer Schulküche können so nicht genutzt werden. Dies wirkt sich wiederum auf das Vereinsleben und damit auf die Lebhaftigkeit und Aktivität des Vereins aus. Schließlich könnten auch engagierte Mitglieder ausbleiben, wenn jahrein jahraus die gleichen Veranstaltungen stattfinden. Hier gilt es also, offen auf andere städtische Initiativen zuzugehen und mögliche Kooperationen auszuloten: Statt der einzelnen Organisation eines französischen Apéro, die womöglich immense zeitliche und finanzielle Ressourcen der Freiwilligen fordert, könnte beispielsweise in Kooperation mit der Kochgruppe der örtlichen Volkshochschule und dem spanischen und schwedischen Partnerschaftsverein ein europäisches Buffet angeboten werden, das nicht nur an Auswahl und Variationen den einzelnen Apéro übertrifft, sondern auch ein größeres Publikum ansprechen könnte.

Mit Blick auf die strukturelle Ebene soll die Attribuierung der zivilgesellschaftlichen Beziehungen als elitäres Unterfangen angesprochen werden.[7] Wie bereits im historischen Abriss verdeutlicht, entstanden viele Institutionen und Organisationen auf Initiative von Privatpersonen, die der höheren Bildungsschicht angehörten. Auch heute sehen sich die deutsch-französischen Beziehungen und das Engagement dafür mit dem Vorwurf konfrontiert, ein elitäres Projekt zu sein, das von Beamten, Amtsinhabern, Professoren und Lehrern getragen wird. Auch über diese Dimension kann eine Abgrenzung gegenüber anderen stattfinden. Insbesondere in den Deutsch-Französischen Gesellschaften scheinen Veranstaltungsformate wie Weinabende, politische Diskussionsveranstaltungen und Vortragsreihen diese Vermutungen zu bestätigen, sodass hinterfragt werden kann, ob die deutsch-französischen Beziehungen ein gesamtgesellschaftlich getragenes Projekt sind. Dem muss gegenübergestellt werden, dass für viele die fehlende Kenntnis der französischen Sprache den Zugang zu deutsch-französischen Angeboten tatsächlich erschwert und somit eine hohe Repräsentation von Personen des Bildungsbürgertums bewirkt.

Um auf dieses Problem zu reagieren, könnten ebenfalls Kooperationen mit anderen Vereinigungen vor Ort ein Mittel sein. Bei einem Treffen der Feuerwehren oder von Sport- und Musikvereinen muss die Sprache des Partnerlandes nicht unbedingt gesprochen werden, vielmehr funktioniert die Kommunikation mit Hilfe von Objekten und mit den sprichwörtlich bekannten „Händen und Füßen".

Viertens soll abschließend das Fehlen junger Engagierter thematisiert werden, welches durch die drei zuvor genannten Problemfelder noch verstärkt wird. Bereits seit mehreren Jahren beschäftigen sich die deutsch-französischen Städtepartnerschaften, Gesellschaften und Initiativen mit dieser Herausforderung und klagen über Mitgliederrückgang und das Ausbleiben junger Köpfe, die Verantwortung übernehmen wollen. Ein verbreitetes Vorurteil gegenüber jugendlichem Engagement lautet dabei, dass junge Menschen sich nur kurzfristig binden wollen und daher Vereinsstrukturen meiden. In der Tat hat sich die Lebenswelt junger Erwachsener geändert, da viele für ihr Studium oder ihre Ausbildung den Wohnort verlassen und für mehrere Monate oder sogar Jahre ins Ausland gehen. Dies sollte die Vereine jedoch nicht davon abhalten, auf Jugendliche zuzugehen und ihnen in projektbezogenen Aktivitäten Verantwortung zu überlassen. So wäre es beispielsweise möglich, während der Sommerferien ein Jugendcamp anzubieten, das von jungen Freiwilligen organisiert und konzipiert wird. Für die Jugendlichen könnte die Teilnahme an einem solchen oder ähnlichen Projekt ein Schlüsselerlebnis sein, an das sie sich Jahre später noch erinnern. Dies kann sie motivieren, sich in ihrer Stadt oder Region nach einem deutsch-französischen Verein zu erkundigen.

Von immenser Bedeutung ist dabei, dass sich ältere und jüngere Engagierte auf Augenhöhe begegnen und voneinander lernen wollen. Während ältere Personen häufig bereits jahrelang in den deutsch-französischen Beziehungen aktiv sind und über entsprechend viele Erfahrungswerte verfügen, können Jugendliche bei der Entwicklung neuer Ideen helfen und so neuen Schwung in das Vereinsleben bringen. Diese Form intergenerationeller Arbeit kann sehr gewinnbringend für alle Beteiligten sein. In ähnlicher Art konzipieren Initiativen wie der Deutsch-Französische Jugendausschuss jährlich ein Intergenerationelles Forum, bei dem deutsche wie französische Junioren und Senioren nach neuen Impulsen für die Zukunft der deutsch-französischen Beziehungen suchen.

Trotz aller hier betrachteten Herausforderungen muss abschließend festgestellt werden, dass die zivilgesellschaftlichen Beziehungen seit vielen Jahren kontinuierlich für die deutsch-französische Verständigung arbeiten, unabhängig davon, in welchem Verhältnis die nationalen Regierungen zueinander stehen. Es geht darum, dass alle deutsch-französischen Initiativen, und damit auch die, die auf den ersten Blick nicht als solche identifiziert werden, zusammenarbeiten und ein breites Netz an Strukturen aufstellen, um ihr volles Potential ausschöpfen zu können.

Anmerkungen

1 Vgl. den Beitrag von Thomas Freisinger und Jonas Metzger in diesem Buch.
2 Hier lässt sich insbesondere die Zeitschrift „Dokumente/Documents" nennen, die noch heute viermal jährlich erscheint und die politischen, kulturellen und historischen Verflechtungen Deutschlands und Frankreichs betrachtet. Siehe: http://www.dokumente-documents.info/ [30.08.2017].
3 So gründeten Joseph Rovan und Jean du Rivau Ende 1945 das „Bureau international de liaison et de documentation" (BILD) auf französischer und die „Gesellschaft für übernationale Zusammenarbeit" (GÜZ) auf deutscher Seite, die seitdem deutsch-französische Jugendbegegnungen organisieren. Siehe auch https://www.guez-dokumente.org/ [30.08.2017].
4 Das Deutsch-Französische Institut visualisierte die Entwicklung der Städtepartnerschaft in Kooperation mit der Hochschule der Medien Stuttgart. Die virtuelle Ausstellung ist unter http://zeitzeugen-ludwigsburg-montbeliard.de/ [30.08.2017] verfügbar.
5 Die IBU wurde später in den Rat der Gemeinden und Regionen Europas (RGRE) eingegliedert und ist innerhalb dieser Organisation auch heute noch als „Deutsch-Französischer Ausschuss" aktiv.
6 Frank Baasner (2015: 159) nennt einige weitere problematische Felder, die an dieser Stelle nicht weiter betrachtet werden können.
7 Dies ist allerdings kein alleiniges Problem der deutsch-französischen Zivilgesellschaft, sondern des bürgerschaftlichen Engagements insgesamt (Pollack 2004: 35).

Literatur

Adloff, Frank (2005): Zivilgesellschaft. Theorie und politische Praxis. Frankfurt a.M./New York.

Alexander, Jeffrey (2006): The Civil Sphere. New York.

Auswärtiges Amt; Ministère des Affaires Étrangères (2017): Städtepartnerschaften und Partnerschaften zwischen Gebietskörperschaften. URL: http://www.deutschland-frankreich.diplo.de/Stadtepartnerschaften-und,3595.html [17.08.2017].

Baasner, Frank (2015): Überlegungen zum Begriff „Le Franco-Allemand". In: Deutsch-Französisches Institut (Hrsg.): Frankreich Jahrbuch 2014. Wiesbaden, S. 157–166.

Bock, Hans-Manfred (1998): Das Deutsch-Französische Institut in der Geschichte des zivilgesellschaftlichen Austauschs zwischen Deutschland und Frankreich. In: Ders. (Hrsg.): Projekt deutsch-französische Verständigung. Die Rolle der Zivilgesellschaft am Beispiel des Deutsch-Französischen Instituts in Ludwigsburg. Opladen, S. 11–120.

Casasus, Gilbert (2014): Le Franco-Allemand: entre décomposition et récomposition. In: Röseberg, Dorothee/Mäder, Marie-Thérèse (Hrsg.): Le Franco-Allemand. Herausforderungen transnationaler Vernetzung/Enjeux des reseaux transnationaux. Berlin, S. 35–46.

Chaigneau, Clémentine/Seidendorf, Stefan (2012): Die deutsch-französischen Beziehungen vor und nach 1945: Ähnliche Problemkonstellationen, unterschiedliche Entwicklung. In: Seidendorf, Stefan (Hrsg.): Deutsch-Französische Beziehungen als Modellbaukasten? Zur Übertragbarkeit von Aussöhnung und strukturierter Zusammenarbeit. Baden-Baden, S. 25–54.

Defrance, Corine/Pfeil, Ulrich (2013): Die Rolle der Zivilgesellschaft in der deutsch-französischen Annäherung. Bonn URL:. http://www.bpb.de/internationales/europa/frankreich/152429/zivilgesellschaft [20.08.2017].

Deutsch-Französisches Jugendwerk (2017a): Zahlen. URL: https://www.dfjw.org/zahlen [17.08.2017].

Deutsch-Französisches Jugendwerk (2017b): Was ist das DFJW? URL: https://www.dfjw.org/dfjw [22.08.2017].

De Gaulle, Charles (1962): Ansprache des französischen Staatspräsidenten Charles de Gaulle bei der Kundgebung vor der deutschen Jugend in Schloss Ludwigsburg am 09.09.1962. URL: https://www.konrad-adenauer.de/dokumente/weitere-dokumente/1962-09-09-rede-de-gaulle-ludwigsburg [17.08.2017].

Geißel, Brigitte u.a. (2004): Einleitung: Integration, Zivilgesellschaft und Sozialkapital. In: Klein, Ansgar u.a. (Hrsg.): Zivilgesellschaft und Sozialkapital. Herausforderungen politischer und sozialer Integration. Wiesbaden, S. 7–15.

Hahn-Fuhr, Irene/Worschech, Susann (2014): External Democracy Promotion and Divided Civil Society – The Missing Link. In: Beichelt, Timm u.a. (Hrsg.): Civil Society and Democracy Promotion. Basingstoke, S. 11–41.

Kißener, Michael (2014): Die (west-)deutsch-französischen Beziehungen nach 1945. In: Defrance, Corine u.a. (Hrsg.): Deutschland – Frankreich – Polen seit 1945. Transfer und Kooperation. Brüssel, S. 29–42.

Mehdorn, Margarete (2009): Französische Kultur in der Bundesrepublik Deutschland. Politische Konzepte und zivilgesellschaftliche Initiative 1945–1970. Köln.

Pollack, Detlef (2004): Zivilgesellschaft und Staat in der Demokratie. In: Klein, Ansgar u.a. (Hrsg.): Zivilgesellschaft und Sozialkapital. Herausforderungen politischer und sozialer Integration. Wiesbaden, S. 23–40.

RGRE (2017): Leitbild des Deutsch-Französischen Ausschusses. URL: http://www.rgre.de/ausschuss_dfa.html [26.08.2017].

Roth, Roland (2004): Die dunklen Seiten der Zivilgesellschaft. Grenzen einer zivilgesellschaftlichen Fundierung von Demokratie. In: Klein, Ansgar u.a. (Hrsg.): Zivilgesellschaft und Sozialkapital. Herausforderungen politischer und sozialer Integration. Wiesbaden, S. 41–64.

Rowell, Jay (2015): Eine kritische Diskussion der Schlüsselkonzepte: Zivilgesellschaft, Partizipation und Demokratie. In: Deutsch-Französisches Institut (Hrsg.): Frankreich Jahrbuch 2014. Wiesbaden, S. 17–29.

Ruzza, Carlo (2009): Populism and Euroscepticism: Towards Uncivil Society? In: Policy and Society, Heft 1/2009, S. 87–98.

Seidendorf, Stefan (Hrsg.) (2012): Deutsch-Französische Beziehungen als Modellbaukasten? Zur Übertragbarkeit von Aussöhnung und strukturierter Zusammenarbeit. Baden-Baden.

Seidendorf, Stefan (2015): Zivilgesellschaft in Frankreich, Deutschland und Europa. In: Deutsch-Französisches Institut (Hrsg.): Frankreich Jahrbuch 2014. Wiesbaden, S. 11–16.

Vereinigung Deutsch-Französischer Gesellschaften für Europa e.V. (2017): Leitbild der VDFG. URL: http://www.vdfg.de/vdfg/wir-uber-uns/ [20.08.2017].

Frankreich und die Europäische Union

von Clémentine Roth

Leitbilder der französischen Europapolitik

Verständnis von Nation, Souveränität und Verfassung

In Frankreich gibt es eine besondere, in der Verfassung festgeschriebene Verknüpfung von Staat, Nation und Souveränität, die auf die Revolution von 1789 zurückzuführen ist. Die Nation verkörpert die Gesamtheit der Staatsbürger, oder anders ausgedrückt, das Volk. Seit der Französischen Revolution bildet die Nation – an Stelle eines Monarchen oder absolutistischen Herrschers – den Ursprung der Souveränität. Artikel 3 der Erklärung der Menschen- und Bürgerrechte von 1789 definiert, dass der Ursprung jeder Souveränität ihrem Wesen nach beim Volk liegt. Keine Körperschaft und kein Einzelner hat die Befugnis, die nationale Souveränität zu beanspruchen. Die Souveränität ist also unteilbar. Bis heute hängen das Konzept der Nation und das Verständnis von Souveränität sowie Verfassung eng zusammen: Artikel 3 der aktuellen französischen Verfassung erklärt die Souveränität zum „Besitz" des Volkes, das sie durch seine Repräsentanten und durch Referenden ausübt.[1] Die Verfassung erlaubt der Nation, „politisch zu handeln und ihre Souveränität auszuüben" (Jachtenfuchs 2002: 79–80). Damit ist aus französischer Sicht die Verfassung immer an die Nation gebunden.

Im Prinzip ist das französische Verständnis von Nation und unteilbarer Souveränität unvereinbar mit der Idee der Supranationalität. Deshalb ist jede Delegation von Souveränität und Übertragung von Kompetenzen an die EU nur zeitweise möglich und jederzeit annullierbar. Zudem ist dies in normativer Hinsicht nur tolerierbar, wenn dafür ein mindestens ebenso großer politischer Handlungsspielraum auf der europäischen Ebene hinzugewonnen wird, da eine Einschränkung der demokratischen Souveränität der Nation eine Beschränkung ihrer politischen und gesellschaftlichen Gestaltungsmöglichkeiten bedeuten würde (Chaigneau/Seidendorf 2012b: 337).

Die Verschmelzung von Politik und Ökonomie

Ein zweites grundlegendes Element der französischen Politik ist die enge Verflechtung von Politik und Ökonomie, die im Gegensatz zu Deutschland nicht als zwei voneinander getrennte Systeme betrachtet werden. Der Staat ist für seine Bürgerinnen und Bürger verantwortlich. Dies rechtfertigt Eingriffe in die Wirtschaft oder kann Interventionen gar unabdingbar machen (Kimmel 2010: 150). Eine Folge dieser Verflochtenheit ist, dass die französische Regierung nicht zögert, sich in wirtschaftlichen Angelegenheiten einzumischen, d.h. beispielsweise Unternehmen zu nationalisieren, wie die temporäre Verstaatlichung der Schiffswerft *STX France* im Juli 2017 gezeigt hat. Mit der „temporären" Verstaatlichung wollte Präsident Macron die Übernahme der Werft durch den italienischen Schiffsbaukonzern *Fincantieri* verhindern.[2] Als weiteres und aktuellstes Beispiel kann die SNCF (*Société nationale des chemins de fer français* – die nationale Eisenbahngesellschaft) erwähnt werden. Im Mai 2018 hat der französische Premierminister Édouard Philippe angekündigt, dass der französische Staat Teile der Schulden der SNCF in Höhe von 35 Milliarden Euro übernehmen wird.[3] Im französischen Verständnis beschränkt sich die Rolle des Staates nicht darauf, Rahmenbedingungen für autonome wirtschaftliche Akteure zu schaffen, sondern vielmehr aktiv in die nationale Wirtschaft einzugreifen (Jachtenfuchs 2002: 83). Diese Verschmelzung von Staat und Wirtschaft, die einen Vorrang der Politik über die Ökonomie bedeutet, beruht auf historischen Strukturen und Traditionen. Dieser Dirigismus ist stark mit Jean-Baptiste Colbert, Finanzminister unter König Ludwig XIV., verbunden. Für Colbert sollte die Wirtschaft dem Staat dienen. Dieser staatliche Dirigismus – eine französische Variante des Merkantilismus – ging jedoch als Folge der engeren wirtschaftlichen Kooperation zwischen den EU-Mitgliedstaaten im Zuge der europäischen Integration nach und nach zurück. Diese Tradition erklärt zum einen die wiederholte französische Forderung nach einer europäischen Wirtschaftsregierung und zum anderen, warum die Unabhängigkeit der Europäischen Zentralbank (EZB) von Frankreich nur schwer akzeptiert wurde.

Die Beziehung zu Deutschland

Obwohl die Beziehung zu Deutschland keinem französischen Leitbild im engeren Sinne folgt, spielt sie eine bedeutende Rolle in der französischen Europapolitik. Die Gründung der Europäischen Gemeinschaft für Kohle und Stahl (die sogenannte Montanunion) – der Vorgängerorganisation der EU – in den 1950er Jahren lieferte eine Lösung für die deutsch-französischen Probleme (u.a. die Ruhrfrage und die Reparationen). Die Montanunion gewährleistete einerseits die Kontrolle über Deutschland und bot somit Sicherheitsgarantien für Frankreich, andererseits ermöglichte sie die Entfaltung des wirtschaftlichen Potenzials der noch jungen Bundesrepublik (Chaigneau/Seidendorf 2012a: 37–38).

In historischer Perspektive hatte Frankreich eine komplexe Beziehung zu Deutschland, die zwischen Faszination und Ablehnung, Vorbild und Feindseligkeit, Gemeinsamkeiten und Abgrenzungen schwankte. Seit einigen Jahren gilt Deutschland – mehr als je zuvor – als Vorbild in Europa, das man entweder nachahmen oder gegen das man sich abgrenzen will. Jedenfalls ist Deutschland das Land, mit dem sich Frankreich ständig misst und vergleicht. Diese Tendenz lässt sich gut in Reden von Politikerinnen und Politikern oder in der medialen Berichterstattung feststellen. Aktuell fällt der Vergleich zu Ungunsten Frankreichs mit seiner hohen Arbeitslosigkeit (9,2 Prozent im ersten Quartal 2018 im Vergleich zu 5,5 Prozent in Deutschland im selben Zeitraum) und hohen Staatsverschuldung aus.[4] Im Fall von Frankreich belief sich die Staatsverschuldung im vierten Quartal 2017 auf 2218,4 Milliarden Euro. In Deutschland betrug die Staatsverschuldung 2093 Milliarden Euro. In Relation zum Bruttoinlandsprodukt (BIP) gesetzt, betrug die jeweilige Staatsverschuldung 97,0 Prozent des französischen BIP gegenüber 64,1 Prozent des deutschen BIP.[5] Frankreich hat zudem seine historische Parität mit Deutschland im Europäischen Parlament und im Europäischen Rat verloren. Die französische Wirtschaftslage sowie institutionelle Entwicklungen in der EU haben in Frankreich zu einem verbreiteten Gefühl von Prestigeverlust geführt.

De Gaulle und seine Politik

Charles de Gaulle hat Frankreich während seiner Präsidentschaft (1959–1969) stark geprägt, nicht nur als Gründer der Fünften Republik und durch seinen Führungsstil, sondern auch in der Europapolitik. Für de Gaulle sollte Europa ein „Europa der Völker und Staaten" sein, d.h., eine Föderation von souveränen und unabhängigen Nationen. Die Form der Kooperation sollte intergouvernemental (zwischenstaatlich) angelegt sein. Als Präsident wehrte er sich vehement gegen jeden Vorschlag, der die nationale Souveränität verringern und die Rolle der europäischen Institutionen stärken würde. Ein konkretes Beispiel dafür ist die „Politik des leeren Stuhls" in den Jahren 1965 bis 1966. In diesem Zeitraum blieb die französische Delegation sechs Monate lang den europäischen Ratssitzungen fern. Frankreich, und insbesondere de Gaulle, lehnte das vorgeschlagene Maßnahmenpaket zur Finanzierung der Gemeinsamen Agrarpolitik, den Wechsel vom Einstimmigkeitsprinzip zur qualifizierten Mehrheitsentscheidung des Rates sowie einen Kompetenzzuwachs des Europäischen Parlaments (EP) ab. De Gaulle wehrte sich energisch gegen eine europäische Struktur, die die französischen Handlungsfreiheit einschränken könnte, d.h. gegen jeden Versuch einer politischen Strukturierung Europas (vgl. Delmas 1967: 112–113; Grosser 1986: 234).

Dennoch spielte de Gaulle eine wichtige Rolle in der Festigung der Europäischen Wirtschaftsgemeinschaft (EWG). Obwohl er 1957 – vor seiner Präsidentschaft – gegen den EWG-Vertrag Position bezog, beschleunigte er als Präsident die Umsetzung des Vertrags (Parsons 2003: 119, 126–129). Er akzeptierte die EWG, weil er damit u.a. die politische, militärische und kulturelle Unabhängigkeit – und allgemein den Zusammenhalt – Europas gegenüber dem Herrschaftsanspruch der USA gestärkt sah (Grosser 1986: 234; Parsons 2003: 142). De Gaulle hat das Engagement Frankreichs im europäischen Einigungsprozess verstärkt, nicht zuletzt durch seine Bereitschaft, die deutsch-französische Annäherung und Kooperation (z.B. mit dem Élysée-Vertrag von 1963) voranzubringen (Bossuat 1996: 398).

Ein dauerhaftes Erbe

De Gaulles Erbe lässt sich heute noch beobachten. Gaullistische Politiker verfolgen (immer noch) das Ziel eines international handlungsfähigen „Europas der Staaten". Sie versuchen dabei Formen strukturierter Zusammenarbeit zu finden, die keine Souveränitätsübertragung erfordern bzw. die nationale Souveränität möglichst schonen und doch gleichzeitig schnelle europäische Entscheidungen ermöglichen – was relativ schwierig ist (Chaigneau/Seidendorf 2012b: 338).

In späteren politischen Generationen hat sich ein „verwässerter Gaullismus" *(watered-down Gaullism)* entwickelt, der einerseits eine klare Bereitschaft für vertiefte Integration und teilweisen Souveränitätsverzicht im wirtschaftlichen und monetären Bereichen zeigt, aber andererseits an zwischenstaatlichen Methoden in der Außen- und Sicherheitspolitik festhält (Guérin-Sendelbach/Schild 2002: 53). Jacques Chirac (Präsident von 1995–2007) gelang es, die Institutionalisierung einer Gemeinsamen Sicherheits- und Verteidigungspolitik (GSVP) entlang gaullistischer Leitlinien, also ohne Souveränitätsabgaben, durchzusetzen (Chaigneau/Seidendorf 2012b: 338).

Sowohl Kommunisten als auch Links- und Rechtsradikale, Teile der Sozialisten und politische Gegner des Vertrags von Maastricht (1992) stimmen mit den Gaullisten überein, wenn es z. B. um die Unteilbarkeit und Nichtübertragbarkeit der nationalen Souveränität geht. Sie betonen die Notwendigkeit, die französische Nation gegen Fremdbestimmung zu schützen und eine besondere französische Identität zu wahren (Jachtenfuchs 2002: 95).

Französische Liberale, wie etwa der ehemalige Präsident Valéry Giscard d'Estaing (Präsidentschaft 1974–1981), sind historische Befürworter der europäischen Integration und folgen der Prämisse, dass die nationale Unabhängigkeit nur mittels der EU erhalten werden kann (Jachtenfuchs 2002:

92). Wenn Emmanuel Macron, der aktuelle französische Präsident, eine „europäische Souveränität" aufbauen will, geht er in die gleiche Richtung. Für Macron sind die EU und der französische Staat keine Gegensätze, sondern sie ergänzen sich in dem Sinne, dass für bestimmte politische Fragestellungen ausschließlich europäische Lösungen dauerhafte Lösungen sind.

Obwohl die Sozialisten die EU unterstützen, konnten sie sich weder auf den Vertrag von Maastricht noch auf das Referendum zur Europäischen Verfassung im Jahr 2005 einigen. Anlässlich dieser beiden Ereignisse haben sich in der Partei zwei gegensätzliche Lager gebildet, die weiterhin bestehen. Seit der Präsidentschaftswahl von 2017 hat die sozialistische Partei viel an Bedeutung verloren. Ihre Wählerbasis wurde atomisiert und viele bisherige Sympathisanten und Parteimitglieder haben sich anderen politischen Parteien angeschlossen.

Die Rolle Frankreichs in der EU

Mit einem besonderen Fokus auf die Präsidentschaften von François Hollande und Emmanuel Macron wird im Folgenden die Rolle Frankreichs in der EU skizziert. Frankreich ist grundsätzlich ein wichtiger Ideengeber und Initiator der europäischen Integration, verlor aber in letzter Zeit an politischem Einfluss. Eine Kombination von internen und externen Faktoren schwächt zurzeit die französische Position. Jedoch hat Emmanuel Macron mit seiner Rede an der Pariser Sorbonne-Universität im September 2017 angedeutet, dass Frankreich seine ehemalige führende Position wieder einnehmen will.

Einflussreicher Ideengeber und Initiator der EU-Integration

Frankreich ist als Land mit der zweitgrößten Bevölkerung und drittstärksten Wirtschaft in der EU ein wichtiges EU-Mitglied. Zudem ist es eine Nuklearmacht, die einen ständigen Sitz im UN-Sicherheitsrat hat. Seit Beginn der europäischen Einigung strebt Frankreich eine führende Rolle in Europa an. Frankreich war ein Initiator und wichtiger Impulsgeber für diverse Vorschläge und institutionelle Reformen der EU.

Die Schwierigkeit, sich mit 27 Partnern über eine ambitionierte Agenda zu einigen und Kompromisse zu finden, hat dazu geführt, dass in Frankreich die Idee eines „Kerneuropa" erneut an Popularität gewonnen hat (Giuliani 2017: 17–18). Frankreich hat hierfür ein Zeichen gesetzt und sich bereit erklärt, in verschiedenen Bereichen (z.B. Energie, Sicherheit und Verteidigung) mit bereitwilligen Ländern enger zu kooperieren.

Europapolitik unter François Hollande

François Hollande (Präsidentschaft 2012–2017) konnte zwar eine positive Rolle als Vermittler, u.a. im Ukraine-Konflikt, spielen, es gelang ihm aber nicht, europäische Initiativen durchzusetzen. Unter Hollande wurde Frankreich in der europäischen Debatte politisch relativ ausgegrenzt. Dies ist u.a. auf die mangelnde wirtschaftliche Glaubwürdigkeit zurückzuführen: Frankreich hat während Hollandes Präsidentschaft die von der EU geforderte Hürde von drei Prozent, die bei der Neuverschuldung im Staatshaushalt nicht überschritten werden darf, nie eingehalten. Trotz des Wahlversprechens, den EU-Budgetpakt neu zu verhandeln, wurde der Stabilitäts- und Wachstumspakt ohne Änderungen ratifiziert. Während der Euro-Krise hat sich Hollande dafür stark gemacht, Griechenland in der Eurozone zu halten, um damit ein Zersplittern der Eurozone zu vermeiden. Frankreich tritt regelmäßig für mehr Solidarität in der EU, insbesondere in der Eurozone, ein. In diesem Zusammenhang unterbreitete Hollande mehrere Vorschläge für eine Vertiefung der Eurozone, wie z.B. ein gemeinsames Budget sowie eine Eurozonenregierung und ein Eurozonenparlament. Ebenso plädierte er für eine Harmonisierung der Steuersysteme und Sozialpolitiken, für eine Transferunion sowie für Eurobonds (EU-Anleihen). Die beiden letztgenannten Vorschläge wurden und werden von Deutschland deutlich abgelehnt. Hollande unterstützte auch das Investitionsprogramm von Jean-Claude Juncker zur Ankurbelung des Wirtschaftswachstums in der EU. Darüber hinaus ist Hollande in der Energie- und Umweltpolitik (Energieunion, UN-Klimakonferenz) aktiv gewesen.

Europapolitik unter Emmanuel Macron

Macron hat sich in seiner Wahlkampagne und in seiner europapolitischen Grundsatzrede vom 26. September 2017 an der Sorbonne stark für die EU eingesetzt. In seiner Rede hat er diverse Ideen vorgestellt und Vorschläge gemacht.[6] Im Bereich der Verteidigungspolitik hat er z.B. gefordert, einen gemeinsamen europäischen Verteidigungshaushalt einzurichten sowie eine gemeinsame EU-Eingreiftruppe und eine Art Austauschprogramm für Soldaten der verschiedenen Armeen zu schaffen. Im Bereich der Migrations- und Flüchtlingspolitik regte er die Einrichtung einer gemeinsamen EU-Asylbehörde an. Darüber hinaus unterbreitete er konkrete Reformvorschläge für die Eurozone.

Macrons Idee, die EU neu zu gründen, um die EU-Bürger besser zu beschützen, hat viele Franzosen angesprochen. Dass viele seiner Vorschläge mangels Unterstützung durch die europäischen Partner nicht umsetzbar sein würden, musste ihm von Anfang an klar sein. So fand z.B. seine Idee einer EU-weiten, transnationalen Liste für die nächste EU-Wahl im Jahr 2019 im Europäischen Parlament keine Mehrheit. Festzuhalten bleibt aber, dass Macron die Rolle Frankreichs als Impulsgeber für Europa sehr ernst nimmt. Die Wirtschaftslage des Landes hat sich darüber hinaus in letzter Zeit verbessert. 2017 hat Frankreich auch zum ersten Mal seit zehn Jahren wieder den Stabilitätspakt (die Dreiprozenthürde) eingehalten, wobei dieses Ziel bei Macron als politisches Signal einer neuen Glaubwürdigkeit eine hohe Priorität hatte. Darüber hinaus ist die Arbeitslosigkeit zurückgegangen und „die Anlageninvestitionen der Unternehmen sind so hoch wie schon seit fast einer Generation nicht mehr".[7] Diese positiven Faktoren tragen dazu bei, die Position von Macron sowohl in Frankreich als auch in der EU zu stärken.

Einflussverlust und mangelnde Glaubwürdigkeit

2016 haben zwei Abgeordnete einen Bericht veröffentlicht, in dem sie ihre Beunruhigung in Bezug auf einen französischen Einflussverlust in den EU-Institutionen ausdrücken.[8] Die Faktoren, die zu diesem Einflussverlust beigetragen haben, liegen dabei zum einen bei Frankreich selbst und erklären sich zum anderen durch eine veränderte EU. Die schwache französische Wirtschaftsleistung, die Schwierigkeiten der letzten Regierungen, Reformen durchzusetzen und die Wirtschaft zu modernisieren sowie ihre Unfähigkeit, die französischen Haushaltsverpflichtungen einzuhalten, haben die Glaubwürdigkeit Frankreichs verringert. Außerdem haben die deutsche Wiedervereinigung und die EU-Osterweiterung zu tiefgreifenden Veränderungen der bisherigen Funktionsweise und Kräfteverhältnisse in der EU geführt.

Konsequenzen der deutschen Wiedervereinigung und EU-Osterweiterung

In Folge der deutschen Wiedervereinigung und der EU-Osterweiterung hat Deutschland an Bedeutung gewonnen. Die Erweiterung hat den Schwerpunkt der EU in Richtung Osten verschoben, damit Frankreich aus dem Zentrum gerückt und die Lage Deutschlands hingegen gestärkt.

Im Zuge der EU-Osterweiterung wurden die europäischen Institutionen mit den Verträgen von Nizza (2001) und Lissabon (2007) umgestaltet, um die Funktionstüchtigkeit der EU zu bewahren bzw. zu erhöhen. Im Rat der Europäischen Union hatten Frankreich und Deutschland sowie Italien und Großbritannien bis zum Vertrag von Lissabon die gleiche und größtmögliche Anzahl an Stimmen – jeweils 29 von insgesamt 352. Mit dem Vertrag von Lissabon wurden die Regeln geändert und die „doppelte Mehrheit" eingeführt: Jedes Land bzw. Ratsmitglied besitzt nun eine Stimme, zugleich wird aber die Einwohnerzahl des von ihm vertretenen Landes berücksichtigt.[9] Dementsprechend hat Deutschland als bevölkerungsreichstes Land mehr Stimmgewicht (zurzeit 16,10 %) als Frankreich (13,09 %).[10]

Darüber hinaus ist die französische Stimme im Europäischen Parlament schwächer geworden. Seit der Wiedervereinigung besitzt Deutschland mehr Sitze im EP als Frankreich. Deutschland hat seit der letzten Europawahl (2014) 96 Abgeordnete, während Frankreich mit 74 Abgeordneten im EP vertreten ist. Zusätzlich zu dieser institutionellen Änderung gehören aktuell 22 der französischen Abgeordneten dem *Front National* an, was eine weitere Schwächung bedeutet. Diese Fraktion, die fast ein Drittel der französischen Delegation im EP ausmacht, spielt nicht nur keine konstruktive Rolle im Parlament, sie reduziert auch automatisch die Anzahl der französischen Abgeordneten in den zwei großen politischen Fraktionen der Europäischen Volkspartei (Christdemokraten) und der Allianz der Sozialdemokraten.

Fehlende Strategie für die Präsenz und Vertretung französischer Interessen

Jeder Mitgliedstaat strebt eine Beeinflussung der europäischen Agenda und Entscheidungen an. Eine Strategie dafür ist die Besetzung administrativer und politischer Schlüsselpositionen in den europäischen Institutionen. Begehrte Posten sind u. a.: Präsident oder Vizepräsident parlamentarischer Fraktionen, Kommissar oder Kabinettsdirektor (de Marcilly 2015: 337–339). Obwohl Frankreich mit einer der größten Delegation im EP vertreten ist, hat es in Relation zu dieser Größe nur wenige Schlüsselpositionen inne, sowohl in der aktuellen Legislaturperiode als auch in der Kommission Junckers (seit 2014).

Frankreich fehlt es an einer mittel- und langfristigen Strategie für die Sichtbarmachung und Vertretung seiner politischen Interessen, um in den europäischen Institutionen Einfluss zu haben (de Marcilly 2015: 341–342). Eine europäische Karriere wird immer noch allzu häufig einer nationalen Karriere untergeordnet. Zwei Elemente deuten auf dieses geringe Interesse hin: Das Ausmaß an Amtsniederlegungen und die Anzahl von Amtsperioden im EP. In der vergangenen Legislaturperiode (2009–2014) haben 18 französische Abgeordnete ihr Mandat niedergelegt – im Vergleich zu vier Deutschen (de Marcilly 2015: 341). Zudem beträgt die durchschnittliche Verweildauer der französischen EU-Abgeordneten 1,76 Legislaturperioden, während sich die Verweildauer der deutschen EU-Abgeordneten auf 2,48 Amtsperioden beläuft (de Marcilly 2015: 341–342). Dies bedeutet, dass es in Frankreich eine höhere Fluktuation von Mitgliedern des EP gibt.

Partner und Allianzen in der EU

Die „Big Bang"-Erweiterung von 2004/2007, in der zwölf neue Länder der EU beigetreten sind, hat die EU tiefgreifend verändert. Neben den institutionellen Änderungen haben sich auch die politischen Allianzen geändert.

Der traditionelle Partner

Deutschland ist nicht nur der älteste, sondern auch der zuverlässigste Partner Frankreichs. Im Rahmen der institutionalisierten deutsch-französischen Kooperation treffen sich deutsche und französische Politikerinnen und Politiker inklusive Staatsoberhäupter auf regulärer Basis und versuchen, gemeinsame Vorschläge, Projekte und Ziele für die EU zu vereinbaren. Die Rolle des sogenannten „deutsch-französischen Motors" war und ist von großer Bedeutung für die Weiterentwicklung der EU. Beide Länder sind zwar nicht immer in der Lage, ihre gemeinsame Agenda durchzusetzen oder einen Kompromiss zu finden, jedoch ist ein Scheitern europäischer Gesetzesvorlagen, Reformen und Maßnahmenpakete vorhersehbar, wenn die deutsch-französische Kooperation nicht vorhanden ist. Seit dem Anfang seiner Präsidentschaft hat Emmanuel Macron gezeigt, dass er eine verstärkte bilaterale Beziehung mit Deutschland wiederbeleben möchte, die unter Hollande und Sarkozy weniger gut funktioniert hatte. Die Entscheidung, für seine erste internationale Reise nach Deutschland zu kommen, sowie die aktuelle Vorbereitung eines neuen Élysée-Vertrags anlässlich des 55. Jahrestags des Élysée-Vertrags sind klare Zeichen für eine Vertiefung der deutsch-französischen Beziehungen. Macron braucht Deutschland als Partner, um sein Projekt, die EU zu verändern, zu verwirklichen.

Die Suche nach weiteren Partnern

In den letzten 20 Jahren hat die deutsch-französische Kooperation nicht immer gut funktioniert, und Frankreich hat nach weiteren Koalitionspartnern gesucht. Im Dezember 1998 trafen sich Präsident Chirac und der britische Premierminister Tony Blair in Saint-Malo. Dort einigten sie sich auf eine gemeinsame Erklärung, die eigenständige militärische Mittel für die EU forderte. Dieser bilaterale Gipfel ist oft als Ursprung der Gemeinsamen Sicherheits- und Verteidigungspolitik (GSVP) wahrgenommen worden. Nicolas Sarkozy (Präsidentschaft 2007–2012) versuchte eine verstärkte bilaterale Kooperation mit Großbritannien zu entwickeln, insbesondere im militärischen Bereich. 2010 haben beide Länder eine Vereinbarung über eine militärische Kooperation unterzeichnet.

Eine weitere französische Initiative – ebenfalls von Präsident Sarkozy ins Leben gerufen – ist die Union für den Mittelmeerraum. Mit dem (gescheiterten) ursprünglichen Projekt der Mittelmeerunion, die nur Länder mit direktem Kontakt zum Mittelmeer – d. h. Anrainerstaaten – miteinbeziehen sollte, hatte Sarkozy versucht, die „französische Einflusssphäre in der EU auszudehnen und dadurch das Gewicht Deutschlands unter den neuen, ostmitteleuropäischen Mitgliedern auszubalancieren" (Kimmel 2010: 154). An der aktuellen Union für den Mittelmeerraum sind alle EU-Mitgliedsländer sowie 16 östlich und südlich des Mittelmeers gelegene Länder beteiligt.

Wo und wie entsteht die französische Europapolitik?

Eingangs wird die zentrale Rolle des Staatspräsidenten in der französischen Europapolitik skizziert. Darüber hinaus wird die Rolle des Generalsekretariats für Europäische Angelegenheiten (*Secrétariat général des affaires européennes* – SGAE) bei der Koordination der nationalen Europapolitik sowie der Einfluss der Ständigen Vertretung Frankreichs bei der EU erörtert. Zentralismus und strikte Hierarchien sind dabei Charakteristika des französischen Koordinationsmodells.

Europapolitik als *domaine réservé* des Präsidenten

Die Verfassung der Fünften Republik gewährt dem französischen Präsident große Machtbefugnisse. Laut Artikel 52 werden internationale Verträge, die der Ratifikation bedürfen, nicht vom Premierminister (als Regierungschef), sondern vom Präsidenten selbst verhandelt und ratifiziert. Darunter fallen auch die europäischen Vertragsverhandlungen. Konkret betrifft diese Regelung die Sitzungen des Europäischen Rates, die turnusmäßigen EU-Ratspräsidentschaften Frankreichs sowie die EU-Regierungskonferenzen, die zu Vertragsveränderungen führen (Chaigneau/Seidendorf 2012b: 347).

Der Präsident spielt (mitsamt seinen Beratern) also eine dominierende Rolle. Als Impulsgeber legt er die Prioritäten der französischen EU-Ratspräsidentschaft und die Leitlinien der französischen Europapolitik fest. Darüber hinaus mischt sich der Präsident immer wieder in Entscheidungen ein, die konkrete Politikfelder betreffen. Entscheidungen also, die im Prinzip dem Premierminister und seiner Regierung vorbehalten sind. In Phasen der Kohabitation *(cohabitation)*, wenn Präsident und Premierminister nicht demselben politischen Lager angehören, führt dies regelmäßig zur Schwächung der französischen Position (Leuffen 2007: 43–46).

Die schwache Rolle des Parlaments

Anders als der Präsident hat das französische Parlament nur begrenzten Einfluss auf die europäische Agenda und die Ausarbeitung französischer Positionen. Sowohl im Senat als auch in der Nationalversammlung gibt es einen Ausschuss, der die europäischen Angelegenheiten verfolgt und die europäischen Aktivitäten der französischen Regierung kontrolliert. Im Jahr 2008 wurde die Position des Parlaments gestärkt: Laut Artikel 88-4 der Verfassung ist die Regierung seitdem verpflichtet, das Parlament über den Stand der europäischen Verhandlungen und über Gesetzesvorlagen, Vorschläge und Projekte der EU-Kommission zu informieren, sobald sie an den Europäischen Rat übermittelt worden sind.[11] Das Parlament hat anschließend acht Wochen Zeit, um über die Gesetzesvorlagen zu debattieren und eine Stellungnahme abzugeben; für

Projekte oder andere Vorschläge der Kommission beträgt der Zeitraum vier Wochen.

Das Generalsekretariat (SGAE) als zentraler Koordinator

In der Formulierung und Koordination der französischen Europapolitik spielt das SGAE eine zentrale Rolle.[12] Es handelt sich dabei um ein vertikales Koordinationsmodell, da diese Sonderbehörde dem Premierminister direkt unterstellt ist. Das SGAE ist für die beidseitige Kooperation zwischen Paris und Brüssel zuständig. Zudem finden Kooperationen sowohl im Vorfeld als auch bei der Umsetzung europäischer Entscheidungen statt. Einerseits sammelt das Generalsekretariat für jedes Dossier die Stellungnahmen der Ministerien, schlichtet Streitfälle zwischen Ministerien und koordiniert die französische Verhandlungsposition, bevor es der Ständigen Vertretung Frankreichs bei der EU die Anweisungen der französischen Regierung übermittelt.[13] Andererseits koordiniert das SGAE die Umsetzung der EU-Richtlinien und die Implementierung der gemeinschaftlichen Politik und Vorschriften in Frankreich.

Ein klarer Vorteil dieses Koordinationsmodells ist, dass es eine hohe Kohärenz gewährleistet sowie schnelle und effiziente Entscheidungen erlaubt. Es hat aber auch seine Schwächen. Zum einen ist die Koordination rein administrativ und nicht politisch, sodass die Lösung interministerieller Konflikte regelmäßig auf Grundlage formaler Entschlüsse stattfindet. Außerdem ist das SGAE nicht in der Lage, Themen und Standpunkte zu priorisieren (Menon 2000: 85–87). Darüber hinaus genießen die wenigen Ministerien (u.a. Landwirtschaft und Finanzen), deren Verwaltungen lange und vielfältige Erfahrung mit der EU und mit EU-Themen gesammelt haben, größere Autonomie und stärkeres Gewicht im Rahmen dieser Koordination.

Das SGAE wird traditionell von einem engen politischen Berater des Premierministers (manchmal auch des Präsidenten) geleitet und kann damit als Schlüsselstelle zwischen der administrativen Koordination der Ministerien und der politischen Entscheidung über Prioritäten und mögliche Kompromisse verstanden werden (Lanceron 2008: 416). Das SGAE ist in 19 operative Einheiten unterteilt, die alle Zuständigkeitsbereiche und Kompetenzen der EU abdecken. Die Struktur der operativen Einheiten stimmt nicht mit den nationalen Ministerien überein. Sie ist vielmehr an den Generaldirektionen der EU-Kommission orientiert, und dies führt zu einer Europäisierung der französischen Verwaltung.

Frankreichs Europaminister

Seit 1978 hat Frankreich ein Ministerium für Europaangelegenheiten. In der Regel ist dieses dem Außenministerium untergeordnet, und der Europaminister fungiert als Staatssekretär oder als beigeordneter Minister. Der Staatsekretär oder beigeordnete Minister ist einem Ressortministerium unterstellt und verfügt nur über begrenzte Mittel und Kompetenzen. Die nachrangige Rolle des Europaministers lässt sich schon anhand des regelmäßigen Personalwechsels erkennen. Nathalie Loiseau, die aktuelle Ministerin seit Juni 2017, ist die 24. Stelleninhaberin. Pierre Moscovici, der seit September 2014 europäischer Kommissar für Wirtschafts- und Finanzangelegenheiten, Steuern und Zoll ist, ist mit seiner fast fünfjährigen Amtszeit (1997–2002) bei weitem der am längsten dienende Europaminister gewesen. Meistens bleiben die Minister mit einer durchschnittlichen Amtszeit von 20 Monaten aber deutlich kürzer im Amt.

Die Umbenennung des französischen Außenministeriums in *Ministère des affaires étrangères et européennes* (2007–2012) und seit Mai 2017 in *Ministère de l'Europe et des Affaires étrangères* symbolisiert die wachsende Bedeutung Europas. Bemerkenswert bei der letzten Umbenennung ist der Wechsel der Reihenfolge: Europa steht zum ersten Mal an erster

Stelle. Dies kann als Indikator der politischen Prioritäten von Präsident Macron verstanden werden.

Die Ständige Vertretung in Brüssel

Die Ständige Vertretung Frankreichs bei der EU bildet die Schnittstelle zwischen den französischen Behörden und den EU-Institutionen in Brüssel. Aufgabe der Ständigen Vertretung ist die Wahrnehmung und Förderung der französischen Standpunkte bei den Verhandlungen in den EU-Institutionen. Die Ständige Vertretung agiert dabei auf Weisung der Regierung und kann die französische Position nicht eigenständig an situative Erfordernisse anpassen. Umgekehrt informiert die Ständige Vertretung durch das SGAE die französischen Behörden über alle Gesetzesvorhaben und politischen Vorschläge der Europäischen Kommission und des Europäischen Parlaments. Damit stellt sie die wichtigste Informationsquelle für die französische Regierung und Verwaltung in EU-Fragen dar.

Die Ständige Vertretung ist aber nicht nur unmittelbar mit den Verhandlungen im EU-Ministerrat betraut, sondern nimmt die französischen Interessen auch in allen anderen Belangen wahr. Gemäß französischem Verständnis fällt darunter auch eine spezifische Personalpolitik innerhalb der europäischen Institutionen sowie die Verteidigung der französischen Sprache als Amts- und Verwaltungssprache der EU (Chaigneau/Seidendorf 2012b: 350–351).

Fazit

Im Bewusstsein seiner wichtigen Rolle für den europäischen Integrationsprozess hat Frankreich der Europapolitik immer einen besonders hohen Stellenwert eingeräumt. Dies schließt politische Kontroversen und Debatten wie etwa um den Vertrag von Maastricht, die EU-Verfassung oder den Euroskeptizismus mit ein. Die französische Europapolitik, die auf einer normativen Richtschnur fußt, befindet sich in einem konstanten Dilemma zwischen einer Vertiefung der europäischen Integration und der Verteidigung der demokratischen Souveränität der Nation.

Die deutsch-französische Aussöhnung und Kooperation, die die Basis der europäischen Einigung bildet, spielt als „deutsch-französischer Motor" weiterhin eine zentrale Rolle. Im Spannungsverhältnis zwischen Zusammenarbeit und Abgrenzung wurden gemeinsame institutionelle Lösungen umgesetzt, die das Miteinander eng verzahnt haben (Chaigneau/ Seidendorf 2012b: 350). Auch wenn Frankreich bei Gelegenheit nach weiteren Partnern sucht, bleibt Deutschland der wichtigste Partner. Das erste Jahr von Macrons Präsidentschaft ist durch seinen erklärten Willen für eine deutsch-französische (Wieder-)Annäherung im europäischen Kontext geprägt. Die Kooperation mit Deutschland und den anderen EU-Mitgliedstaaten hat zu einer gewissen Europäisierung der französischen Verwaltung und der innenpolitischen Prozesse geführt. Dennoch ist das französische Koordinationsmodell der nationalen Europapolitik immer noch sehr zentralisiert und hierarchisch.

Als Initiator und Ideengeber hat Frankreich die europäische Integration stark geprägt. Diese Rolle ist in letzter Zeit etwas zurückgegangen, nicht zuletzt wegen der Schwierigkeiten der letzten Regierungen, notwendige Reformen für die Modernisierung des Staats und der Wirtschaft durchzusetzen. Frankreich hat sich auch mit der deutschen Wiedervereinigung und der institutionellen Umgestaltung der EU in Folge der Osterweiterung schwergetan. Angesichts der veränderten und erweiterten EU ist Frankreich immer noch dabei, sein Modell und seine Strategie an diese Gegebenheiten anzupassen.

Man sollte dennoch die materiellen und ideellen Möglichkeiten Frankreichs, den europäischen Integrationsprozess zu beeinflussen, nicht unterschätzen. Aktuell treten zahlreiche –

interne wie externe – Faktoren auf, die ein sehr günstiges Umfeld mit einigen Gestaltungsmöglichkeiten für Frankreich und seinen Präsidenten schaffen: die sich aufhellende wirtschaftliche Situation Frankreichs, das sehr pro-europäische Programm von Macron, sein Charisma, aber auch die langwierige Regierungsbildung in Deutschland und die damit einhergehende geschwächte Position Merkels oder die protektionistische und wechselhafte Politik von Donald Trump.

Es besteht somit durchaus die Möglichkeit, dass Macrons Präsidentschaft einen Wendepunkt darstellt und Frankreich innerhalb der EU wieder eine stärkeren Einfluss ausüben und eine führende Rolle einnehmen könnte.

Dabei stehen im Moment unterschiedliche Themen im Zentrum der Diskussionen innerhalb der EU. Das brisanteste Thema im Laufe des Jahres 2018 ist die Migrations- und Flüchtlingspolitik, wobei sich hierbei Merkel und Macron um ein EU-weit abgestimmtes Vorgehen bemühen. Eine aktuelle Debatte wird des Weiteren darüber geführt, ob aus dem bestehenden ESM ein Europäischer Währungsfonds (EWF) gebildet werden soll, der (zumindest teilweise) die Rolle des Internationalen Währungsfonds (IWF) übernehmen soll. Damit soll die EU besser gewappnet sein, um Krisen zu bewältigen. EU-Kommissar Moscovici hat dafür im Dezember 2017 ein erstes Reformpaket vorgelegt.[14] Im Juni 2018 haben sich Merkel und Macron diesbezüglich auf ein Budget für die Eurozone geeinigt.[15] Auch eine Vertiefung der gemeinsamen Verteidigungspolitik steht regelmäßig auf der Agenda, so überlegen u. a. Deutschland und Frankreich, ob sie gemeinsam ein neues Kampfflugzeug entwickeln wollen.

Frankreich und die Europäische Union

Anmerkungen

1 Der Verfassungstext lautet: „Die nationale Souveränität liegt beim Volke, das sie durch seine Vertreter und durch Volksentscheid ausübt." Vgl. URL: www.verfassungen.eu/f/ [24.06.2018].

2 Am 27. September 2017 wurde ein Abkommen zwischen Frankreich und Italien gefunden: *Fincantieri* wird 50 Prozent des Kapitals von *STX France* besitzen. Darüber hinaus wird der französische Staat ein Prozent des Kapitals für zwölf Jahre an *Fincantieri* verleihen, sodass die italienische Firma die operationelle Kontrolle von *STX France* haben wird. Der Kaufvertrag wurde am 05.02.2018 unterschrieben. Vgl. URL: https://navaltoday.com/2018/02/05/fincantieri-completes-stx-france-deal/ [24.06.2018].

3 Vgl. URL: www.ouest-france.fr/economie/transports/sncf/reprise-de-la-dette-de-la-sncf-quelles-consequences-pour-l-etat-5782048 [24.06.2018].

4 Quelle für Frankreich: www.insee.fr/fr/statistiques/2107840#titre-tauxChomage [24.06.2018]; Quelle für Deutschland: https://de.statista.com/statistik/daten/studie/1224/umfrage/arbeitslosenquote-in-deutschland-seit-1995/ [24.06.2018].

5 Vgl. URL: www.destatis.de/Europa/DE/Staat/Vergleich/DEUVergleich.html [24.06.2018].

6 Vgl. URL: www.pnn.de/politik/1290210/ [24.06.2018].

7 Vgl. URL: www.n-tv.de/politik/Macron-aehnelt-Charles-de-Gaulle-article20419182.html [24.06.2018].

8 Vgl. URL: www.lepoint.fr/europe/ue-l-influence-de-la-france-affaiblie-selon-un-rapport-03-02-2016-2015144_2626.php [24.06.2018]; siehe auch Giuliani (2017).

9 Nach dem aktuellen System müssen also 16 Länder (Länderquorum), die zusammen mindestens 65 Prozent der EU-Bevölkerung (Bevölkerungsquorum) ausmachen, zustimmen, um die Mehrheit für eine Entscheidung im Europäischen Rat zu erreichen; vgl. URL: www.consilium.europa.eu/de/council-eu/voting-system/qualified-majority/ [24.06.2018].

10 Vgl. URL: www.consilium.europa.eu/de/council-eu/voting-system/voting-calculator/ [24.06.2018]. Das Stimmgewicht der EU-Mitgliedstaaten wird jedes Jahr neu festgelegt und entspricht der demographischen Entwicklung der EU-Mitgliedsländer.

11 Die Verfassung wurde am 23. Juli 2008 modifiziert. Davon ausgenommen sind Gesetzesvorlagen, Vorschläge und Projekte, die die Gemeinsame Außen- und Sicherheitspolitik betreffen und die vom Außenministerium verhandelt werden.

12 Das SGAE ist seit dem Dekret 2005-1283 vom 17. Oktober 2005 Nachfolger des *Secrétariat général du Comité interministériel pour les questions de coopération économique européenne* (SGCI). Ursprünglich wurde das SGCI im Juni 1948 gegründet, um die Stellungnahmen der französischen Delegation im Rahmen des Marshall-Plans zu koordinieren.

13 In 90 Prozent der Fälle schlichtet das SGAE die Streitfälle. Bei den verbleibenden zehn Prozent, in denen keine administrative Lösung möglich ist, übermittelt das SGAE das Dossier dem Kabinett des Premierministers, wo dann eine politische Lösung gesucht wird (Lequesne 1993: 114–115; Lanceron 2008: 415).
14 Vgl. URL: www.tagesschau.de/wirtschaft/eu-reformpaket-103.html [24.06.2018].
15 Vgl. URL: www.tagesschau.de/inland/merkel-macron-167.html [24.06.2018].

Literatur

Bossuat, Gérard (1996): L'Europe des Français 1943–1959. La IVe République aux sources de l'Europe communautaire. Paris.

Chaigneau, Clémentine/Seidendorf, Stefan (2012a): Die deutsch-französischen Beziehungen vor und nach 1945: Ähnliche Problemkonstellationen, unterschiedliche Entwicklungen. In: Seidendorf, Stefan (Hrsg.): Deutsch-Französische Beziehungen als Modellbaukasten? Zur Übertragbarkeit von Aussöhnung und strukturierter Zusammenarbeit. Baden-Baden, S. 25–54.

Chaigneau, Clémentine/Seidendorf, Stefan (2012b): Frankreich in der Europäischen Union. In: Kimmel, Adolf/Uterwedde, Henrik (Hrsg.): Länderbericht Frankreich. Bonn, S. 336–353.

De Marcilly, Charles (2015): L'influence par la présence dans les institutions européennes. 2014, une année de renouvellement dans la continuité pour les Français. In: Annuaire français de relations internationales. Paris, S. 335–349.

Delmas, Claude (1967): La France et l'Europe. Heule.

Giuliani, Jean-Dominique (2017): Pour quelques étoiles de plus ... Quelle politique européenne pour la France. Gambais.

Grosser, Alfred (1986): Frankreich und seine Außenpolitik 1944 bis heute. München, Wien.

Guérin-Sendelbach, Valérie/Schild, Joachim (2002): French Perceptions of Germany's Role in the EU and Europe. In: Jopp, Mathias/Schneider, Heinrich/Schmalz, Uwe (Hrsg.): Germany's European Policy: Perceptions in Key Partner Countries. Bonn, S. 33–55.

Jachtenfuchs, Markus (2002): Die Konstruktion Europas: Verfassungsideen und institutionelle Entwicklung. Baden-Baden.

Kimmel, Adolf (2010): Das deutsch-französische Paar in der erweiterten Europäischen Union. In: Albertin, Lothar (Hrsg.): Deutschland und Frankreich in der Europäischen Union: Partner auf dem Prüfstand. Tübingen, S. 148–166.

Lanceron, Virginie (2008): La France et le processus décisionnel européen. Le Secrétariat général des affaires européennes au cœur des relations Paris-Bruxelles. In: Annuaire français de relations internationales. Brüssel, S. 407–422.

Leuffen, Dirk (2007): Cohabitation und Europapolitik: Politische Entscheidungsprozesse im Mehrebenensystem. Baden-Baden.
Menon, Amand (2000): France. In: Kassim, Hussein/Peters, B. Guy/Wright, Vincent (Hrsg.): The National Co-ordination of EU Policy: The Domestic Level. Oxford, S. 79–98.
Parsons, Craig (2003): A Certain Idea of Europe. Ithaca, London.

Websites

SGAE (Secrétariat général des affaires européennes): www.sgae.gouv.fr
Ständige Vertretung Frankreichs bei der EU: https://ue.delegfrance.org

Frankreichs Weltpolitik zwischen Anspruch und Wirklichkeit

von Ronja Kempin

Konstanten französischer Sicherheits- und Außenpolitik

Mit Emmanuel Macron ist im Mai 2017 erstmals ein französischer Präsident in den Élysée-Palast eingezogen, der keinen Wehrdienst geleistet hat. Als die französischen Streitkräfte 1997 unter der Präsidentschaft von Jacques Chirac in eine Berufsarmee verwandelt wurden, war Emmanuel Macron 19 Jahre alt. Heute ist er einer der mächtigsten Männer der Welt.

Die Verfassung der V. Republik stattet den Präsidenten mit bedeutenden außen- und sicherheitspolitischen Vollmachten aus, über die kaum ein anderer Staats- und Regierungschef verfügt. So schreibt der Verfassungstext dem

Staatspräsidenten die Aufgabe zu, die nationale Unabhängigkeit und Integrität des Staatsgebietes zu wahren (Art. 5). Der Präsident der Republik ist Oberbefehlshaber der französischen Streitkräfte (Art. 15). Er führt internationale Vertragsverhandlungen und ratifiziert außen- und sicherheitspolitische Verträge (Art. 52). Ein Dekret des Ministerrates übertrug dem Staatspräsidenten am 14. Januar 1964 darüber hinaus die Verfügungsgewalt über Frankreichs Nuklearwaffen. Außen- und Verteidigungsminister sind Vertraute des Präsidenten, der sich ihre Auswahl vorbehält, wodurch die Stellung des Premierministers in diesen Politikfeldern stark eingeschränkt wird. Dieser leitet laut Verfassung (Art. 21) zwar die Politik der Nation, und er ist verantwortlich für die Landesverteidigung, in der Praxis sind die Bereiche Außen-, Sicherheits- und Verteidigungspolitik davon jedoch ausgenommen. Sie gelten als *domaine reservé* des Staatspräsidenten, der in diesem Politikfeld auch vom Parlament nicht eingeengt wird. Artikel 35 der französischen Verfassung räumt der *Assemblée nationale* zwar das Recht auf Kriegserklärung ein. Angesichts des Rückgangs zwischenstaatlicher Kriege hat dieses Recht jedoch faktisch kaum mehr Bedeutung. Entscheidungen der Exekutive, die finanzielle, politische oder physische Kosten nach sich ziehen, können die Parlamentarier nicht kontrollieren.[1] An dieser eingeschränkten Kontrolle ändert auch die Neuformulierung des Artikels 35, Absatz 3 wenig, welche den Abgeordneten seit dem Jahr 2008 das Recht gibt, über die Fortsetzung militärischer Auslandseinsätze zu befinden, die länger als vier Monate dauern. Die bisherigen Debatten über das französische Engagement etwa in Afghanistan, Libyen oder Mali waren von großer Einigkeit geprägt.

Präsident Macron – Kontinuität in der Außenpolitik?

Obgleich Emmanuel Macron, dem früheren Investmentbanker und Wirtschaftsminister, während des Präsidentschaftswahlkampfes wenig Kompetenz in außen- und sicherheitspolitischen Fragen zugesprochen wurde, sorgten seine ersten Schritte auf internationalem Parkett für Schlagzeilen. Keine zwei Wochen im Amt wurde Präsident Macron auf einer Pressekonferenz mit seinem russischen Amtskollegen Wladimir Putin gefragt, warum er die vom russischen Staat finanzierten Medien „Russia Today" und „Sputnik" im Wahlkampf benachteiligt und Mitarbeiterinnen sowie Mitarbeiter jener Medien von seinen Veranstaltungen ausgeschlossen habe. Wenig diplomatisch antwortete Macron, diese Medien hätten „Lügenpropaganda" über ihn verbreitet. Wenn Presseunternehmen verleumderische Unwahrheiten verbreiten würden, dann seien sie keine Journalisten, sondern Mittel der Einflussnahme – so Emmanuel Macron. In derart klaren Worten hat bislang kein Staatschef Kritik an der Politik Russlands geübt – während er neben Präsident Putin stand. Als der französische Präsident wenig später seinen amerikanischen Kollegen Donald Trump im Rahmen des Nato-Gipfels in Brüssel traf und ihm vor den Kameras die Hand schüttelte, ließ er diese nicht los, obwohl Trump zwei Mal versuchte, sich zu befreien. Genau diese Dominanzgeste setzt Trump bei Bildterminen mit anderen Politikern gerne ein. Macron sagte später: „Man muss zeigen, dass man keine kleinen Zugeständnisse macht, auch keine symbolischen."[2] Während des Präsidentschaftswahlkampfs hatte Macron versprochen, das Verteidigungsbudget bis zum Jahr 2025 von gegenwärtig 1,7 Prozent auf 2 Prozent des Bruttonationalproduktes zu erhöhen. Die Kosten für die Auslandseinsätze der französischen Streitkräfte wolle er als Präsident aus dem Budget ebenso auslassen, wie die Rentenzahlungen an die Militärs.[3] Ende August 2017 legte Emmanuel Macron schließlich die Leitlinien der künftigen Außenpolitik Frankreichs dar. Darin betonte er seine Entschlossenheit, „den Weg für ein Frankreich einzuschlagen, das seinen Platz unter den Nationen in Europa wieder einnimmt, das sich den Herausforderungen der heutigen Welt stellt und seinem Standpunkt deutlich Gehör verschafft". Frankreich habe die Pflicht, mit seinen Verbündeten und Partnern zu einer stabilen und gerechten kollektiven Ordnung zurückzufinden: „Dafür muss sich die Außenpolitik Frankreichs auf drei große Handlungslinien stützen: unsere Sicherheit, die mit der Stabilität in der Welt einhergeht, unsere Unabhängigkeit, die eine Umformulierung von Souveränität einschließlich der europäischen Souveränität notwendig macht, und schließlich unser Einfluss, der mit dem Schutz der gemeinsamen universellen Güter Hand in Hand geht." Künftig solle Frankreich, so Präsident Macron weiter, Lösungen und Initiativen vorbringen, wenn sich neue Krisen ankündigten. Frankreich solle es darüber hinaus möglich sein, sich sowohl auf globaler Ebene Gehör zu verschaffen als auch sich in regionale Organisationen einzuschalten, „wie wir es zum Beispiel im Sahel getan haben".[4]

Diese Aussagen legen nahe, dass der neue französische Präsident, obgleich mit dem Versprechen angetreten, sein Land radikal zu verändern und fit zu machen für die Welt des 21. Jahrhunderts, in der Außen- und Sicherheitspolitik in der Tradition seiner Vorgänger verbleiben will. Bislang zumindest lässt Präsident Macron klare Anzeichen dafür vermissen, den wachsenden Widerspruch zwischen dem Anspruch Frankreichs, Weltmacht zu sein, und der realen Bedeutung auflösen zu wollen, in der dem Land hierfür immer weniger Mittel zur Verfügung stehen.

Ziele und Instrumente der französischen Außen- und Sicherheitspolitik

Die Worte des neuen Präsidenten stehen vielmehr deutlich in der Tradition Charles de Gaulles. Auf den Begründer der V. Republik geht der Anspruch zurück, Frankreich habe außen- und sicherheitspolitisch eine unabhängige, mit besonderem Sendungsbewusstsein ausgestattete Großmacht sein.

Leitmotive der französischen Politik

Diese Überzeugung gründet einerseits auf der Symbiose von Staat und Nation, die dem Staat die Verpflichtung auferlegt, die Nation nach innen wie nach außen vor Angriffen und Spaltungen zu schützen. Andererseits resultiert sie aus der *mission civilisatrice* des Landes, seinem historischen Erbe, für die Werte Frieden und Demokratie einzustehen. Verstärkt werden diese Elemente durch die Größe des Landes, die nicht allein die Bedeutung des Handelns Frankreichs, sondern auch sein „Recht" untermauert, eigenständig aktiv zu werden. Schließlich stellt die Abgrenzung zu den USA ein bedeutendes Ziel französischer Politik dar.

Unabhängigkeit

In Frankreich bildet das Verhältnis zwischen Staat und Nation die Grundlage der Außen- und Sicherheitspolitik des Landes. Während ein Staat als politische Einheit verstanden wird, die auf der Gefolgschaft und Treue ihrer Bürger gründet, ist eine Nation eine Gemeinschaft, die sich auf Solidarität, eine gemeinsame Kultur und ein gemeinsames nationales Bewusstsein beruft. Spätestens seit der Französischen Revolution sind Staat und Nation so untrennbar miteinander verbunden, dass Frankreich seither als Idealtypus einer Staatsnation gilt, in welcher der Staat die notwendige Bedingung für den Zusammenhalt der Nation ist, während die Nation die Quelle staatlicher Legitimation darstellt.[5] Diese grundlegende Veränderung des Verhältnisses von Staat und Nation hat zur Folge, dass sich jeder Bürger Frankreichs willentlich, oder wie der Historiker Ernest Renan formulierte, durch ein „tägliches Plebiszit" zum Zusammenleben in der nationalen Gesellschaft bekennen muss.[6] Aus der Tatsache, dass eine auf individuelle Willensakte gegründete Nation eine zerbrechliche und instabile Konstruktion ist, resultiert die Abhängigkeit der Nation vom Schutz des Staates. Das individuelle Bekenntnis zur Nation muss gesichert werden. Und genau diese Aufgabe übernimmt der Staat. Er schützt die Nation nach innen vor Spaltung, nach außen vor Fremdbestimmung. Frankreichs symbiotisches Verhältnis zwischen Staat und Nation kann somit auf eine einfache Gleichung reduziert werden: Die Nation legitimiert den Staat, der Staat schützt die Nation.[7] Der Schutz der Nation und die Wahrung ihrer Unabhängigkeit können dem Staat allein mittels einer leistungsstarken und zugleich unabhängigen Außen-, und Sicherheitspolitik gelingen *(indépendance)*. Der Schutz der Nation kann nicht an Dritte delegiert werden. Zwar schließt diese Konzeption die Bildung sicherheits- und verteidigungspolitischer Bündnisse nicht aus; doch dienen solche Zusammenschlüsse Frankreich lediglich dazu, Machtgleichgewichte herzustellen und Bedrohungen auszubalancieren.

Mission Civilisatrice

Die Ablehnung von Instanzen, die Frankreich vorschreiben könnten, wie es sich auf der internationalen Bühne zu verhalten habe, ergibt sich aus einem weiteren Erbe der Französischen Revolution: Der so genannten *mission civilisatrice* Frankreichs. Die Auflehnung des Dritten Standes gegen Monarchie und Unterdrückung, die mit der Enthauptung des französischen Königs ihr symbolisches Ende fand, kulminierte in der Allgemeinen Erklärung der Menschen- und Bürgerrechte vom 26. August 1789 und in demokratischen Prinzipien. Als französische Soldaten 1792 gegen Preußen und Österreich zu Felde zogen, lautete ihr Schlachtruf: „Krieg den Palästen, Frieden den Häusern"[8]. Damit statteten sie Frankreich mit der moralischen Autorität aus, überall auf der Welt gegen Unterdrückung und Willkürherrschaft vorzugehen. Aus den Prinzipien der Französischen Revolution leitet das Land für sich die Verpflichtung ab, diese Werte weltweit durchzusetzen und über ihre Einhaltung zu wachen.

Grandeur

Das dritte handlungsleitende Merkmal französischer Außen- und Sicherheitspolitik ist die Größe *(grandeur)*. Dieses Element stammt aus dem napoleonischen Kaiserreich, genauer gesagt aus der militärischen Überlegenheit der Truppen Napoleons und der Kolonialisierung weiter Teile Asiens sowie West- und Zentralafrikas.[9] Es unterstreicht die weltpolitische Rolle des Landes, welche nach Beendigung des Zweiten Weltkrieges in die ständige Mitgliedschaft im Sicherheitsrat der Vereinten Nationen mündete. Seit Ende der 1940er Jahre verfügt Frankreich somit als eines von fünf Ländern weltweit über die Möglichkeit, Einfluss auf das Weltgeschehen zu nehmen, nicht zuletzt auch durch den Gebrauch seines Vetorechts. Ziel des Landes ist es seither, seine besondere Stellung in der internationalen Politik zur Geltung zu bringen.

Gegengewicht zu den USA

Die drei genannten Leitmotive setzten Frankreich quasi seit der Revolution von 1789 in Konkurrenz zu den USA. Die USA leiten aus ihrer Verfassung von 1776 ebenfalls den Anspruch ab, außenpolitisch zum Wohle der Menschheit handeln zu müssen. Damit stehen beide Staaten für die Überzeugung, dass die Werte, für die ihre Nation steht, universelle Werte sind. Frankreich und die USA eint die Vorstellung, dass es keinen Unterschied gibt zwischen der Verfolgung ihrer nationalen Interessen und dem Wohle der Menschheit.[10] Frankreich unterstellt den USA jedoch, nach weltweiter Hegemonie zu streben und die Welt beherrschen zu wollen.[11] Frankreich sei hingegen Partner aller Staaten und handle allein im normativen Sinne. Frankreich betreibt über weite Strecken eine Politik, die in Abgrenzung zu derjenigen der USA steht. Die politische Elite Frankreichs beharrt weiter darauf, auch gegenüber der dominierenden Weltmacht unabhängig zu sein.

Instrumente der französischen Außen- und Sicherheitspolitik

Um eine unabhängige und souveräne Außen- und Sicherheitspolitik durchführen zu können, stützt sich Frankreich nicht allein auf den Ständigen Sitz im Sicherheitsrat der Vereinten Nationen. Vielmehr stehen ihm eine Reihe weiterer wichtiger Instrumente zur Verfügung, die auf die Präsidentschaft Charles de Gaulles zurückgehen.

Aufbau einer nuklearen Streitmacht

Zu diesen Instrumenten zählt in erster Linie die Nuklearbewaffnung des Landes. Der Entschluss, eine eigenständige nukleare Streitmacht aufzubauen, war neben dem Aspekt der (sicherheits-)politischen Unabhängigkeit auch der politischen Überzeugung geschuldet, mit dieser Waffengattung die Größe und weltpolitische Bedeutung des Landes untermauern zu können. Am 13. August 1960 explodierte die erste französische Atombombe, vier Jahre später verfügte Frankreich über acht Atombomben. Durch kontinuierliche Ausgabensteigerung wurde das französische Nukleararsenal in den Folgejahren weiter ausgebaut. Im Jahr 1971 verfügte das Land über eine „nukleare Triade", die aus strategischen Land-, See- und Luftstreitkräften bestand. Nach dem Ende des Ost-West-Konflikts sank die Bedeutung der Nuklearwaffen zunächst. In mehreren Schritten passten die Staatspräsidenten François Mitterrand und Jacques Chirac Frankreichs Nukleararsenal der veränderten Bedrohungslage an. Zwischen 1991 und 1996 reduzierten sie das Nukleararsenal um nahezu 65 Prozent; die Zahl der einsatzbereiten atomaren Sprengköpfe wurde von knapp 500 auf 348 verringert.[12] Jacques Chirac ordnete schließlich an, alle landgestützten Mittelstreckenraketen aufzugeben. 1996 beendete er jedoch die Reduzierung des französischen Nukleardispositivs. Seither steht ihr Erhalt außer Frage. Etwa 20 Prozent des Verteidigungshaushalts wendet Frankreich seither für die Modernisierung seines nuklearen Waffenarsenals auf, die erst in den kommenden Jahren abgeschlossen sein wird.

Ambivalentes Verhältnis zur NATO

Frankreichs Verhältnis zur NATO war seit deren Gründung 1949 von einem hohen Maß an Ambivalenz geprägt. Den militärischen Schutz, den das Bündnis in Westeuropa gewährleistete, sah Paris als notwendiges Gegengewicht zur Sowjetunion und zum Warschauer Pakt an. Auch garantierte die Präsenz amerikanischer Truppen auf deutschem Boden die für Frankreich wichtige Einbindung des Nachbarlandes. Gleichzeitig lehnte Paris die Vorrangstellung der USA im Bündnis rigoros ab. 1958 unterbreitete General de Gaulle seinen Partnern in London und Washington den Vorschlag, zur Führung der NATO ein Dreier-Direktorium zu bilden. Die Ablehnung dieser Idee durch Großbritannien und die USA machte deutlich, dass es Frankreich nicht gelingen konnte, die Allianz in seinem Sinne zu reformieren. Am 1. Juli 1966 rief General de Gaulle daher die Vertreter Frankreichs aus den militärischen Organen der NATO zurück.

Die zwiespältige Haltung Frankreichs zur NATO bestand in den Jahrzehnten nach de Gaulle vor allem darin, dass jede Regierung zwar die wichtige kollektive Verteidigungsfunktion der Allianz betonte und darauf Wert legte, in internationalen Krisen ein verlässlicher Partner zu sein. Gleichzeitig lehnte man aber eine vollständige Rückkehr in die militärischen Kommandostrukturen des Bündnisses ab und berief sich dabei traditionsbewusst auf die Unabhängigkeit des Landes.[13] Erst Präsident Nicolas Sarkozy änderte diese Politik, als er kurz nach seiner Wahl in den Élysée-Palast im Jahr 2007 ankündigte, Frankreichs Streitkräfte wieder in die militärische Integration der Nato zurückzuführen. Dieser Schritt ist gleichwohl nicht mit einer Annäherung Frankreichs an die USA zu begründen. Vielmehr kann die Rückkehr Frankreichs in die NATO als ein wohl kalkulierter Schritt angesehen werden, der darauf zielt, die Handlungsspielräume des Landes auf internationaler Ebene zu vergrößern und den Leitmotiven der eigenen Politik auch im 21. Jahrhundert treu bleiben zu können. Sarkozy war sich darüber hinaus auch im Klaren, dass der von Frankreich bevorzugte Aufbau eines handlungsstarken „Europas der Verteidigung" *(Europe puissance)* scheitern musste, solange die EU-Partner darin den Versuch Frankreichs sahen, eine Gemeinsame Sicherheits- und Verteidigungspolitik der Union (GSVP) aufzubauen, um den Einfluss der NATO zu schmälern und die USA vom europäischen Kontinent zurückzudrängen.

Eigenständige Politik in Afrika

„Seit der fünften Republik ist das frankophone Afrika für das nationale Selbstverständnis Frankreichs und seinen Platz in der internationalen Politik kaum weniger zentral als der Besitz atomarer Waffen".[14] Die Möglichkeit, eine eigenständige Außenpolitik in Abgrenzung zu den USA, aber auch der Sowjetunion zu verfolgen, bot sich den französischen Politikern in der Afrikapolitik. Präsident Jacques Chirac brachte die Ratio dieser Politik auf den Punkt, als er sagte, Frankreichs Platz in der Welt sei ohne das frankophone Afrika nicht denkbar. Ohne Afrika würde „Frankreich zu einer drittrangigen Macht herabsinken". Afrika ist die größte zusammenhängende Einflusszone Frankreichs. Das *pré-carré africain* dient Frankreich dazu, seinem Sendungsbewusstsein Geltung verschaffen und zivilisatorische Werte wie Menschenrechte und Demokratie zu verbreiten, wenngleich dieser Anspruch in der Realität oft hinter der Unterstützung korrupter und autoritärer Potentaten zurücktritt. Diese Politik stößt in der französischen Bevölkerung zunehmend auf Kritik. Darüber hinaus gerät Frankreich in seinem Einflussgebiet unter Druck, weil mit der Volksrepublik China ein gewichtiger Konkurrent aufgetreten ist und die französischen Finanzmittel bei weitem nicht mehr ausreichen, die ehemaligen Kolonien in West- und Zentralafrika auf dem Weg zu Demokratie, Rechtsstaatlichkeit und Entwicklung zu unterstützen.[15]

Wirklichkeit der französischen Außen- und Sicherheitspolitik

Dass die geringer werdenden finanziellen Ressourcen Frankreich zunehmend daran hindern, seine außen- und sicherheitspolitischen Ziele zu erreichen, zeigte sich bereits Ende der 1990er Jahre. Präsident Chirac, der dem graduellen Machtverlust seines Landes Einhalt gebieten wollte, verfolgte „eine von de Gaulle inspirierte Außenpolitik, angepasst an die Anforderungen des XXI. Jahrhunderts."[16] Gegen internationalen Protest testete er Frankreichs Nuklearwaffen im Pazifik und propagierte eine „multipolare Welt", in welcher Europa neben den USA und China die künftigen Kraftzentren darstellen sollten. Diese politische Vision fand indes keinen Widerhall. Auch in Afrika musste Frankreich eine herbe Niederlage einstecken: Der Konflikt im westafrikanischen Staat Elfenbeinküste – früher das „Vorzeigeland" der Kooperation *„Françafrique"* –, der 2002 von einem fehlgeschlagenen Putschversuch ausgelöst worden war, hat aufgezeigt, wie wenig es das militärische Eingreifen Frankreichs vermochte, eine gerechte Vermittlung zwischen den verfeindeten Gruppen in Westafrika möglich zu machen.[17] Sein Nachfolger Nicolas Sarkozy versuchte, sich als Fürsprecher der südlichen Mittelmeerländer zu etablieren. Der Europapolitik, die durch die französische Ablehnung des Verfassungsvertrages im Jahr 2005 zum Erliegen gekommen war, wollte er neuen Schwung verleihen. Die seit 2009 beständig sinkende Wirtschaftsleistung Frankreichs veranlassten Nicolas Sarkozy jedoch insbesondere in der Sicherheits- und Verteidigungspolitik dazu, die politischen Möglichkeiten des Landes neu zu bewerten. Gewichtige Neuanschaffungen sowie Modernisierungen der militärischen Fähigkeiten, etwa den Bau eines zweiten Flugzeugträgers, musste er verschieben. Den Umfang der Streitkräfte reduzierte er drastisch – 54.000 Dienstposten sollten binnen zehn Jahren abgebaut werden. Die finanziellen Engpässe des Landes zwangen auch Nachfolger François Hollande bereits acht Wochen nach seinem Amtsantritt dazu, ein neues Verteidigungsweißbuch anzufordern. Das am 29. April 2013 veröffentliche vierte Weißbuch des Landes dient dem Ziel, Frankreich ein finanzierbares sicherheits- und verteidigungspolitisches Projekt aufzuzeigen. Während die politische Klasse nicht müde wurde zu betonen, ihr Land werde seine Stellung als Militärmacht aufrechterhalten, beklagten ranghohe Militärs, Frankreichs Streitkräfte „gehen auf dem Zahnfleisch". Daher geht das Verteidigungsweißbuch 2013 mit drastischen Einschnitten einher. Frankreich gibt seinen Anspruch auf, global einsatzfähig zu sein und verringert seine operativen Ziele. Militärmacht will es bleiben – eine europäische, die Konflikten an der Peripherie des Kontinents effektiv begegnen kann. So sehen die Planungen allein Operationen in kleinerem Umfang vor: Eine 5.000 Personen umfassende, schnell einsatzfähige Truppe wird aufgebaut, aus der kurzfristig Verbände für Operationen von bis zu sieben Tagen Dauer formiert werden können. Für längerfristige Einsätze werden 7.000 Bodentruppen mit zirka zwölf Kampfflugzeugen, einer Fregatte, einem Jagd-U-Boot sowie einem Transport- und Kommandoschiff und auch Spezialeinheiten zur Verfügung stehen. Dieses Kontingent soll auf drei Operationsfelder gleichzeitig verbracht werden können. Schließlich werden ein Heeresverband mit 15.000 Soldaten, bis zu 45 Kampfflugzeugen, einem Flugzeugträger, zwei Transport- und Kommandoschiffen sowie Spezialeinsatzkräften für größere Operationen, etwa zur Durchsetzung von Zwangsmaßnahmen, zur Verfügung stehen.[18]

An diese Begrenzungen hielt sich Präsident Hollande indes nicht lange. In Folge der terroristischen Anschläge vom

Januar 2015 ließ er die Streitkräfte im Landesinneren wie im Ausland gegen den internationalen Terrorismus kämpfen. Gegenwärtig befinden sich etwa 30.000 Soldatinnen und Soldaten im Einsatz. Das Engagement im Ausland hat den höchsten Stand der vergangenen 50 Jahre erreicht. Im Besonderen strapazieren die Einsätze in der Zentralafrikanischen Republik (bis Oktober 2016), in der Sahelzone und im Irak/Syrien die französische Armee. Bis zu 7.000 Militärangehörige sind in diesen Einsätzen aktiv. Diese intensiven Operationen, die überwiegend in schwierigen Umgebungen stattfinden, sind sowohl für das Material wie auch für die Soldatinnen und Soldaten außergewöhnlich strapaziös. Die Kosten, die Frankreich in den vergangenen Jahren für die Aufrechterhaltung seiner operativen Einsatzfähigkeit aufwenden musste, übersteigen die Planungen des militärischen Programmgesetzes 2014 bis 2019 (LPM 2014–2019) um 25 bis 30 Prozent. Hinzu kommen etwa 11.000 Soldatinnen und Soldaten, die auf Stützpunkten außerhalb Frankreichs Dienst tun. Die starke Präsenz im Ausland und die gestiegene Zahl an Auslandseinsätzen der französischen Streitkräfte führt dazu, dass die Kosten für die Auslandseinsätze die entsprechend vorgemerkten Budgetposten – diese sind auf 450 Millionen Euro festgelegt – jährlich um mehr als eine Milliarde Euro überschreiten (2016 = 1,14 Milliarden Euro). Im Landesinneren sind im Rahmen der Operation *Sentinelle* zwischen 7.000 und 10.000 Soldatinnen und Soldaten im Einsatz. Dieser Anti-Terroreinsatz verursachte 2016 die Kosten in Höhe von 171 Millionen Euro, obgleich im Haushalt des Landes lediglich 26 Millionen Euro vorgesehen waren.[19]

Die Vielzahl der Einsätze bleibt nicht ohne Folgen für die Angehörigen der Streitkräfte. Zwar wurde nach den Anschlägen der Abbau von 34.000 Planstellen im Militär gestoppt; die Mittel der Armee wurden um fünf Milliarden Euro aufgestockt. Bis diese Maßnahmen jedoch Wirkung zeigen, fehlt es dem Land an Aufklärungsfähigkeiten und Drohnen sowie an Personal. Allein in der Operation *Sentinelle* sind etwa zwei Drittel des französischen Heeres gebunden. Zwischen den Einsätzen ist es kaum mehr möglich, vorgeschriebene Trainings zu absolvieren. Mit 60 Tagen Training liegt Frankreich weiter unter der Norm der Atlantischen Allianz, die 90 Tageseinheiten vorsieht.[20]

Anpassung der Ziele oder Weigerung, die Realitäten anzuerkennen?

Dem chronisch unterfinanzierten Militär seines Landes überbrachte Präsident Macron kurz vor dem französischen Nationalfeiertag im Juli 2017 keine guten Nachrichten: Um die Maastricht-Kriterien für die öffentliche Neuverschuldung von drei Prozent des Volkseinkommens einhalten zu können, werde er die Verteidigungsausgaben noch in diesem Jahr um 850 Millionen Euro kürzen. Der noch vom Präsidenten François Hollande 2014 eingesetzte Generalstabschef Pierre de Villiers protestierte gegen diesen Beschluss. Dabei machte er geltend, dass die Armee schon seit etlichen Jahren zunehmend finanziell ausgezehrt worden sei, obwohl ihr im Kampf gegen den Terrorismus sowohl im Ausland wie auch zu Hause immer mehr Aufgaben aufgebürdet worden seien. Nach einem verbalen Schlagabtausch mit dem Präsidenten sah sich der Generalstabschef anschließend zum Rücktritt gezwungen. Die französische Verteidigungsministerin Florence Parly erklärte Anfang September 2017, diese Kürzung der Militärausgaben sei nur vorübergehender Natur. Schon 2018 würden die Ausgaben von 32,7 auf 34,2 Milliarden Euro erhöht.

Dass auch Präsident Macron nicht gewillt ist, die Streitkräfte des Landes zu schonen, zeigte sich Mitte April 2018, als Frankreich gemeinsam mit den USA und Großbritannien militärische Ziele in Syrien bombardierte, um Baschar al-Assads Einsatz von Giftgas gegen die eigene Bevölkerung zu sühnen. Wie wichtig auch dem neuen Präsidenten die militärische Handlungsfähigkeit seines Landes ist, hatte sich schon Ende September gezeigt. In seiner Rede zur Zukunft der Europäischen Union stellte Emmanuel Macron eine „Europäische Interventions-Initiative (EII)" vor. In ihr sollten sich diejenigen Staaten Europas zusammenschließen, die zu einem verstärkten militärischen Engagement in Krisen und Konflikten bereit sind. Damit erkennt Frankreich einerseits an, dass es künftig stärker auf die Unterstützung von Verbündeten angewiesen sein wird, wenn es seinem Status als Großmacht gerecht werden will. Zum anderen verdeutlicht diese Initiative aber auch, dass Paris flexibler geworden ist hinsichtlich des Rahmens, in dem es in der Sicherheits- und Verteidigungspolitik agiert. Die alte Frontstellung gegen die USA und die Nato scheint ebenso passé wie das Festhalten an einem „Europa der Verteidigung" als Gegenmodell zur Nato. Ungeachtet dieses neuen Pragmatismus scheint aber auch Präsident Macron nicht gewillt, den überfälligen Schritt zu gehen, die außen- und sicherheitspolitischen Ansprüche des Landes an sein wahres militärisches Handlungsvermögen anzupassen. Frankreich für das 21. Jahrhundert fit zu machen – in der Sicherheits- und Verteidigungspolitik scheinen Kontinuität, nicht der Mut zu obsiegen.

Anmerkungen

1 Vgl. dazu Adolf Kimmel (1997): Die institutionellen und verfassungsrechtlichen Rahmenbedingungen der französischen Sicherheitspolitik. In: Maull, Hanns W./Meimeht, Michael (Hrsg.): Die verhinderte Großmacht. Frankreichs Sicherheitspolitik nach dem Ende des Ost-West-Konflikts. Opladen, S. 20–37.
2 Zitiert nach Christoph Herwartz (2017): Der Neue macht sich unbeliebt. In: Handelsblatt vom 30.05.2017. URL: http://www.handelsblatt.com/politik/international/emmanuel-macron-der-neue-macht-sich-unbeliebt/198676 28.html [11.09.2017].
3 Politique de defense, Discours d'Emmanuel Macron, 18 März 2017, Hôtel des Arts et Métiers, Paris. URL: https://en-marche.fr/article/emmanuel-macron-discours-sur-la-defense-programme-hotel-arts-et-metiers [11.09.2017].

4   Die verwendeten Zitate sowie die vollständige Rede, die Präsident Macron am 29. August 2017 anlässlich der Eröffnung der französischen Botschafterkonferenz im Élysée-Palast gehalten hat, sind in der deutschen Übersetzung nachzulesen unter: Frankreich in Deutschland. Französische Botschaft, Botschafterkonferenz: Staatspräsident Macron zu den Zielen der französischen Diplomatie URL: https://de.ambafrance.org/IMG/pdf/nacron_amb_discours.pdf?23617/649ccef539b8ffcee94e46794b14c17257500496 [11.09.2017].

5   De Gaulle brachte diese Symbiose bei der Präsentation der Verfassung der V. Republik am 04.09.1958 paradigmatisch zum Ausdruck: „Die französische Nation wird wieder erblühen oder untergehen, je nachdem ob der Staat über ausreichend Macht, Konstanz und Prestige verfügt, um sie dorthin zu führen, wo sie hingehen muss." In: Charles de Gaulle (1974): Discours et messages. Avec le renouveau 1958–1962. Paris, S. 47.

6   Renan definiert die Nation als „[…] eine große Solidargemeinschaft, getragen von dem Gefühl der Opfer, die man gebracht hat, und der Opfer, die man noch zu bringen gewillt ist. Sie setzt eine Vergangenheit voraus, aber trotzdem fasst sie sich in der Gegenwart in einem greifbaren Faktum zusammen; der Übereinkunft, dem deutlich ausgesprochenen Wunsch, das gemeinsame Leben fortzusetzen, Das Dasein einer Nation ist […] ein tägliches Plebiszit." Ernest Renan: Was ist eine Nation? Vortrag in der Sorbonne am 11.3.1882. In: Jeismann, Michael/Ritter, Henning (1993) (Hrsg.): Grenzfälle. Über neuen und alten Nationalismus. Leipzig 1993, S. 309.

7   Vgl. entsprechend Axel Sauder (1995): Souveränität und Integration. Deutsche und französische Konzeptionen europäischer Sicherheit nach dem Ende des Kalten Krieges (1990–1993). Baden-Baden, S. 316.

8   Ulla Holm (2000): France: A European Civilizational Power. In: Burgess, Peter/Tunander, Ola (Hrsg.): European Security Identities. Contested Understandings of EU and NATO. Oslo, S. 173–191, hier S. 180.

9   Philip P. Cerny (1980): The Politics of Grandeur. Ideological Aspects of de Gaulle's Foreign Policy. Cambridge, S. 5.

10 Charles G. Cogan (1994): Oldest Allies, Guarded friends. The United States and France since 1940. Westport 1994, S. II–IV.

11 Zu der historischen Ausprägung und den unterschiedlichen Facetten des französischen Anti-Amerikanismus siehe insbesondere Philippe Roger (2002): L'ennemi américain Généalogie de l'antiaméricanisme français. Paris.

12 Camille Grand (1996): Kleine Geschichte der Force de frappe. In: Blätter für deutsche und internationale Politik, Heft 4/1996, S. 474–485.

13 Frédéric Bozo (2008): Alliance Atlantique: La fin de l'exception française?, Fondation pour l'innovation politique, Document de travail, Februar 2008, S. 5 sowie Frédéric Bozo (2004): Un rendez-vous manqué? La France, les États-Unis et l'Alliance atlantique, 1990–1991. In: Relations Internationales, Heft 1/2004, S. 119–132.

14 Denis M. Tull (2005): Zeitwende in der französischen Afrikapolitik, SWP-Aktuell 44/2005, Berlin.
15 Philippe Hugon (2010): „Où en est-on de la ‚Françafrique'? In: Revue internationale et stratégique, Heft 1/2010, S. 168.
16 Laurent Lombard (2007): La politique extérieure du président Jacques Chirac dans un monde américano-centré. In: Annuaire Français des Relations Internationales, 8/2007, S. 379
17 Christian Lequesne (2007): Die Außenpolitik von Jacques Chirac oder: Frankreich ohne Überraschungen. In: DGAP Analyse Frankreich, Nr. 2, Oktober 2007, S. 12. URL: http://www.zukunftsdialog.eu/fileadmin/user_upload/Bilder/Publikationstitel/lequesne-dgapanalyse-frankreich-2-2007.pdf [11.09.2017].
18 Ministère de la Défense (2013): Livre blanc sur la Défense et la Sécurité nationale 2013. URL: www.defense.gouv.fr/actualites/memoire-et-culture/livre-blanc-2013 [11.09.2017].
19 Zu diesen Zahlen vgl. Rapport d'information n°562 (2016–2017) de MM. Jean-Pierre Raffarin et Daniel Reiner, fait au nom de la commission des affaires étrangères, de la défense et des forces armées, déposé le 24 mai 2017: „2 pour cent du PIB: les moyens de la défense nationale". URL: http://www.senat.fr/rap/r16-562/r16-562.html [11.09.2017].
20 Vgl. dazu Claire Demesmay/Ronja Kempin: Ein Land im Kampf – Frankreich und der internationale Terrorismus, SWP-Aktuell 2016/A 37, Juni 2016. URL: https://www.swp-berlin.org/publikation/ein-land-im-kampf-frankreich-und-der-terrorismus/ [11.09.2017].

Elsass-Ballade, Europa-Blues

von Jo Berlien

Kleiner Grenzverkehr

Neulich rief eine Freundin aus dem Schwäbischen an. Sie wolle uns besuchen. Ob sie für die neugeborene Tochter einen Pass brauche? Wegen der Grenzkontrollen. – Darum soll es hier gehen: Wie weit Europa weg sein kann, mitten in Europa. Es geht um den Kleinen Grenzverkehr zwischen Kehl und Straßburg, um die Sprachlosigkeit unter Deutschen und Franzosen und um das Elsass zwischen Anpassung und Auflehnung. Der Text schöpft aus persönlichem Erleben während meiner Zeit in Straßburg und aus Gesprächen mit Freunden und den Freunden von Freunden; er ist daher stellenweise subjektiv, jedoch sauber recherchiert und mit Fakten unterfüttert. Klischees sollten möglichst unterlaufen und dechiffriert werden, was aber nicht leicht ist. Der Alltag im Elsass, zwischen Elsässern, Franzosen und Deutschen, ist überladen mit Klischees, Vorurteilen und Witzen übereinander.

PS: Einen Pass braucht niemand an der Grenze zu Straßburg. Die Gendarmerie winkt die üblichen Verdächtigen raus: junge, vollbärtige Männer nordafrikanischer Herkunft.

Stau

Bei Rheinkilometer 293 verbindet die Europabrücke Straßburg und Kehl. 40.000 Fahrzeuge rollen Tag für Tag über die *Pont de l'europe*. Mein blauer Citroen-Kastenwagen ist einer davon. Täglich einmal hin, einmal zurück. Links die französisch-deutsche Kinderkrippe, ein Prestigeprojekt des *Eurodistrict*, rechts die Fußgängerbrücke *Passerelle des Deux Rives*, die nach Helmut Kohl benannt werden soll. Straßburgs Stadtrat war im Juli 2017 sofort für die Umbenennung. Die Kehler, obschon von einem sizilianisch-stämmigen CDU-Mann regiert, zierten sich: Bloß nichts überstürzen! Sofort interpretiert man auch dies als Beleg für die unterschiedlichen Mentalitäten: Hier die euphorischen Franzosen, spontan bereit zu einer großzügigen Geste, da die nüchternen Deutschen, die erst einmal diskutieren, überlegen und dann in aller Ruhe abstimmen müssen, schließlich weist diese Entscheidung unabsehbar weit in die Zukunft hinein.

An derlei Symbolpolitik sind die Menschen nicht interessiert. Es gab und gibt immer noch zu viel davon. Europa als Symbol ist zu wenig. Europa muss endlich Alltag werden. Alltag sind die Staus auf der Europabrücke, weil die französische Polizei seit dem Terror von Paris stichprobenartig kontrolliert. Bon, dann kontrolliert halt! Blöd, dass durch den Kontrollposten die vier Fahrspuren auf zwei verengt werden. Staus gibt es also auch dann, wenn der Posten nicht besetzt ist. Voila, ein Stau, der keinem nützt – und wahrscheinlich sitzen im Wagen vor mir die Terroristen und gehen der Gendarmerie gerade jetzt durch die Lappen.

Elsass-Ballade, Europa-Blues

Befindlichkeiten

Straßburg, Strasbourg, Schdroosburi, damit fängt es an. Französisch ist *à Strasbourg* erste Fremdsprache. Inoffiziell zwar und wehe, ein Franzose liest das! *Schdroosburi* ist Elsässisch und der Slogan „Mir rede Elsässisch" eine politische Willenserklärung. Aber Vorsicht: Deutscher Paternalismus und deutsche Hegemonie sind unerwünscht. Der Wahlspruch der Autonomisten lautet: *Allemande ne daigne, Francaise ne puis, Alsacienne suis – Deutsche sein will ich nicht, Französin sein kann ich nicht, Elsässerin bin ich.*

Es wäre eine grobe Missachtung, eine Betrachtung des Lebens in Straßburg auf Befindlichkeiten zwischen Franzosen und Deutschen reduzieren zu wollen. Das Elsass und seine Bevölkerung hat unsere Sympathie verdient, allerdings ohne dass wir Deutsche uns zu Kumpanei verleiten ließen. So nah wir uns den Elsässern auch wähnen – sprachverwandt sind alleine die Alemannen und die Rheinfranken. Ein Preuße, ein Hannoveraner-Hochdeutscher versteht *Elsässerditsch* nit.

Hölle

Ein rechtschaffener Elsässer hat sich sein Leben lang nichts zu Schulden kommen lassen. Nach seinem Ableben findet er sich dennoch unverhofft in der Vorhölle wieder. Vor ihm sitzt ein Landsmann, er ist Sekretär der Vorhölle. Nach einigem landsmannschaftlichem Geplänkel fragt der Sekretär: „Wo wollt Ihr hin?" Sagt der Elsässer: „Sagt bloß, ich hab' die Wahl?" – „Klar", antwortet der Sekretär. „Rechts geht's in die deutsche Hölle. Morgens wirst du ausgepeitscht, zu Mittag im Kessel gekocht, abends von Pferden geviertailt. Gehst du nach links, bist du in der französischen Hölle. Dort wirst du morgens ausgepeitscht, mittags im Kessel gekocht und abends von Pferden geviertailt." Auf den Einwand, dass es ja sogar hier hüben wie drüben dasselbe sei, entgegnet der Sekretär:

„Ist es nicht! Ihr wisst doch: Bei den Franzosen fehlt mal die Peitsche, leckt der Kessel, sind die Pferde beim Teufel. Und alle paar Wochen wird gestreikt."

Kein Witz

Wussten Sie, dass den Deutschen die Japaner näher sind als die Franzosen? Dazu später mehr. Mir sind die Franzosen näher, bisweilen näher als die Deutschen. Obschon ich Deutscher bin. An den Franzosen schätze ich, was den Deutschen zumeist abgeht: lässige Eleganz, ein Gefühl für Stil, ein Sinn für Ästhetik im Alltag. Dass indes die Franzosen nicht sind wie die legeren Jungs aus der Gauloises-Kinowerbung der 1990er Jahre stellt man schnell fest, wenn man eine Weile unter ihnen lebt. Mode, Stil, Eleganz können auch Teil der Konvention sein oder zur Konvention erstarren. Französinnen haben hart gegen sich selbst zu sein, weil es die bürgerliche Gesellschaft so verlangt. Französinnen gelten als selbstbewusst, unabhängig und eigenständig. Aber die Regeln sind klar und gestrig. Wie sehr verhaftet die bourgeoise Gesellschaft im traditionellen Rollenverständnis und Familienbild ist, zeigte sich in überraschender Heftigkeit und Hässlichkeit, als das Bürgertum 2016 gegen die Homo-Ehe auf die Straße ging und Ressentiments schürte gegen Schwule und Perverse und die Totengräber des Abendlands.

Robuste Franzosen

Lebt man eine Weile im Ausland, lernt man auch das eigene Land besser kennen – und neu schätzen. Deutschland im Jahre 2017 ist Frankreich um manches voraus. Aber im Gegensatz zu vielen Deutschen verfügen Franzosen über ein robustes Selbstvertrauen und über große Reserven – Französinnen bekommen um 50 Prozent mehr Kinder. Seit mehr als 30 Jahren sterben in Deutschland mehr Menschen als geboren werden; 2016 lag das Geburtendefizit bei 190.000. Frankreich hingegen verzeichnete 2016 einen Geburtenüberschuss von 265.000. Noch 2005 prognostizierte der Essayist Yves-Marie Laulan in seinem Buch „Chronik eines angekündigten Todes" Deutschlands wirtschaftlichen, politischen und kulturellen Niedergang. Da wusste er noch nichts vom Zuzug von 1,2 Millionen Flüchtlingen in den Jahren 2015 und 2016. (Was ein jeder nun im Sinne von Monsieur Laulan oder gerne auch gegenteilig interpretieren darf.)

Vorstadttristesse

Der Alltag im Grenzland kann trist sein. Kehl gleicht einer Goldgräberstadt im Wilden Westen. Casinos, Tabakdepots, Nachtklubs. Ohne Straßburg wäre Kehl nichts. Durch Straßburg ist Kehl Vorstadt. Umschlagplatz für Lebensmittel, Drogerieartikel, Tabak, Benzin. Alles außer Käse ist billiger als drüben. Entsprechend voll und zweisprachig ausgeschildert ist das kleine Kehl. Es gibt sieben Tankstellen, vier Drogeriefilialen und sechs Supermärkte. Im Supermarkt muss man nicht reden und kein Deutsch verstehen. Im Kehler Einzelhandel arbeiten zweisprachige Elsässer. Deutsch sprechende Franzosen selten. Im Französischkurs an der Volkshochschule Kehl treffe ich auf eine Bengalin, die mit ihrem Mann ein Textilgeschäft betreibt. Weil die Franzosen weder Bengalisch, geschweige denn Deutsch sprechen, lernt sie nun halt Französisch.

Irrsinn

„Der Irrsinn ist auf beiden Seiten gut verteilt", sagt Laurent Knepfler, 66. Als Oberstudienrat unterrichtete er 20 Jahre lang am Institut für Technologie der Universität Straßburg. Neulich traf er auf Schülerinnen und Schüler aus Karlsruhe. Sie fragten nach dem Weg. Kein einziger von ihnen sprach

Französisch. Hätte noch gefehlt, dass sie ihn auf Englisch angesprochen hätten! Knepfler, passionierter Kämpfer für den Erhalt des Elsässischen, versteht den Kniefall vor dem Englischen nicht. Die Brexit-Verhandlungen würden auf Englisch geführt, obschon der Chefunterhändler Franzose sei. Die Franzosen, sagt er, sprächen den Anglizismus „Burger King" brav Englisch aus, mit stimmhaftem „g" im „Bur-g-er". „Aber meine Tante, die den Elsässischen Namen Bürger trägt, muss sich gefallen lassen, dass man sie frankonisiert und als Madame *Buer-sch-er* anspricht."

Je n'ai pas compris

Erste Szene: Kehl, Innenstadt, auf den Stufen einer Praxis für Krankengymnastik. Der deutsche Physiotherapeut radebrecht mit einem Patienten, einem Franzosen. Zu verstehen ist er kaum. Der Physiotherapeut spricht sehr schlecht Englisch. Der Franzose versteht kein Deutsch, der Deutsche spricht kein Französisch. Schulterzuckend gehen die beiden auseinander. *Zweite Szene:* Auf dem Kniebis, mitten im Schwarzwald, auf 900 Metern, bietet der Gleitschirmverein Oppenau Tandemflüge an. Ein Franzose aus Zentralfrankreich ist zufällig hier gestrandet, er will nicht fliegen, er wäre schon froh, wenn er mit seinem Wagen weiterkäme. Ein Vereinsmitglied, sehr zuvorkommend, spricht in Englisch auf ihn ein. Minutenlang. Der Franzose nickt höflich. Meine Frau schaltet sich ein. „Der versteht Sie nicht." Erstaunen beim Gleitschirmflieger. Spricht er nicht astreines Englisch? Meine Frau nennt eine Werkstatt. „Dort", sagt sie, „sprechen sie sogar Französisch. Unser Citroen hat hier am Berg auch schon mal gestreikt." *Dritte Szene:* Postfiliale in Kehl. Wir sind als Stammkunden alle zwei Tage da. Die Deutsche Post ist günstiger und schneller als die französische. Auch das Personal ist sehr freundlich. Aber es gibt zwei reserviert auftretende Kollegen. Wer Französisch spricht, wird angeblafft:

„S-i-e m-ü-s-s-e-n D-E-U-T-S-C-H s-p-r-e-c-h-e-n!" Schwarzafrikaner, Araber usw. werden mit großer Herablassung behandelt. Der eine Kollege ist inzwischen nicht mehr da. Wurde er ins Landesinnere versetzt?

Deutsch ist nicht cool

Die Jugendarbeitslosigkeit beläuft sich Ende 2016 in Deutschland auf 6,5 Prozent, in Frankreich sind es 26,2 Prozent. Junge Elsässer finden keinen Ausbildungsplatz, Handwerk und Industrie in der Ortenau keine Auszubildenden. Wirtschaftsverbände initiieren mit hohem Aufwand grenzüberschreitende Projekte, Messen, Jobbörsen. „Aber dazu müssten die Schüler Deutsch können", klagt Oberstudienrat a. D., Laurent Knepfler. „Aber Deutsch ist nicht cool. Lieber belegen sie in der Schule Spanisch. Auf dem Dorf sehe ich kaum noch Kinder. Und wenn sie draußen spielen, reden sie Französisch." Nur noch zwei bis drei Prozent der elsässischen Kinder sprechen Deutsch. Die Privatinitiative „Eltern Alsace" in Colmar wirbt tapfer für die Förderung einer bilingualen Erziehung. Die Not ist groß, man müht sich redlich.

Typisch Franzosen!

Aber im September 2016, auf der *Foire Européenne*, Straßburgs alljährlicher Europamesse, verhängt die Gewerbeaufsicht 2.500 Euro Bußgeld gegen deutschen Aussteller und droht mit der Schließung von Ständen. Der Vorwurf: Verwendung deutschsprachiger Werbeflyer. Ein Hersteller von Gartenscheren aus dem 20 Kilometer rechts des Rheins gelegenen Appenweier ist fassungslos. In 25 Jahren sei so etwas nicht vorgekommen! Das Zentrum für Europäischen Verbraucherschutz in Kehl wird eingeschaltet, eine Sprecherin bezeichnet den Vorfall als lächerlich. Bewirken kann sie nichts. Der Aussteller handelt das Bußgeld auf 800 Euro herunter und bezahlt. Die Gewerbeaufsicht beruft sich auf ein *Décret*, wonach Werbung ausschließlich auf Französisch verbreitet werden darf. Und tatsächlich, sie hat Recht: Der konservative Kulturminister Jaques Toubon setzte 1994 ein Gesetz *(Loi Toubon)* durch, das heute etwa noch den Gebrauch englischsprachiger Slogans ohne französische Übersetzung unter Strafe stellt. Lächerlich? Nein, sehr Französisch!

Protektionismus

Manch ein Deutscher mag denken: Ja, von den Franzosen kann man lernen! Ist es nicht skandalös, mit welcher Gleichgültigkeit wir die Verhunzung des Deutschen hinnehmen? Und wird es nicht Zeit, dass Deutsch in Brüssel dritte Amtssprache wird? – Aber da sind wir wieder bei Symbolpolitik. Bedeutender sind die vielen alltäglichen Erlasse, mit denen die Bürokratie den Alltag erschwert. Als wir hier eingezogen sind, holten wir einen Elektriker aus Kehl. Warum musste es ein deutscher Handwerker sein? Gleich beim Einzug war die Wasserspülung in der Toilette kaputt gegangen. Der französische Flaschner ließ uns zwei Wochen lang hängen und rief zwischendurch kein einziges Mal an – es war ihm zu teuer, die ausländische Mobiltelefonnummer anzurufen. Seit Oktober 2016 muss der Elektriker aus Kehl seinen Auftrag im Internet anmelden. Kostet 300 Euro. Jede Fahrt über den Rhein kostet ihn pro Mann 30 Euro. Den Wust an Online-Formularen muss er auf Französisch ausfüllen. Oder in Englisch. „Ich bitte um Verständnis", sagt mein Elektriker, „Kleinaufträge nehmen wir seither nicht mehr an." Die Regelung soll das französische Handwerk vor Lohndrückerei schützen. Und die Konkurrenz aus Deutschland fernhalten. Protektionismus im Grenzgebiet.

Entfremdung und Assimilation

Es gab eine Zeit, da fragten französische Touristen, als sie ins Elsass kamen: „Kann man hier mit Franc bezahlen?" Assimilierte Elsässer gerieren sich als 150-prozentige Franzosen und negieren alles Deutsche. Andere werden Deutsche. Jean Louise Bernarding, Jahrgang 1943, hatte als 18-Jähriger seinem Schulkameraden anvertraut, er wolle sich als Besatzungssoldat für die Garnison im schwäbischen Reutlingen melden. „Darauf hat mich sein Vater hinausgeworfen." 1997 porträtierte ich Jean in der Zeitung, weil er sich einbürgern ließ. 20 Jahre später traf ich ihn in Rottenburg am Neckar wieder. Seit sein Bruder tot sei, sagt er, habe er keinen Kontakt mehr ins Elsass. Urlaub macht die Familie seither überall, nur in Frankreich nicht. Sein Französisch liegt brach, er sagt es ohne Bedauern.

Grand Mist

Es ist kein guter Zeitpunkt, um über elsässische Identität zu reden. 2013 ging der Versuch schief, das Oberelsass (Haut-Rhin) mit dem Unterelsass (Bas-Rhin) zusammenzulegen, um das Elsass als Einheit zu stärken. Bei der Volksabstimmung wurde das Quorum verfehlt, das Oberelsass stimmte sogar gegen die Fusion. Laurent Knepfler, Befürworter eines selbstverwalteten Landes nach Vorbild deutscher Bundesländer, kritisierte damals den in Hinterzimmern ausgehandelten Beschluss („Honoratiorengemauschel") und enthielt sich der Stimme. So kam es, wie es kommen musste: Ohne Referendum boxte Präsident Hollande Ende 2014 die große Lösung durch: die Verschmelzung mit Lothringen und Champagne-Ardenne zur Großregion *Grand Est*. Seit Anfang 2016 ist das Elsass von der Landkarte verschwunden.

Wut und Verzweiflung

„Die Korsen", sagt Knepfler, „lassen in so einem Fall das Pulver sprechen. Die Elsässer sind leider obrigkeitshörig und stur." Sie seien gegen den Paris-Zentralismus, aber ein Viertel wähle den *Front National*, eine antiregionale und zentralistische Partei. Laurent Knepfler will sein Auto bis zum Lebensende fahren. „Ein ‚Grand Est' kommt mir nicht an den Wagen."

In die Champagne, sagt mir eine Frau, komme sie nur, wenn sie mit dem Zug nach Paris fahre. Mein Freund Franz hat zwölf Jahre in Châlons-en-Champagne gelebt; als er 2001 in Straßburg ankam, begrüßte ihn eine Elsässerin auf dem Bürgermeisteramt mit dem Satz: „Ah, Sie sind aus *France extérieur*, aus dem äußeren Frankreich!"

„Unser Land", die Partei der Elsässischen Autonomisten, spricht von „kultureller Gleichschaltung" – die Besonderheit des Elsass' werde nun endgültig vom verhassten Pariser Kulturzentralismus kassiert. Vom „verzweifelten Ringen um Selbstbestimmung" ist die Rede. Die Wut ist groß. Aber wenn die Elsässer schweigend und mit Trauerflor über die Europabrücke ziehen, halten ihnen die französischsprachigen Medien Opfergebaren vor. Eine böse Spitze, die auf die Kriegszeit zielt, als aus der Sicht der Franzosen die Elsässer die ersten gewesen seien, die zu den Deutschen überliefen und sich nach 1945 als die ersten Opfer der Nazis generierten. – Ein Vorhalt, der sich leicht umkehren lässt – auch unter den Franzosen waren rückblickend alle bei der Resistance gewesen.

Laurent Knepfler sieht schwarz. Im Fernsehen, auf *France 3*, gibt es ein auf Elsässisch sendendes Nachrichtenformat. „Wenn Sie miterleben müssen, wie die Gesprächspartner sich mühen, ein paar Worte auf Elsässisch zu finden, wissen Sie: Die Sprache ist am Austrocknen." Von deutscher Orthografie hätten die wenigsten noch Ahnung. „Es wird Elsässisch mit dem französischen Schreibsystem kombiniert, das Ergebnis ist unlesbar."

Drollig

„Der botanische Garten ist für Arbeiten vom 16. August bis 29. September geschlossen. Danke für Ihre Auffassungsgabe." (Gedruckte Hinweistafel am Eingang des Botanischen Gartens der Universität Straßburg, August 2017)

Frankreich bleibt hart

Elsässisch wird auf den Dörfern gesprochen, in der Stadt nur auf dem Wochenmarkt, niemals im Universitätsbetrieb. Mein Freund Franz, der Deutschlehrer, in Basel geboren, also Nordwestschweizer und Alemanne mit inzwischen deutschem Pass, korrespondiert mit dem Kollegen Laurent Knepfler, dem Oberstudienrat, auf Französisch. Knepfler spricht akzentfreies Deutsch, er sagt: „Ich bin Elsässer mit französischem Pass."

Französisch ist Verkehrssprache. Manja ist Polin, hat in Berlin gelebt, ist mit einem Franzosen aus der Normandie verheiratet, mühelos wechselt sie zwischen Französisch und Deutsch. Ilga stammt aus Bremen, ist in Freiburg verheiratet und arbeitet am Europäischen Gerichtshof. Als Norddeutsche war sie bei ihrer Ankunft in Straßburg überrascht, wie viele hier Deutsch sprechen. Sie hat einen Französischkurs belegt; am Gericht spricht sie Englisch.

Sandy, Polizistin aus Luxemburg, spricht Luxemburgisch, also einen deutschen Dialekt mit französischen Lehnwörtern, ähnlich dem Elsässischen. Das Luxemburgische ist seit 1984 neben Französisch und Deutsch Nationalsprache und Co-Amtssprache. In Straßburg ärgert sich Sandy über die Arroganz der Französischsprachigen. Umso mehr, weil Frankreich, anders als 25 EU-Mitgliedsstaaten, keine der 70 im Land gesprochenen Minderheitensprache anerkennt. Aus

Sorge um die Einheit der Nation, lehnte der Pariser Senat zuletzt 2015 die Ratifizierung einer entsprechenden Europäischen Charta ab.

Ich spreche sehr schlecht Französisch. Anfangs bestellte ich bei den Bauern auf dem Markt auf Französisch, soweit wie ich eben kam. Derweil die Marktweiber untereinander auf Elsässisch schnatterten. Alsbald erschien es mir als absurd, Elsässer in deren ersten Fremdsprache anzureden. Ich besprach mich mit Franz. Er antwortete mit einem Bild: „Als Elsässer wirst du ständig bevormundet. Wird ein Elsässer also von einem Franzosen von der Seite angequatscht, antwortet er auf Deutsch. Kommt ein Deutscher daher und tut vertraulich, hält er ihn sich mit Französisch vom Leib."

Konkrete Poesie

Das Schönste am Elsass sind, nicht wahr, die Ortsnamen. Weil es im Elsass offiziell das Deutsche als Hochsprache nicht gibt und in der Vergangenheit nur zwischen den Jahren 1871 bis 1918 gab, schreibt man hier wie man spricht. Also staunt man etwa entlang der A35 über den verschriftlichten Dialekt auf Wegzeigern, über schönste Mundart: ungeschliffen, unverfälscht und nicht in ein hochsprachliches Raster gezwängt und so verbogen, dass der eigene Ortsname dem Mundartler gar quer in der Gosch liegt.

Goxwiller – Orschwiller – Kirrwiller – Rohrwiller – Wickerschwihr – Fortschwihr

Ist doch reinstes Elsässisch, oder? Ist es nicht ganz: *Goxwiller* schreibt sich elsässisch *Gogschwiller*. Es ist keineswegs so, dass die Elsässer je die absolute Hoheit über Schrift und Sprache gehabt hätten, immer fuhren ihnen Deutsche wie Franzosen über den Mund. Aus *Heilikriz* machten die Deutschen hochsprachlich Heiligkreuz, die Franzosen *Sainte-Croix-en-Plaine*. Das niedlich klingende *Obernai* ist Französisch verbrämt, Elsässisch heißt das Ausflugsziel am Fuße des

Elsass-Ballade, Europa-Blues

Odilienberg *(Mont Sainte-Odile)* Oberehnheim. Aus dem mundartlichen *Flagschburi* wurde in Deutsch Flexburg, in Französisch *Flexbourg*. Und in Reichenweier klang allzu sehr das frühere Reichsland an, drum wurde das französische *Riquewihr* draus.

Der Sprachen-Dreiklang ist gewachsen und mittlerweile verwachsen, mithin historisch. Aber natürlich waren auch hier einst Bosheit und der Willen zur Vorherrschaft und Unterdrückung am Werk. Nach Ende des Ersten Weltkriegs 1918 fiel Elsass-Lothringen zurück an Frankreich, als Konsequenz sollte das Elsass frankonisiert werden. Unter anderem wurden Hybriden geschaffen: *Dinsheim-sur-Bruch – Rumersheim-le-Haut – Morschwiller-le-Bas – Schaffhouse-sur-Zorn – Schweighouse-sur-Moder.*

Und für unsereins, die wir vom Englischen wie auch von Karl May, pardon: versaut und amerikanisiert sind, könnten die folgenden Käffer auch in der endlosen Einöde zwischen Idaho und Wyoming liegen: *Osthouse – Westhouse – Nordhouse – Sundhouse – Wintershouse – Kaltenhouse.* Tatsächlich ist dies jeweils die französische Version von Osthausen, Westhausen, Nordhausen ...

Konsequenz freilich ist keine Stärke der Franzosen. Und so kommt es, dass seit 100 Jahren und länger poetische, kuriose bis absurde Ortsnamenschöpfungen von einer Wucht, wie sie nur die Mundart hervorbringt, im oft so grauen Alltag eine muntere Koexistenz mit dem Amtssprachlichen führen: *Wisches – Mutzig – Kilstett – Ottrott – Boersch – Bisel – Bosselshausen – Durrenentze – Epfig – Brumath – Batzendorf – Reichshoffen – La Wantzenau – Landser – Roeschwoog – Still – Schwoben.*

Es wäre gewiss zu viel gesagt, wenn man behaupten würde, im Elsass herrsche Anarchie. Eher genießen die kernigen Elsässer eine gewisse Narrenfreiheit. Bisweilen wird die auf die Spitze getrieben, wenn vier unterschiedliche Ortschaften dem Hören nach sozusagen konjungiert werden: *Bischwiller – Bischwihr – Bischheim – Bischofsheim.*

Übrigens ist die deutsche Endung *-heim*, weil für Franzosen unübersetzbar, unverändert häufig vertreten (eine Auswahl): *Schwobsheim – Boofzheim – Blodelsheim – Pfettisheim – Beinheim – Krautergersheim – Mackenheim – Matzenheim – Ichtratzheim – Urschenheim – Hipsheim – Herrlisheim – Sausheim – Plobsheim – Duttlenheim – Duppigheim – Dingsheim – Gingsheim – Gougenheim – Drusenheim – Meistratzheim – Schwindratzheim – Quatzenheim – Soufflenheim – Souffelweyersheim – Rountzenheim*. Und Kauffenheim liegt unweit von Roppenheim, das eine hedonistische, stilbewusste oder oft auch nur geizige Einkaufsklientel (die sonst niemals einen Fuß ins Elsass setzt) ihres Modemarken-Outlets wegen kennt.

Weil aber der Schlichtheit die wahre Schönheit innewohnt, gefällt mir der folgende bieder anmutende Dreiklang nahe Straßburg am besten: *Oberhausbergen – Mittelhausbergen – Niederhausbergen*. Sehr deutsch, sehr umständlich, sehr schön!

Lechts und rinks des Rheins

Als Frankreichs Präsident Nicolas Sarkozy 2011 in einem Ort logierte, dessen Namen er nicht aussprechen konnte, sagte er ohne viel nachzudenken: „Comme je suis en Allemagne ..." – „Da ich nun in Deutschland bin ..." Dabei war er, Oh là là!, im linksrheinischen Truchtersheim im Elsass zu Gast.

Und die Japaner?

Bleibt noch die Frage, warum den Deutschen die Japaner näher sein sollen als die Franzosen. Nach der von dem US-Anthropologen Edward T. Hall 1959 aufgestellten These vom unterschiedlichen Zeitempfinden, teilt sich die Welt in Individuen, Völker und Systeme, die Zeit gegensätzlich wahrnehmen. Für die einen ist Zeit Geld; sie nutzen Zeit effizient. Sie tun eins nach dem anderen, mit hoher Konzentration. Es werden Pläne gemacht, Pünktlichkeit ist wichtig, Termine werden eingehalten. Zeit ist messbar, verläuft linear, man lebt monochron. Polychrone Kulturen hingen reden viel und gerne und gestikulierend. Entscheidend ist der Mensch, die Familie, entscheidend sind Small Talk und Multitasking. Man ist jederzeit ansprechbar. Termine, Pünktlichkeit sind nachrangig und Pläne kein Gesetz. – Allen wohlgehegten Vorurteilen nach, ordnen wir die Franzosen spontan den Polychronen zu.

Mein Freund Franz, der Deutschlehrer, sagt: „Französische Schüler achten die Autorität und stellen die Regeln in Frage. Deutsche Schüler achten die Regeln und stellen die Autorität in Frage." Franzosen setzen auf Freiheit, Kreativität und Bewegung, Deutsche auf Gleichheit, Qualität, Kontinuität. Deutsche sind Gruppenmenschen, Franzosen Individualisten. Für Franzosen sind Originalität, Herausforderung und Bewunderung wichtig. Deutsche schätzen den Nutzen, ziehen die Sicherheit vor und die Anerkennung. Franzosen kalkulieren das Unerwartete ein, Deutsche versuchen das Unerwartete zu vermeiden. Deutsche setzen auf Perfektion, Franzosen auf gutes Funktionieren.

Franz sagt: „Die Deutschen haben so lange an ihrem ICE herumgetüftelt, bis sie einen perfekten Zug beisammen hatten. Die Franzosen haben ihren TGV aufs Gleis gestellt, in andere Länder verkauft und den Zug im Laufe der Jahre perfektioniert." Ergebnis: Auf dem TGV basierende Züge verkehren heute unter anderem in den Niederlanden, Großbritannien, Südkorea, Spanien, bald auch in den USA.

Und was ist mit den Japanern? Franz sagt: „Als der japanische Uhrenhersteller Casio einmal mit einer Werbekampagne in Frankreich scheiterte, wunderte sich das Casio-Marketing: Bei den Deutschen hatte die doch auch verfangen!" Casio erkannte: Die Franzosen tickten anders, anstatt mit Präzision und Zuverlässigkeit musste man ihnen schon mit dem Versprechen von Stil und Eleganz um den Bart gehen.

Typisch Deutsch (I)

„Die Deutsche Vitalität ist zunächst organischer Natur. Der Körper ist oft groß und massig, ausdauernd und sehr belastungsfähig. Manche Deutsche können nach einem harten Arbeitstag schwer verdauliche Speisen in sich hineinschlingen, Bier, gepanschte Weine und Schnäpse durcheinandertrinken, sich erst im Morgengrauen schlafen legen und wenige Stunden später unverschämt frisch, munter und voller Energie auf der Bildfläche erscheinen." (Der Straßburger Journalist Bernard Nuss in seinem Buch „Das Faust-Syndrom – Versuch über die Mentalität der Deutschen", Bonn 1992)

Typisch Deutsch (II)

„Marine Le Pen sieht aus wie eine Walküre, seelisch und politisch gepanzert. Blond, nordisch, deutsch wie im Bilderbuch. Gar nicht Französisch. […] Sie könnte in Bayreuth auftreten. Ich denke an die Skulptur von Stephan Sinding in einem Kopenhagener Park. Eine Walküre sitzt auf dem Pferd und schwenkt den Speer Richtung Brüssel." (Der elsässische Schriftsteller Martin Graff in einem Beitrag für die Badische Zeitung vom 6. Mai 2017.)

Zwischenstaatlich

Ich bin so etwas wie ein umgekehrter Grenzgänger. Ich wohne im Ausland und arbeite im Heimatland. Ich bezahle meine Steuern an den deutschen Staat, sämtliche Arbeitgeber sind in Deutschland, ich habe einen Büroarbeitsplatz in Deutschland, bin ich krank, gehe ich auf der deutschen Seite zum Arzt. Europa ist jenseits aller feierlichen Sonntagsreden ein geschäftsmäßig sehr nüchterner Wirtschaftsraum. Unsereins ist trotz all der ungezählten EU-Richtlinien gebunden an seinen altväterlichen Nationalstaat. Es gibt keine europäische Staatsangehörigkeit. Man lebt einbeinig und zwischenstaatlich im Ausland und macht die Steuererklärung zweifach, was den Steuerberater freut. Willst du Klarheit und vollständige Freizügigkeit, musst du auswandern. Aber will ich Franzose werden, wenn sogar die Elsässer hadern? Wandere ich nach Frankreich aus, wenn ich in Straßburg wohnen will?

Politik und Pragmatismus

Ein schwäbischer Abgeordneter wird nach fünf Jahren Politik im Europäischen Parlament in Brüssel von der Stuttgarter Zeitung gefragt: „Und warum wechseln Sie jetzt nach Berlin?" Der Abgeordnete hätte sagen können: „Weil ich dort Minister werden will. In Brüssel werde ich in hundert Jahren nicht Minister!" Ein solcher Satz wäre vielleicht eine Torheit, aber auch die reine Wahrheit. Weil ein Politiker selten um eine Ausrede verlegen ist, sagt der Mann: „Europa ist meine Leidenschaft, da ist Berlin der richtige Ort."

Pathos und Visionen

Von der Politik ist also nicht viel zu erwarten. So lange dem Brüssel-Europa von den Hauptstädten aus ins Handwerk regiert wird, bleibt Europa ein Behelfskonstrukt, ein loser Verbund von Nationalstaaten. Um Europa voranzubringen, braucht es halt doch einmal im halben Jahrhundert unbeirrbare Monolithen vom Format eines Helmut Kohl, der einst François Mitterrand zum Saumagen-Essen genötigt haben soll mit dem Satz: „Wenn du das nicht isst, bekommst du das Saarland zurück. Mitsamt Lafontaine". Es braucht das oft belächelte Pathos der Regionalisten, die mit Emphase ausrufen:

„Ich bin Pfälzer und überzeugter Europäer!" Und vielleicht braucht es neben den Erasmus-Studenten all die Grenzgänger, die einfach mal so tun, als gäbe es dieses praktische, frei zugängliche Europa schon jetzt. Die in den Französisch sprechenden Teil ziehen, obschon sie schlecht Französisch sprechen, ein Bankkonto eröffnen, eine Wohnung mieten und dann mal schauen, ob sie es packen.

Nationalstaaten sind eine Erfindung des 19. Jahrhunderts. Im Europa des 21. Jahrhunderts werden sie überwunden und in einem Europa der Regionen und Metropolen aufgehen. Das ist immerhin eine Vision, für die es zu streiten und zu kämpfen lohnt. Nicht nur im Elsass.

Frankreichs Presse- und Medienlandschaft

von Nicolas Hubé

Umbrüche in der Medien- und Presselandschaft

Gegenwärtig weichen die Grenzen und Strukturen in Frankreichs Medienlandschaft immer mehr auf: Grenz- und länderübergreifende Multimediakonzerne werden gegründet, zwischen Qualitätsjournalismus und bloßer Kommunikation sowie zwischen Information und Unterhaltung gibt es keine klare Unterscheidung mehr. Die Anforderungen an die Produktion medialer Inhalte haben sich gravierend verändert, indem Verkaufserfolg und Marktgängigkeit ausschlaggebende Kriterien geworden sind. Inszenierung und Personenkult, ein beispielloser Druck durch managementorientierte Führungsetagen in den Pressehäusern, die Fokussierung auf bestimmte Zielgruppen sowie die permanente Anpassung der Presseprodukte an Erwartungen der Werbe- und Anzeigenbranche prägen den redaktionellen Alltag. Allerdings ist dies nicht nur in Frankreich der Fall (van Aelst u.a. 2017).

Ein besonderes Kennzeichen der Entwicklung in Frankreich sind die sinkenden Auflagenzahlen der Tageszeitungen und die schwindende wirtschaftliche Bedeutung der Printmedien. Hinzu kommt eine weitere Besonderheit: Der französische Medienmarkt ist hoch konzentriert und liegt in der Hand von nur wenigen Industriekonzernen. Medien sind mittlerweile ein gewichtiger Wirtschaftssektor. Nachdem die Printmedien nur noch einen Teil des gesamten Mediensystems ausmachen, bricht der letzte Rest der politischen und medienrechtlichen Regelungen aus dem Jahre 1944 weg, mit denen die Presse *gegen* kapitalistische Konzentrationsprozesse und politische Zugriffe geschützt und *unter den Schutz* des neutralen Staates, der die Unabhängigkeit der Medien garantierte, gestellt werden sollte (Chupin/Hubé/Kaciaf 2012).

Befinden sich die Printmedien in einer Krise?

Seit Ende der 1970er Jahre hat sich die Situation der Presse in zweierlei Hinsicht verändert. Einerseits geht es einem Teil der Zeitschriftenbranche in wirtschaftlicher Hinsicht relativ gut. Zwischen 1985 und 2014[1] ist die Anzahl der Magazine und Zeitschriften für die „breite Masse" von 754 auf 2.036 und die Anzahl der Technik- und Fachmagazine von 1.109 auf 1.325 gestiegen (DGMIC 2015). Dieser Aufschwung ist auf den starken Anstieg der Freizeit-, Sport- und Fernsehzeitschriften zurückzuführen. Diesem Erfolg liegt allerdings ein Wirtschaftsmodell zugrunde, das auf Strategien der Auslagerung der Produktion von Inhalten (Aufkommen von *Adverticles*[2], Aufträge an freie Journalisten etc.) beruht. Ein zweites Standbein dieses Erfolgs ist die passgenaue Konzentration auf bestimmte Zielgruppen mithilfe von Marktstudien. Im politischen Journalismus verstärkt sich die zielgruppenspezifische Ausrichtung durch eine redaktionelle Berichterstattung, die sich bewusst eine Polarisierung in der Gesellschaft zunutze macht. Das beste Beispiel dafür ist der Erfolg der neuen, äußerst rechtskonservativen Wochenzeitschrift *Valeurs actuelles*, die ihre Leserschaft jede Woche mit reißerischen Artikeln auf Seite 1 über den Islam, über Roma, das vermeintlich ausufernde Funktionärswesen, die Steuerbelastung oder die Freimaurer ködert. Bereits zehn Jahre nach ihrer Neugründung (2006) erreichte die Zeitschrift 2017 eine Auflage von über 120.000 Exemplaren pro Woche.

In deutlichem Gegensatz dazu hat sich ein – in Deutschland so gut wie unbekanntes – Phänomen namens *slow journalism*[3] herausgebildet. *Slow journalism* legt den Schwerpunkt auf eine langfristige Berichterstattung und eine umfassende Analyse von komplexen Sachverhalten (z.B. der israelisch-palästinensische Konflikt, Steueroasen etc.). Dies schlägt sich in einem höheren Preis und einem buchähnlichen Format nieder: Dazu gehören u.a. die Wochenzeitschrift *Le 1*, die Monatszeitschrift *XXI* und das halbjährlich erscheinende Magazin *6 Mois*.

Auf der anderen Seite haben die Probleme der Tagespresse im Laufe der letzten drei Jahrzehnte immens zugenommen. Im Jahr 1995 hatten Tageszeitungen eine Auflage von 2,8 Millionen. 2005 hingegen wurden 1,99 Millionen Zeitungen pro Tag verkauft und im Jahr 2016 sind es nur noch knapp 1,24 Millionen (vgl. ACPM). Heute gibt es nur noch sieben Tageszeitungen, die ihrer Leserschaft politische und tagesaktuelle Informationen bieten; eine davon ist eine täglich erscheinende Wirtschaftszeitung (im Vergleich dazu gab es im Jahr 2010 noch zehn Tageszeitungen). Seither wurde nur eine einzige politische Tageszeitung, die eine liberale Ausrichtung hat, neu gegründet: Die Tageszeitung *L'Opinion* existiert seit 2013 und hat eine Auflage von 46.000 Exemplaren. Von dem Rückgang der Printmedien ist die regionale Presse ebenfalls betroffen, deren Auflage seit 1980 von 7,5 Millionen Tageszeitungen auf vier Millionen im Jahr 2016 gesunken ist (vgl. Tabelle 1, S. 270). Diese Probleme sind nicht nur auf den Verlust von Abonnenten zurückzuführen.

Sie beruhen auch auf einem starken Rückgang der Werbeeinnahmen. Durch das Internet hat sich das Anzeigengeschäft immer mehr in Richtung elektronische Medien (s. unten) verlagert.

Die Pressehäuser haben sich in der Folge auf eine unbeständigere und im Vergleich zu früher weniger politisierte Leserschaft konzentriert. Durch die Art ihrer Berichterstattung versuchen die Redaktionen nun, sich bewusst vom politischen Tagesgeschehen zu distanzieren, in dem sie in ihrer Berichterstattung stärker zwischen „Fakten" und „Kommentaren" unterscheiden. Der investigative Journalismus hat sich in den 1990er Jahren als Antwort auf diese Krise entwickelt. Professionalität und unabhängiger Journalismus trugen zur Erhöhung der Vermarktung bei. Artikel über prominente Persönlichkeiten werden auf Kosten trockener politischer Berichte bevorzugt. Darüber hinaus haben die Tageszeitungen regelmäßig ihre Formate an die Bedürfnisse der Leserinnen und Leser angepasst und versuchen damit, ihre Leserschaft „in die Zeitung hineinzuziehen" (Hubé 2008). Das von der Boulevardpresse praktizierte marktgängige Format mit kürzeren Überschriften und auffälligeren Bilder wurde auch von den Tageszeitungen übernommen. Der Einfluss dieses absatzorientierten Denkens geht in den Redaktionen Hand in Hand mit dem Aufkommen einer neuen Führungsriege. In Chefetagen sind nicht mehr Manager aus dem Medienbereich, sondern aus gänzlich anderen Bereichen (z.B. Marketing, Finanz- und Betriebswirtschaft) gefragt. Mit den neuen Formaten ist auch die Bedeutung der Designabteilungen gewachsen. Diese Veränderungen werden in den Pressehäusern mit den gestiegenen Auflagen der Magazine begründet, die weiterhin Leserinnen, Leser und Werbeagenturen anziehen und letztlich eine Konkurrenz darstellen.

Allerdings gibt es in Frankreich keine Tageszeitung nach Art der *Bild*-Zeitung. Die Springer-Gruppe hat mehrmals ins Auge gefasst, eine *Bild France* zu gründen, musste dann jedoch feststellen, dass das Segment des Boulevards bereits von mehreren unterschiedlichen Zeitschriften besetzt ist (*Paris Match, Gala, Voici, Grazia*, etc.).

Zu diesen unterschiedlichen Magazinen kommen noch die wöchentlich erscheinenden politischen Satiremagazine *Charlie Hebdo* und *Le Canard Enchaîné* hinzu. Der *Canard* ist in Europa eine Ausnahmeerscheinung, da in diesem Magazin satirischer Humor mit seriösem investigativem Journalismus kombiniert wird. Das Magazin ist wirtschaftlich gesund und hat eine Auflage von 300.000 Exemplaren pro Woche. Es ist besonders bei Journalistinnen, Journalisten und politischen Entscheidungsträgern beliebt.

Diese Veränderungen der Presselandschaft – und damit die Art der Berichterstattung – haben die politische Szenerie und auch die politischen Akteure durch eine Vielfalt von Enthüllungen und aufgedeckten Skandalen stark beeinflusst, was besonders 2017 im Wahlkampf zutage trat. Es muss angemerkt werden, dass die französischen Journalisten mittlerweile einen starken Rechtsschutz hinsichtlich ihrer investigativen Tätigkeit genießen. Nach mehrjähriger Öffentlichkeitsarbeit haben die Berufsverbände bei den politischen Verantwortlichen eine Angleichung des französischen Rechts an die Rechtsprechung des Europäischen Gerichtshofs für Menschenrechte erreicht. Seit dem 4. Januar 2010 wird das unveräußerliche Recht auf Quellenschutz rechtlich anerkannt, was allerdings im Falle eines „zwingenden und überwiegenden öffentlichen Interesses" durch ergänzende Rechtsbestimmungen eingeschränkt werden kann. Gerade deshalb herrscht unter Journalisten weiterhin Besorgnis, weil dieser „zwingende" Fall nicht genau definiert ist. Immerhin ist Frankreich eines der wenigen Länder, das dieses Prinzip so klar erkannt hat.

Tabelle 1: Auflagen der überregionalen und der regionalen Tageszeitungen (2016)

Name der Zeitung	Art des Presseerzeugnisses	Politische Richtung	Auflage
Überregionale Presse			
Le Figaro	Allgemeine und politische Informationen	Rechts-konservativ	305.701
Le Monde	Allgemeine und politische Informationen	Mitte links	269.584
Aujourd'hui en France/ Le Parisien	Allgemeine und politische Informationen	Boulevard-presse	336.845
La Croix	Allgemeine und politische Informationen	Katholisch	91.467
Libération	Allgemeine und politische Informationen	Links	73.331
L'Opinion	Allgemeine und politische Informationen	Rechts-liberal	46.000
L'Humanité	Allgemeine und politische Informationen	Links-kommunistisch	35.835
Les Echos	Wirtschaftsinformationen	Liberal	127.389
L'Equipe	Informationen über den Sport		232.227
Zeitungen mit regionaler Auflage (die 10 wichtigsten Tageszeitungen)			
Ouest France	Regionale Informationen		678.860
Sud Ouest	Regionale Informationen		243.888
Le Dauphiné Libéré	Regionale Informationen		213.252
La Voix du Nord	Regionale Informationen		210.666
Le Télégramme	Regionale Informationen		194.734
Le Progrès – La Tribune	Regionale Informationen		185.426
La Montagne	Regionale Informationen		162.687
La Nouvelle République du Centre-Ouest	Regionale Informationen		157.192
Dernières Nouvelles d'Alsace	Regionale Informationen		144.716
La Dépêche du Midi	Regionale Informationen		142.624

Quellen: ACPM 2016; mit Ausnahme von **L'Opinion** (Auflagenhöhe lt. Redaktion).

Die Vielfalt von direkten staatlichen Fördermaßnahmen (Zuschüsse für den Transport mit der SNCF, Hilfsfonds für überregionale und regionale Tageszeitungen mit geringen Werbeeinnahmen, Beihilfen zur Modernisierung der Infrastruktur) und indirekten staatlichen Zuschüssen (geringerer Mehrwertsteuersatz, Befreiung von der Gewerbesteuer, Zuschüsse zum Postversand der Zeitungen, Steuervergünstigungen für Journalisten) ist seit 1945 eine Besonderheit des französischen Zeitungswesens. Bei diesen Subventionen darf man einen wichtigen Punkt nicht außer Acht lassen. Es handelt sich dabei um staatliche Beihilfen und nicht um Zuwendungen der jeweiligen Regierung. Da diese Zuschüsse nicht an bestimmte Kriterien und die inhaltliche Ausrichtung der Redaktionen gebunden sind, kommen sie ohne jedwede Bedingungen der gesamten Branche zugute, ganz gleich, ob die jeweilige Redaktion regierungsfreundlich oder eher regierungskritisch ist. Die Gesetzgeber der Nachkriegsjahre wollten die Redaktionen unter den Schutz des Staates stellen und vor der „Macht des Geldes", die das Zeitungswesen in den 1920er und 1930er Jahren manipuliert hatte, schützen. Diese Zuschüsse und Beihilfen tragen de facto zur verlegerischen Vielfalt bei, was kürzlich anhand einer Vergleichsstudie mit den USA deutlich wurde (vgl. Benson 2013). Auch die Abonnements staatlicher Stellen bei der *Agence France Presse* (AFP)[4] tragen zu dieser Förderung bei. Im Jahr 2016 wurden etwa 256 Millionen Euro als direkte Beihilfen gezahlt: 127,5 Millionen an die AFP und 127,8 Millionen an die Printmedien; hinzu kamen Zuschüsse in Höhe von 119 Millionen für den Postversand der Zeitungen, 165 Millionen an indirekten Beihilfen für den reduzierten Mehrwertsteuersatz (vgl. DGMIC; Haushaltsplan 2017). Insgesamt schätzt das *Syndicat de la presse indépendante d'information en ligne*, die unabhängige Pressegewerkschaft für Online-Journalismus, den Gesamtbetrag der indirekten Beihilfen für das Jahr 2015 auf 1,3 Milliarden Euro. Dies sind 19 Prozent des Gesamtumsatzes der

Branche, d. h. der französische Staat subventioniert die wirtschaftliche Entwicklung der Presselandschaft und fördert somit Meinungsvielfalt und politischen Pluralismus.

Gratiszeitungen: die Wiedergeburt der Tageszeitung?

In dieser schwierigen wirtschaftlichen Situation wurden im Frühjahr 2002 die ersten kostenlosen Tageszeitungen mit knapp gehaltenen tagesaktuellen Informationen auf den Markt gebracht (*Métro*, *Marseille Plus* und *20 Minutes*). Ihre Einführung lässt sich auf drei Überlegungen zurückführen: „Junge" Städter lasen keine Tageszeitungen mehr, d.h. mit den Gratiszeitungen sollte das junge Publikum geködert werden. Da der Vertrieb am Kiosk die Verbreitung eher bremst, wurde eine Verteilung an stark frequentierten Orten (z.B. Metrostationen) organisiert. Der Preis war fortan kein Thema mehr, denn die Gratiszeitungen finanzierten sich durch Werbeeinnahmen. Das „Produkt Gratiszeitung" basierte auf Marktstudien: Die Zeitung musste innerhalb von 20 Minuten, so die ermittelte durchschnittliche Zeitspanne für die Lektüre einer Zeitung, lesbar sein. Junge Leserinnen und Leser sprachen sich im Rahmen der Marktstudien für kurze Artikel, Zusammenfassungen, einfache Darstellungen und Illustrationen aus, die einen Eindruck von Abwechslung, Vielfalt und aufgelockertem Layout hinterlassen. Dadurch trat Frankreich in eine weltweite Entwicklung ein, von der nur noch Deutschland ausgenommen ist. Einige Medienunternehmen nahmen diese neue Konkurrenz nicht einfach hin, sondern investierten selbst in diese kostenlosen Medien. Das Gesellschaftskapital von *20 Minutes* wurde bis 2016 zu gleichen Teilen von dem norwegischen Medienkonzern Schibsted und der *Ouest-France*-Gruppe gehalten. Bevor der Fernsehsender *TF1* das Pressehaus *Métro* 2011 vollständig aufkaufte, besaß er 34 Prozent des Gesellschaftskapitals der Zeitung. Trotz der steigenden Beliebtheit der Gratiszeitungen waren auch die kostenlosen Printmedien nicht gegen die 2010 einsetzende Krise des Zeitungswesens gefeit. *Métro* wurde 2015 eingestellt. 2017 bleiben nur noch die Zeitungen *20 Minutes* und *CNewsMatin*, die jeweils eine Auflage von 900.000 Exemplaren pro Tag erreichen.

Internetrevolution und Pure Players[5]

Das Internet hat die Ökonomie und Soziologie der Medienlandschaft auf den Kopf gestellt. In Frankreich experimentieren die Zeitungsverlage seit Mitte der 1980er Jahre mittels der digitalen Technik des *Minitel* mit neuen Formen des Journalismus. Auf der Suche nach einer breiteren Streuung ihrer Ressourcen nutzten die Tageszeitungen diesen Onlinedienst, um über zahlungspflichtige Portale Informationen und Dienstleistungen zu verkaufen. Seit 1995 nutzen französische Verleger dieses Know-how im Internet aber auch, um Informationen kostenlos auf werbefinanzierten Portalen zur Verfügung zu stellen. Dadurch sollten neue Leserinnen und Leser gewonnen werden. Ab Mitte der 2000er Jahre setzten Redaktionen und Journalisten als Reaktion auf die Umbrüche im traditionellen Zeitungsmarkt, die von einer Entlassungswelle bei renommierten Tageszeitungen (*Le Monde, Libération, Marianne* etc.) begleitet wurde, auf das Internet und erstellten Informationsseiten – sogenannte *Pure Players* –, die sich durch Werbung *(Bakchich, Rue89, Slate)* oder durch Abonnements *(MediaPart, Arrêt sur images)* finanzierten. Bei diesem Format wird zweigleisig gefahren: Während brandneue Inhalte oder Informationen mit einem großen journalistischen Mehrwert nur für Abonnenten zugänglich sind, stehen weniger aktuelle Informationen und Diskussionsforen allen Besuchern offen. Im Internet konnten die Zeitungsverlage die Praxis eines investigativen Journalismus fortsetzen, was *Pure Players* einen großen journalistischen Mehrwert verschafft; dies beweist z. B. der Erfolg von *Mediapart*.

Die elektronische Mediensparte ist kapitalintensiv. Trotz ihrer Beliebtheit und trotz hoher Zugriffszahlen sind die allermeisten Internetredaktionen dieser Websites unterfinanziert. Einige von ihnen finanzieren sich über ein Dienstleistungsangebot in den Bereichen Kommunikation, Webdesign und/oder Weiterbildung. Infolge der *Etats-généraux de la presse écrite* (Generalstände der gedruckten Presse[6]) von 2008 und unterschiedlicher, in letzter Zeit durchgeführter Mobilisierungskampagnen konnten die Websites die staatlichen Maßnahmen für die Presseförderung für sich nutzen. Viele Websites wurden inzwischen von traditionellen Medienkonzernen übernommen: Dies war beispielsweise bei *Huffington Post* und *Le Monde* oder bei *Rue 89* und *Nouvel Observateur* der Fall.

Die zweite gravierende Veränderung, die das Internet mit sich bringt, ist die Verlagerung eines steigenden Anteils der Ausgaben für Werbung und Anzeigen ins Netz. Diese Entwicklung hat sich seit Mitte der 2000er Jahre erheblich verstärkt, während im gleichen Zeitraum die Werbeeinnahmen der Printmedien um 13,2 Prozent zurückgegangen sind (vgl. UDA 2015). Der Marktanteil des Internets wächst beinahe ununterbrochen weiter an und ist von 740 Millionen Euro im Jahr 2007 auf 2.488 Millionen im Jahr 2014 gestiegen. Seit 2008 übersteigt der Marktanteil der Werbung im Internet den Anteil der Radiowerbung. 2014 lag er bei fast einem Viertel (23,9 %) aller Ausgaben für Werbung, die in den Medien platziert wurde (vgl. Tabelle 2).

Tabelle 2: Entwicklung der Werbeausgaben in den französischen Medien (2007–2015)

	Werbeausgaben (in Millionen Euro)				Marktanteil in Prozent			
	2007	2008	2010	2014	2007	2008	2010	2014
Presse	4396	4247	3512	2683	36,8	35,8	31,7	25,8
Fernsehen	4306	4112	4070	3222	36	34,7	36,7	31
Radio	951	921	881	726	7,9	7,7	7,9	6,9
Internet (mit gesponserten Links)	740	1007	1134	2488	6,2	8,5	10,2	23,9
Außenwerbung	1428	1454	1358	1174	11,9	12,3	12,2	11,1
Kino	138	117	135	81	1,1	1	1,2	0,7
Gesamt	11.959	11.858	11.090	10.374				

Quellen: UDA (FrancePUB-IREP-IAB), 2008, 2009, 2011 und 2015.

Der Preis der Unentgeltlichkeit: journalistische Grenzen verschwimmen

Journalisten sind Experten für professionelle Informationsvermittlung. Durch den Strukturwandel des Mediensystems wird ihre Funktion als Produzenten kostenpflichtiger Informationen in Frage gestellt. Das Internet erschüttert die berufliche Identität der Journalisten in ihren Grundfesten: Der Status von Journalisten steht auf dem Prüfstand, beziehen sie ihre Legitimation doch dadurch, dass sie Informationen an eine breite Öffentlichkeit vermitteln. Die Auswahl der Informationen beruht zwar auf einer individuellen Gewichtung, zeichnet sich aber durch eine seriöse Recherche und sachliche Kommentierung aus. Und genau dies steht auf dem Prüfstand. Heute hat jeder die Möglichkeit, im Mediensektor tätig zu werden. Dadurch verschieben sich die Grenzen zwischen „Profis" und „Amateuren", zwischen Qualitätsjournalismus und aufgeregter Kommunikation. Manche Internetredaktionen versuchen, Kosten zu sparen, indem sie die Internetnutzer auffordern, Artikel oder Bilder (häufig ohne Bezahlung) beizusteuern. Alle *Pure Players* bieten Bereiche an, in denen Kommentare abgegeben oder persönliche Blogs geführt werden können: Dies ist bei *Médiapart* wie bei *Huffington Post* der Fall.

Aber dieser scheinbar bürgernahe Journalismus und sein aufdringliches Pendant in Gestalt der sozialen Medien bringen eine immer größer werdende Flut von Nachrichten und Kommentaren hervor, die sich an ein breites Publikum richten und die öffentliche Debatte beeinflussen. Sogenannte „alternativen Fakten", Gerüchte, Verschwörungstheorien und *Fake News* werden auf eine Stufe mit Informationen gestellt, die von professionellen Journalisten in Umlauf gebracht werden. *Réinformation*, die französische Variante des Widerstands rechter Parteien gegen die angebliche „Lügenpresse", ist von derselben Machart. Diese Entwicklung wurde stark von der Neuen Rechten und vom *Front National* ausgenutzt (und in geringerem Maße von Protestparteien der extremen Linken, wie beispielsweise von der Bewegung *Nuit Debout*), indem kritische und skeptische Äußerungen über den Klimawandel, über Gender bis hin zu mystischen und pseudoreligiösen Sichtweisen im Web in Umlauf gebracht wurden. Es handelt sich dabei um Websites wie *FDeSouche, Egalité et réconciliation, La Manif Pour Tous, Boulevard Voltaire* (Albertini/Doucet 2016). Als Reaktion auf diese Websites entwickelten die seriösen Medien den *Fakten-Check*. Sie möchten ihre Professionalität unter Beweis stellen, und zwar nicht unbedingt durch die Produktion von Informationen *ex ante*, sondern durch die nachträgliche Überprüfung von Äußerungen oder Diskussionen. Herausragendes Beispiel dafür ist zweifellos die Zeitung *Le Monde*, die im Januar 2017 ihre Suchmaschine *Decodex* online stellte, nachdem ihre *décodeurs* seit

2009 alle einzelnen Informationen auf ihren Wahrheitsgehalt überprüfen.

Allerdings stellt sich nach wie vor das Problem, welchen Status man Journalisten im Web einräumen soll. Die für die Vergabe der französischen Presseausweise zuständige Kommission liefert keine Definition, was „guter" oder „schlechter" Webjournalismus ist. Die Kommission entscheidet in Abhängigkeit von der Art des Unternehmens, das den Redakteur beschäftigt (Ist es in rechtlicher und wirtschaftlicher Hinsicht ein konventionelles Medienunternehmen oder nicht?), und in Abhängigkeit von der früheren Stellung des Journalisten. (Hatte der Webredakteur bereits einen Presseausweis, bevor er die Tätigkeit im Web aufnahm?).

Die Expansion des audiovisuellen Marktes

Die Liberalisierung des audiovisuellen Marktes Mitte der 1980er Jahre und das Aufkommen von vier privaten Fernsehsendern verschärfte den Konkurrenzkampf um Einschaltquoten. 1996 vereinigten sich *TF1* und *M6*, um die Gruppe *TPS* zu lancieren; gleichzeitig brachte der PAY-TV-Sender *Canal+ CanalSat* auf den Markt. Der von der Wasserversorgungsgesellschaft *Compagnie Générale des Eaux* (der spätere Medienkonzern *Vivendi*) aufgekaufte *Canal+* erhielt eine internationale Ausrichtung: Schnell positionierte er sich als wichtigster Anbieter von Spartenkanälen. Er steht mit seinem Bestand an Produktionen an zweiter Stelle und ist zusammen mit einem weiteren Unternehmen Weltmarktführer im Bereich der Zugangstechnologien und Interaktivität. 2001 wurde *Canal+* größter Pay-TV-Anbieter in Europa. 2005 kaufte *Canal+ TPS* und gründete den neuen *CanalSat*. Im Juli 2008 führte der Telefon- und Internetanbieter *Orange* seinerseits eine Gruppe von Satellitenprogrammen ein, indem er sich ein bereits von *Canal+* angewandtes Erfolgsrezept zu eigen machte: Er kontrollierte gleichzeitig Kabel und Inhalte, d. h. Übertragung und Programme, indem er die Übertragungsrechte für Sportveranstaltungen erwarb und Filmproduktionen finanzierte.

Gleichzeitig verloren die Privatsender mit Vollprogramm ihre Vorrangstellung bei den Zuschauern und Werbeagenturen, denn eine neue Technologie war auf dem Vormarsch: das Fernsehen (TNT). Bis zu seiner Einführung im Jahr 2005 hatte mehr als die Hälfte aller französischen Haushalte nur Zugang zu sechs terrestrischen Programmen. Zwölf neue kostenlose Programme wurden nun angeboten, und es folgten weitere: der öffentliche Kanal für die französischen Überseegebiete *France Ô* im Jahr 2010, sechs neue Kanäle im Jahr 2012 und zwei weitere Sender im Jahr 2016, sodass die Gesamtzahl der in allen Haushalten kostenlos zur Verfügung stehenden Programme innerhalb nur eines Jahrzehnts von sechs auf 27 anstieg. Die alten Sender mit Vollprogramm waren die „Hauptopfer" dieser Veränderungen: 2016 lag ihre Einschaltquote nur noch bei 60,5 Prozent, im Vergleich zu 76,7 Prozent im Jahr 2008 (Médiamétrie 2008, 2017). Diese rückläufige Entwicklung war mit Blick auf den ersten Privatsender *TF1* besonders ausgeprägt. Die Vorrangstellung des Senders, der bis 1994 über 40 Prozent der Einschaltquoten für sich beanspruchen konnte, schwand allmählich dahin: Von 30,7 Prozent im Jahr 2007 sank der Marktanteil des Senders auf 20,4 Prozent im Jahr 2016 (vgl. Tabelle 3).

Tabelle 3: Einschaltquote der kostenlosen TNT-Fernsehsender (in Prozent)

	2016
TF1	20,4
France 2*	13,4
France 3*	9,1
CANAL+	1,7
France 5*	3,4
M6	10,2
ARTE	2,3
Alte Sender insgesamt	**60,5**
C8	3,4
W9	2,5
TMC	3
NT1	1,9
NRJ12	1,7
France 4*	1,9
BFM TV	2,3
iTELE/CNews	0,9
CSTAR	1,2
GULLI	1,6
France Ô*	0,8
HD1	1,8
L'EQUIPE	0,9
6TER	1,4
NUMERO 23	0,8
RMC DECOUVERTE HD 24	1,8
CHERIE 25	1,1
LCI	0,3
(FranceInfo*)	(0,5)
Sonstige Sender: Spartenkanäle, lokale und ausländische Sender	10

* Öffentlich-rechtliche Kanäle; *FranceInfo* wurde im September 2016 gegründet und wird bei den jährlichen Erhebungen von *Médiamétrie* nicht berücksichtigt. Laut demselben Institut hatte der Sender im Mai 2017 eine Einschaltquote von 0,5 % Prozent.
Quellen: Médiamétrie 2017.

Die im Februar 2009 von der französischen Nationalversammlung verabschiedete Reform des öffentlich-rechtlichen Fernsehens ist in diesen Kontext einzuordnen. Für das öffentlich-rechtliche Fernsehen war diese Reform paradox: Sie läutete eine Rückkehr zur Situation vor 1974 ein, als der Staat das französische Fernsehen weitgehend kontrollierte. Die Gruppe *France Télévision* ist in einer einzelnen Sendeanstalt vereint, die Leiter der Sender werden nach Stellungnahme des *Conseil Supérieur de l'Audiovisuel* (CSA) – der französischen Regulierungsbehörde – vom Präsidenten der Republik ernannt. 2013 wurde als Reaktion auf den Protest gegen die absolutistisch anmutende Befugnis von Nicolas Sarkozy, die Leiter der Sender zu ernennen, ein Gesetz erlassen, gemäß dem der *CSA* die Leiter der öffentlich-rechtlichen Sender nun wieder alleine ernennen darf. Die Weigerung der Politik, die Gebühren zu erhöhen – 139 Euro pro Jahr und pro Haushalt im Vergleich zu 175 Euro in Großbritannien und 215 Euro in Deutschland im Jahr 2016 – und die daraus resultierenden Einkommenseinbußen des öffentlich-rechtlichen Fernsehens wurden zum Teil durch höhere Steuern auf die Werbeeinnahmen von privaten Medienunternehmen und durch eine Steuer für Webseitenbetreiber ausgeglichen.

De facto verstärkte sich die Zweiteilung der Rundfunk- und Fernsehbranche: Angesichts eines öffentlich-rechtlichen Sektors, der aufgrund des digitalen terrestrischen Fernsehens viele Sender anbieten konnte (*France 2, 3, 4, 5* und *Ô* sowie *FranceInfoTV*) und eine Einschaltquote von fast 30 Prozent hatte, blieben die privaten Sender zunächst von der Konkurrenz durch die ausgestrahlte Werbung bei *France Télévision* verschont. Diese Reform hatte jedoch Auswirkungen, die von den privaten Anbietern nicht vorhergesehen wurden: Da keine Werbung ausgestrahlt wurde, konnten die öffentlich-rechtlichen Sender früher mit ihrem Abendprogramm beginnen, was die kommerziellen Sender ebenfalls zu einer Änderung der Sendezeiten zwang. Die Prime-Time, die seit Jahrzehnten zur gleichen Zeit begonnen hatte, wurde auf diese Weise revolutioniert. Die Entwicklung des terrestrischen digitalen Fernsehens (TNT) zog außerdem die Entstehung von Informationskanälen nach sich, die durchgehend auf Sendung sind *(BFM TV, LCI, iTélé/CNews, FranceInfo)* und die Berichterstattung über die Politik nun entscheidend beeinflussen. Charakteristisch für diese Art der Berichterstattung in Echtzeit ist die Jagd nach Schlagzeilen, eine gewisse Oberflächlichkeit, die mediale Inszenierung von Politik und die Ausstrahlung von Top-News – selbst auf die Gefahr hin, dass man moralisch ins Schlingern gerät (insbesondere bei der Fahndung nach den Attentätern auf die Redaktion von *Charlie Hebdo* und der Geiselnahme im *HyperCash*-Supermarkt in Paris). Diese Art der Berichterstattung hat eine neue Bezeichnung hervorgebracht: *BFMisation* (vgl. Devars 2015). BFM ist der Name eines französischen Privatsenders, der mit der Nachsilbe „isierung" den Trend zur oberflächlichen Berichterstattung meint.

Die Fernsehsender mit Vollprogramm (und in Anlehnung auch die Unternehmen im Bereich der Printmedien) entschieden sich in der Folge für neue Strategien. Sie setzten mehr und mehr auf „Zusatzprodukte": auf von Werbung unabhängige Ressourcen und lukrative „interaktive" Unterhaltungsprogramme (Kochshows, Gesangswettbewerbe etc.). Außerdem beobachteten sie mit wachsendem Interesse die Möglichkeiten der nochmaligen Ausstrahlung von Fernsehsendungen im Internet und des zeitlich versetzten Konsums von Sendungen mittels *Video on demand*. Weitere Herausforderungen für die Medienunternehmen waren die Entwicklung von Begleitprodukten (CDs, Kochbücher, Kleidung), Investitionen in horizontaler Richtung im gleichen Sektor (*Radio RTL* und seine Sender *RTL2* und *Skyrock* oder *Marie-Claire* und ihre Varianten *Marie-Claire Idées*, *Marie-Claire Maisons*, *Marie-Claire Japon*, *Avantages* etc.) sowie die vertikale Konzentration, z.B. Anfang der 2000er Jahre *Vivendi*

Universal in den Branchen Plattenindustrie *(Seagram-Polygram)*, Mobiltelefon *(SFR-Neuf Telecom)*, Fernsehen *(Canal+)* oder Kino *(Universal Studios)*. So können die Telefon- und Fernsehkunden von *SFR* nun gratis auf die gedruckten Zeitungen des Konzerns zugreifen. Mit dem Aufkommen des *On-demand-TV* verschob sich der Schwerpunkt allmählich von einer Angebotsmentalität (die auf einer zentralen Programmgestaltung beruht) hin zu einer Orientierung am Bedarf (auf der Grundlage der Bereitstellung eines Programmkatalogs). Um mit diesen Entwicklungen Schritt zu halten, wandten die Medienunternehmen vielerlei Mittel an: *TF1* ist über den Kauf von Anteilen der Gesellschaft *NEWEN* zu einem der größten Produzenten von erfolgreichen Fernsehserien geworden – und diese Serien werden im öffentlich-rechtlichen Fernsehen ausgestrahlt!

Die Konzentration der Medien in der Hand von Konzernen

In den letzten Jahren fand eine grundlegende Veränderung der Besitzverhältnisse in der französischen Presse- und Medienlandschaft statt. Immer mehr Industriekonzerne dominieren in einem hoch konzentrierten Medienmarkt. Diese Entwicklung warf wichtige Fragen hinsichtlich der Pluralität eines Mediensystems auf, dessen wichtigste Investoren nun zum Teil ganz offen ihre „Nähe" zu Regierungsmitgliedern zur Schau stellten.

Diese Konzentrationsprozesse sind seit Anfang der 1980er Jahre im Gange. Sie betrafen zunächst die Zeitschriften- und Fachpresse, wo *Hachette* von der Gruppe *Matra* (Luftfahrt, Automobil und Rüstung) und *Filipacchi* übernommen wurde. *Hachette* – jetzt *Lagardère* – war der erste echte französische Multimediakonzern, denn er deckte die Bereiche Tageszeitungen, Zeitschriften, Bücher, Radio, audiovisuelle Produktion und Zeitungsvertrieb ab. Die Konzentration im Zeitschriftensektor erfolgte außerdem auf dem Wege der Internationalisierung. *Prisma*, eine Tochtergesellschaft des deutschen Bertelsmann-Konzerns (gegründet 1978), gab eine französische Version von *Geo* heraus und lancierte daraufhin *Ça m'intéresse, Prima, Femme Actuelle, Télé Loisirs* und *Voici*. In den 1990er Jahren siedelten sich britische (*EMAP* und *Reeds-Elzevier*) und niederländische Unternehmen *(Wolters Kluwer)* in diesem Sektor an. Das Unternehmen *Bouygues* (spezialisiert auf Hoch- und Tiefbau) trat in die Fußstapfen von *Matra* und stieg ebenfalls in die Medienwelt ein, indem es 1987 *TF1* kaufte, den Nachrichtensender *LCI* (1994), *Bouygues Télécom* (1996) und das Satellitennetz *TPS* (1996) gründete. Dieser Prozess beschleunigte sich ab dem Jahr 2000: Das Kapital einer Vielzahl von Medienunternehmen befand sich nun in der Hand von Konzernen, die sich ursprünglich auf die Baubranche *(Bouygues)*, Luxusgüter *(Arnault, Pinault)*, Rüstung und Luftfahrt *(Dassault, Lagardère)*, Transport, Logistik und Energie *(Bolloré)*, Bankwesen und Finanzen *(Rothschild, Crédit Mutuel, Crédit Agricole)* und Telekommunikation *(Orange, SFR, Bouygues)* spezialisiert hatten.

Aus rein wirtschaftlicher Perspektive wurde diese „Kapitalspritze" in einer unter chronischem Kapitalmangel leidenden Branche begrüßt. Aber man muss diese Konzentration der französischen Medienbranche in Händen von einem Dutzend Industriekonzernen kritisch hinterfragen, denn unzählige Medienerzeugnisse wurden im Laufe der Zeit von den Konzernen übernommen. So gab es beispielsweise mit Ausnahme von *Télégramme* und *L'Eveil de la Loire* innerhalb nur eines Jahrzehnts fast keine regionale Tageszeitung mehr, die nicht zu einem der sieben Konzerne gehörte: *EBRA Crédit Mutuel, Ouest-France, Media Sud Europe, Grand Centre, Hersant Media, Rossel* und *Amaury*. Darüber hinaus sind die Konzerne untereinander verflochten. Der Kauf eines Marktforschungsinstituts durch den Konzern *Bolloré* im Juli 2008 trug ebenfalls zu dieser Vermischung von Medien, Industrie und Politik bei.

Im Gegensatz zu den europäischen Nachbarländern, wo die wichtigsten Medienkonzerne fast ausschließlich in der Medienbranche tätig sind (Murdoch, Bertelsmann, Springer usw.), erhalten viele Eigentümer der französischen Medien Aufträge von der öffentlichen Hand (Bauindustrie, Rüstung), oder sie sind in Sektoren tätig, in denen der Staat eine Aufsichts- und Kontrollfunktion wahrnimmt (z.B. im Bereich der Telekommunikation). Da Politikerinnen und Politiker in den Medien im Allgemeinen gut dastehen möchten, könnten Unternehmenskäufe von Medienhäusern durch Konzerne der Beeinflussung bestimmter Entscheidungen staatlicher Behörden dienen. Konzerne investieren jedoch nicht ausschließlich aus wirtschaftlichen Interessen in die Medien. Sie streben auch eine Neujustierung der staatlichen Regulierung im Bereich der audiovisuellen Medien an. Um möglichst viele Vorteile zu genießen, betreiben die Konzerne aktive Lobbyarbeit zu ganz unterschiedlichen Themen: zur Organisation des Filmverleihs, zur Zuteilung von Frequenzen und Finanzierung der öffentlich-rechtlichen Rundfunk- und Fernsehanstalten sowie der Beschränkung der Werbung im Fernsehen. Des Weiteren geht es um die Genehmigung von Fusionen, die Anpassung der Kartellgesetze von 1986 und, auf europäischer Ebene, um die Neuverhandlung von Richtlinien, die das Fernsehen oder das Kino betreffen. Die gegenseitige Abhängigkeit von Medienunternehmen und öffentlicher Hand ist kein ausschließlich französisches Phänomen. Verschärft wird diese Abhängigkeit jedoch durch eine staatliche Zentralisierung, die eine eindeutige Grenzziehung zwischen politischen Eliten, Industrie, Verwaltung und Medien weiter erschwert. Außerdem schrecken Wirtschaftskonzerne auch nicht mehr davor zurück, sich auf europäischer Ebene den Entscheidungen des Staates zu widersetzen. Dies betrifft u.a. Beihilfen für Presse und Kino, Steuern für die Finanzierung des öffentlich-rechtlichen Fernsehens, Einsprüche gegen Entscheidungen, die hinsichtlich der Zuteilung von Frequenzen von der Regierung getroffen wurden.

Damit dieses Phänomen nicht zu einem einseitigen Schreckensbild gerät, sind zum Schluss noch zwei Bemerkungen angebracht: Im Moment nehmen die Konzerne trotz ihrer Nähe zur Politik noch keine direkten politischen Aufgaben wahr; ein berühmtes Gegenbeispiel war Silvio Berlusconi in Italien. Sie können die politischen Entscheidungen nicht direkt beeinflussen. Außerdem sind Redaktionen und Journalisten nach wie vor sorgsam auf ihre Neutralität und Unabhängigkeit bedacht, sodass sich krasse Fälle von (Selbst-)Zensur in Grenzen halten. Darüber hinaus werden in den Konzernen bestimmte Themen strittig diskutiert, und dies wiederum erschwert eine eindeutige Einschätzung des Einflusses auf die Medien. Oder um es noch deutlicher zu sagen: Die Wirtschaftsmagnaten selbst sind untereinander uneins, und genau dies verhindert einen allzu starken Einfluss auf Politik und Medien.

Anmerkungen

1 Diesem Beitrag liegt das Bemühen zugrunde, möglichst aktuelle Daten zur Verfügung zu stellen. Da die neuesten Daten gelegentlich von den Medienkonzernen sorgsam gehütet und nur zögerlich bekannt gegeben werden, wird an manchen Stellen auf ältere Daten zurückgegriffen.
2 *Adverticles* sind Werbeanzeigen in redaktioneller Aufmachung, die den Eindruck eines redaktionell seriösen Beitrags erwecken sollen. *Adverticle* leitet sich von den beiden Worten *Advertisement* und *Article* ab.
3 Anstatt „Echtzeit-Journalismus" setzt *slow journalism* auf sorgfältige und gediegene Recherche, die Wert auf die Einordnung und Gewichtung von Ereignissen legt.
4 *Agence France Presse* (AFP) ist die älteste internationale Nachrichtenagentur und weltweit als drittgrößte Nachrichtenagentur tätig. AFP hat neben der Zentrale in Paris in 150 Ländern Büros und Mitarbeiterinnen bzw. Mitarbeiter.
5 *Pure Players* sind Handelsunternehmen, die ihre Produkte, Service- und Dienstleistungen ausschließlich im Internet anbieten.

6   *Etats généraux de la presse écrite* ist ein 2008 von der französischen Regierung auf den Weg gebrachtes Projekt zur Unterstützung der französischen Zeitungsbranche.

Literatur

Albertini, Dominique/Doucet, David (2016): La Fachosphère. Comment l'extrême droite remporte la bataille d'internet. Paris.

Benson, Rodney (2013): Shaping Immigration News. A French-American Comparison. New York.

Chupin, Ivan/Hubé, Nicolas/Kaciaf, Nicolas (2012): Histoire politique et économique des médias en France. Paris.

Devars, Thierry (2015): La Politique en continu. Vers une „BFMisation" de la communication? Paris.

Hubé, Nicolas (2008): Décrocher la „Une". Le choix des titres de première page de la presse quotidienne en France et en Allemagne (1945–2005). Straßburg.

Van Aelst, Peter/Strömbäck, Jesper/Aalberg, Toril u. a. (2017): Political communication in a high-choice media environment: a challenge for democracy? In: Annals of the International Communication Association, Heft 1/2017, S. 3–27.

Internetquellen

ACPM: Alliance pour les Chiffres de la Presse et des Médias. URL: http://www.acpm.fr/ [17.09.2017].

DGMIC: Direction générale des médias et des industries culturelles, Ministère de la culture. URL: http://www.culturecommunication.gouv.fr/Thematiques/Presse [17.09.2017]

Médiametrie. URL: http://www.mediametrie.fr/ [17.09.2017].

UDA: Union des Annonceurs (Verband der Werbetreibenden). URL: http://www.uda.fr [17.09.2017].

Frankreich erzählt (sich)

von Wolfgang Asholt

Ein Land im Spiegel der Literatur

Alte Klischees werden längst nicht mehr bedient

Fast 30 Jahre nach dem Revolutionsjubiläumsjahr 1989 war Frankreich 2017 wieder das Gastland der Frankfurter Buchmesse. Damals schrieb Wilfried Wiegand in der Frankfurter Allgemeinen Zeitung vom 16.10.1989: „[…] und dann diese Franzosen, mein Gott, bei denen ist doch auch nichts mehr los mit der Literatur, aber die haben's noch nicht gemerkt". Dieses Klischee des Niedergangs und der Mittelmäßigkeit stimmte schon damals nicht und wird noch heute zuweilen bedient. Damals bot die französische Literatur zumindest partiell für solche Vorurteile Anlässe, doch eine Generation später sind sie vollkommen unberechtigt.

1989 ist der deutsche Blick auf Frankreich noch durch den *Nouveau Roman* und die *French Theory*, also den Poststrukturalismus, geprägt. Nach anfänglicher Bewunderung, wie sie in

Treffen von Autoren der *Gruppe 47* und des *Nouveau Roman* zum Ausdruck kommt, wird dessen Literatur bald für zu „theoretisch" und unlesbar gehalten, man nimmt kaum zur Kenntnis, dass Claude Simon (Nobelpreisträger des Jahres 1985) faszinierende (historische) Romane schreibt. Stattdessen werden die Poststrukturalisten, von Roland Barthes über Michel Foucault bis zu Jacques Derrida, (zu Recht) für die philosophisch-kulturelle Avantgarde gehalten, welche die Literatur ablöse, wenn nicht gar überflüssig mache. So bleibt in Deutschland weitgehend unbemerkt, dass sich seit Beginn der 1980er Jahre eine neue Literatur entwickelt, die die alten Klischees nicht mehr bedient. Das ändert sich erst mit dem Beginn der 2000er Jahre, als mit Michel Houellebecq ein Autor (auch in Deutschland) zum Bestseller wird, der allen Vorurteilen über die französische Literatur widerspricht. Und man bemerkt auch, dass Yasmina Reza nicht nur eine erfolgreiche Theater-, sondern auch eine spannende Romanautorin ist (zuletzt *Babylone*, 2016), dass Marie N'Diaye (zuletzt *La Cheffe*, 2016) Romane schreibt, die zwischen der postkolonialen Welt und Frankreich/Europa oszillieren oder Mathias Énard einen neuen Blick auf Okzident und Orient unserer Zeit wirft, von der allmählichen Entdeckung der „Frankophonie" und ihrer Autorinnen und Autoren ganz zu schweigen.

Die Wende der 1980er Jahre

Mit Beginn der 1980er Jahre ändert sich Grundlegendes in der französischen Literatur. Dem Konzept des „intransitiven" Schreibens, also der These, dass das Schreiben einen Text produziert, wie sie der *Nouveau Roman* und *Tel Quel* vertreten, wird das „transitive" Schreiben, also der Einbezug des Schriftstellers und seines Blicks auf die Welt entgegengesetzt, was zu einer neuen Weltzugewandtheit der französischen Literatur führt.

Frankreich erzählt (sich)

Es kommt also zu einer dreifachen Rückkehr *(retour)*: das Subjekt (auch jenes des Schreibens) wird rehabilitiert, die außerliterarische Realität wird als wichtige Referenz der Literatur betrachtet, und das Erzählen und die Geschichte (im doppelten Sinne) werden als zentral betrachtet. Diese Rückkehr führt jedoch nicht zum Realismus in seiner sozialen, sozialistischen oder existenzialistischen Variante: insofern bleibt das Misstrauen, die außerliterarische Realität unmittelbar literarisch erfassen zu können, wie es Nathalie Sarrautes „ère du sopupçon" proklamiert, weiter bestehen.

Die erste größere Strömung während der 1980er Jahre, der *Minimalismus*, illustriert dies deutlich. Es ist kein Zufall, dass es der Verlag der *Nouveaux Romanciers*, die *Éditions de Minuit*, ist, der diese Wende einleitet. Häufig von spielerischen Verfahren geprägt, kommt es, wie im künstlerischen Pendant, zu einem reduzierten Erzählen, zu einer an Flaubert geschulten Distanziertheit *(impassibilité)* und zu einer gedämpften Rhetorik, die scheinbar auf stilistische Brillanz verzichtet. Den Anstoß zu dieser Entwicklung hat Jean Echenoz (1947) gegeben, der mit den romanesken Formen (Abenteuerroman, Kriminalroman, Science Fiction usw.) spielt, zugleich aber einen ironisch-kritischen Blick auf die Gegenwart wirft, Romane wie *Le Méridien de Greenwich* (1979), *Je m'en vais* (1999) oder *14* (2012) bezeugen dies. Zu den Minimalisten zählt auch Jean-Philippe Toussaint (1957), der seit *La Salle de bain* (1985), *Monsieur* (1986) oder der in Berlin spielenden *La Télévision* (1997) durch seine passiven Protagonisten und eine minimale Handlung beeindruckt, zugleich aber zeigt, in welchem Ausmaß die moderne Gesellschaft die Menschen entfremdet. Patrick Deville (1957) spielt ebenfalls mit romanesken Genre-Klischees, häufig mit einem (natur-)wissenschaftlichen Hintergrund wie in *Cordon bleu* (1987) oder *Longue vue* (1988), doch mit dem Beginn der 2000er Jahre wendet er sich mit „biographischen Fiktionen" der Geschichte, häufig der Kolonialgeschichte, zu: von *Pura vida* (2004) in Mittelamerika bis zu *Peste et Choléra* (2012) in Indochina. Zu den *Minuit-Minimalismus*-Autoren werden auch Christian Oster (1949), Christian Gailly (1943–2013) oder Éric Chevillard (1964) gezählt, doch *Minuit*-Autoren wie François Bon (1953), Marie N'Diaye (1967) oder Yves Ravey (1953) verschieben die Grenzen zur sozialen und kulturellen Gegenwart. Bon zeigt dies schon mit seinem ersten Roman, der den programmatischen Titel *Sortie d'usine* (1982) trägt und Realitätsfragmente mit Monologstrukturen verbindet; N'Diaye, mit Romanen, etwa *En famille* (1991), die in einem unwirklich-phantastischen Banlieue-Universum spielen, das unheimlich und bedrohlich wirkt; Ravey, mit behavioristisch wirkenden Romanen, die mit ihrem minimalistischen Stil das immer noch Bedrohliche der Vergangenheit, etwa der Shoah in *Alerte* (1996), eindringlich evozieren.

Die *Editions de Minuit* stehen also für einen Neuanfang der französischen Literatur in den 1980er Jahren, was nicht ausschließt, dass die großen Autoren der vorhergehenden Epoche weiterhin das Bild prägen, wie die letzten drei französischen Nobelpreisträger illustrieren: Claude Simon, J.M.G. (Jean Marie Gustave) Le Clézio (2008) und Patrick Modiano (2014), die in Deutschland nicht unbekannt sind, aber nicht wirklich für die französische Literatur stehen. Dies gilt in noch höherem Maße für die großen Strömungen, die sich im Kontext des dreifachen „retour" mit dem Anstoß der 1980er Jahre herausbilden: das autobiographisch-autofiktionale Schreiben, das (erneute) Sich-Einlassen auf die Geschichte (des Jahrhunderts der Extreme) und eines Schreibens, das sich wieder auf die „Welt" (die soziale, die politische, die alltagsgeschichtliche, die kulturelle usw.) einlässt.

Frankreich erzählt (sich)

Eine neue Gattung? Das autobiographisch-autofiktionale Schreiben

Der vielleicht größte Umschwung geht mit dem autobiographischen-autofiktionalen Schreiben einher. Seit Rousseaus *Confessions* (1782/88) bilden autobiographische Texte einen Teil der französischen Literatur, doch retrospektiv, wie Chateaubriand oder Malraux illustrieren: am Anfang eines literarischen Werkes steht die Fiktion, danach blickt man auf Leben und Werk zurück. Das ändert sich in den 1970er Jahren mit Roland Barthes (*Roland Barthes par Roland Barthes*, 1970), Georges Perec (*W ou le souvenir d'enfance*, 1975) und Serge Doubrovsky (*Fils*, 1977), der den Begriff der Autofiktion „erfindet", und diese Tendenz wird mit den „Autobiographien" der *Nouveaux Romanciers*, wie Alain Robbe-Grillet (*Romanesques*, 1985–1994), Marguerite Duras (*L'Amant*, 1984) oder Nathalie Sarraute (*Enfance*, 1983) verstärkt, die zumindest teilweise die Theorie des „intransitiven" Schreibens dementieren. Ein doppelter Horizont prägt die meisten Autobiographien und Autofiktionen: die Kindheit und das Ende des Lebens. Für dieses stehen vielleicht besonders eindringlich die Texte des 1991 an Aids gestorbenen Hervé Guibert (*A l'ami qui ne m'a pas sauvé la vie*, 1990), manchmal verbinden sich im Tode eines Kindes beide Horizonte (Camille Laurens: *Philippe*, 1995; Philippe Forest: *L'enfant éternel*, 1997), und besonders zahlreich sind die Kindheitserinnerungen. Der Verlag Gallimard gibt eine Reihe „Haute Enfance" heraus, und ein großer Teil der Romane von Pierre Bergounioux (*C'était nous*, 1989) spielen in der glücklichen, aber unwiederbringlich verlorenen Kindheit der 1950er Jahre.

Eine besondere Form der Autofiktion bilden die „Récits de filiation" (Dominique Viart). Sie sind entweder ein Versuch, die eigene Autobiographie auf dem Hintergrund der Familiengeschichte zu verstehen oder es handelt sich um eine (quasi-genealogische) Suche nach Ursprüngen und Anfängen.

Das erste Modell repräsentiert Annie Ernaux (*La Place*, 1983), das zweite Pierre Michon, begonnen mit den *Vies minuscules* (1984), und in gewisser Weise verbindet Jean Rouaud mit seinem Erstlingsroman *Les Champs d'honneur*, der 1990 den Prix Goncourt erhält, beide Modelle und schreibt zugleich die Geschichte der *Grande Guerre* aus einer ungewohnten Perspektive. Pierre Michon verhilft auch der neuen Form der „Fiction biographiques" mit fiktiven Biographien von van Gogh (*Vie de Joseph Roulin*, 1988) oder *Rimbaud le fils* (1991) zum Durchbruch, die in der Tradition der klassischen Vitae steht. Zwar versichert der Autor oft die Ungewissheit der Fiktion, doch gerade indem er nicht repräsentieren will, kann er Möglichkeiten figurieren. Es ist gewiss kein Zufall, dass einige Minimalisten mit dieser Form spielen: Echenoz in *Ravel* (2005) und mit dem Emil Zatopek gewidmeten *Courir* (2008), oder Deville in einer zweiten Phase seines Werkes mit *William Walker* (2004) oder *Peste et Choléra* (2012).

Seit den 1980er Jahren sind die Autobiographie und ihre fiktionalen Formen (Autofiktion, Filiation und biographische Fiktionen) zu einem integralen Bestandteil der Literatur geworden. Nachdem die Epoche zuvor den „Tod des Autors" (Barthes und Foucault) ausgerufen hatte, erlebt unsere Zeit die Rückkehr des Subjekts, und d. h. auch des Autors. Ohne mit den autobiographisch-autofiktionalen Protagonisten eine unmittelbare Widerspiegelung der Realität zu proklamieren, verbindet diese Gattungsveränderung die Literatur enger mit den gesellschaftlichen, kulturellen und politischen Verhältnissen ihrer Zeit und wird damit auch für Leserinnen und Leser attraktiver.

Die Literatur (er)findet die Geschichte wieder

Dass sich die französische Literatur seit den 1980er Jahren (wieder) auf die Geschichte einlässt, entspricht dem Autobiographie-Trend, aber auch der (impliziten) Aufforderung, am Ende des Jahrhunderts auf dieses zurückzublicken, die durch das Jahr 1989 (200. Revolutionsjubiläum, Fall der Mauer) noch verstärkt wird. Die mit der Dialektik der Aufklärung und der in Frankreich besonders intensiven Desillusionierung gegenüber dem (sowjetischen) Kommunismus verlorenen Fortschrittsillusionen machen diesen Rückblick zu einer Notwendigkeit. Die „Wiederentdeckung" der Geschichte konfrontiert Autorinnen und Autoren vor allem mit zwei Fragen: Welche Momente und welche Krisen des 20. Jahrhundert werden als entscheidend betrachtet, und mit welchen erzählerischen Mitteln glaubt man sie literarisch behandeln zu können?

Wie schon Jean Rouauds *Les Champs d'honneur* (1990) und quasi bilanzierend Jean Echenoz *14* (2012) andeuten, bildet aus französischer Perspektive der Erste Weltkrieg den besonderen, weil *großen* Krieg *(Grande Guerre)*, dessen Folgen das Jahrhundert prägen. Schon Claude Simon kommt immer wieder auf diese Ursprungstragödie zurück (etwa *L'Acacia*, 1989), zur gleichen Zeit widmen ihr Sébastien Japrisot (*Un long dimanche de fiançailles*, 1991), Olivier Barbarant (*Douze lettres d'amour au soldat inconnu*, 1993) oder Philippe Claudel (*Les âmes grises*, 2003) beeindruckende Romane. Jean Rouaud benennt deutlich den Grund für diese „Renaissance": „Nous n'avons jamais écouté ces vieillards de vingt ans [...] la guerre de 14 est l'événement fondateur de notre époque". Es handelt sich also um eine „Wiedergutmachung" und eine Selbstvergewisserung. Mit der „Rückkehr des Autors" ist auch die Geschichte in die Literatur „zurückgekehrt", allerdings weniger als (nicht mehr mögliches) Zeugnis *(témoignage)*, sondern als Frage an die Vergangenheit und ihre Konsequenzen. In diesen Romanen geht es also um eine „Archäologie" und um eine „Genealogie", sowohl auf individueller wie auf kollektiver Ebene.

Der Zweite Weltkrieg, von dem meist als „Occupation" oder „Résistance" die Rede ist, wird seltener zum Thema der

Gegenwartsliteratur. Bei Claude Simon verweisen (seit *La route des Flandres*, 1960) beide Kriege aufeinander, doch der Krieg als solcher tritt im Allgemeinen hinter den Konsequenzen der Niederlage von 1940 zurück. Angefangen mit *La place de l'Étoile* (1960), widmet der Nobelpreisträger Patrick Modiano (1945) fast sein gesamtes Werk der Besatzungszeit, ihren Bedingungen und ihren Folgen. Häufig suchen die Protagonisten in dieser dunklen und gefährlichen Epoche von vier Jahren, die durch Judenverfolgung, Deportation und Ermordung geprägt ist, Spuren der Erinnerung angesichts eines lange Zeit praktizierten Vergessens, wobei die Suche häufig im Nebel von Vermutungen und in der Melancholie des Verlusts endet. Nach den großen und späten Verhaftungen und Prozessen, die diese Vergangenheit reaktualisieren – Klaus Barbie (1987), René Bousquet (1991), Maurice Papon (1997/98) – wird die Besatzungszeit mit ihren Verfolgungen, Kompromittierungen und Kollaborationen zum Thema zahlreicher Romane: Lydie Salvaire: *La Compagnie des spectres* (1997). François Thibaux: *Notre-Dame des Ombres* (1997), Chantal Chawaf: *Le Manteau noir* (1998) bis hin zu Alexandre Seurat: *L'administrateur provisoire* (2016). Die Literatur lässt sich also auf die Aufarbeitung einer schwierigen und schmerzhaften Vergangenheit ein, und bildet nicht nur einen wichtigen und oft Anstöße gebenden Teil der Erinnerungskultur, sondern nimmt auch die Gegenwartsprobleme auf und zu ihnen Stellung.

Besondere Bedeutung kommt dabei der Shoah-Literatur zu. Nach den großen Texten der unmittelbaren Nachkriegszeit – Robert Antelme: *L'espèce humaine* (1947), Jean Cayrol: *Lazare parmi nous* (1950) oder Robert Merle: *La mort est mon métier* (1952) – und Romanen wie *Le dernier des justes* (1959) von André Schwartz-Bart und *Le grand voyage* (1963) von Jorge Semprún – setzt eine Shoah-Literatur erst wieder nach dem Film *Shoah* (1985) von Claude Lanzmann ein. Es sind fast immer Vertreter der zweiten und dritten Generation, die versuchen, die unsagbare und ungesagte Erinnerung zum „Sprechen" zu bringen, angefangen mit dem schon erwähnten *W ou le souvenir d'enfance* (1975) von Perec. Zwischen Erinnerungsarbeit und Schuldtraumata versuchen dies Romane wie *Un cri sans voix* (1985) von Henri Raczymov, *Rue Ordener, rue Labat* (1994) von Sarah Kofmann oder *Berg et Beck* (1999) von Robert Bober. Das Modell der „Filiationsromane" führt in immer neue „Abwesenheiten", die die Einmaligkeit der *Écriture du désastre* (1980), wie Maurice Blanchot es genannt hat, beeindruckend verdeutlichen. Yannick Haenels *Jan Karski* (2009) greift mit den Mittel der Fiktion in die Geschichtsschreibung ein – und kritisiert sie.

Auf einem deutsch-französischen Hintergrund illustrieren die „autofiktionalen" Romane von Georges-Arthur Goldschmidt eine Auseinandersetzung mit der Shoah und ihren Folgen: Angefangen mit der Trilogie einer deutschen Kindheit (*Le miroir quotidien*, 1981; *Un jardin en Allemagne*, 1986; *La forêt interrompue*, 1991) und fortgesetzt mit den deutschsprachigen Erzählungen *Die Absonderung* (1991) und *Die Aussetzung* (1996). In einem ähnlichen Kontext situieren sich die Romane von Cécile Wajsbrot wie *Caspar Friedrich Strasse* (2002) oder *L'île aux musées* (2008). Wenn sich bei den autobiographischen Zeugnissen *(témoignages)* der ersten Generation die Frage noch nicht in dieser Deutlichkeit stellt: die folgenden Generationen sehen sich mit der Unverzichtbarkeit der Fiktion konfrontiert. Mit der Notwendigkeit des fiktionalen Erzählens späterer Generationen hat Semprún den Skandalerfolg von Jonathan Littell, *Les Bienveillantes* (2006) verteidigt, der in der Tradition von Robert Merles KZ-Kommandanten-Roman die „Normalität" eines prominenten Beteiligten der Vernichtungsmaschinerie schildert und dabei auf das klassische Modell der *Eumeniden* (Erinnyen) in Aischylos' *Orestie* zurückgreift – und relativiert. Der Roman von Littell verdeutlicht, dass solche Modelle und eine grenzenlose Fiktion auch Grenzen überschreiten können.

Inzwischen gibt es auch Romane, die sich mit der kolonialen Vergangenheit Frankreichs und dem Algerienkrieg auseinandersetzen (zunächst ein Theaterstück, Jean-Marie Koltès' *Le retour au désert*, 1988), doch wird dies im Sinne einer „Arbeitsteilung" weitgehend der frankophonen Literatur überlassen. Zu den Ausnahmen gehören Arno Bertinas *Le dehors ou la migration des truites* (2001), Laurent Mauvigniers *Des hommes* (2009) oder Éric Vuillards *Congo* (2012). Demgegenüber finden Repressionen, Kriege und Genozide der Gegenwart ein größeres Echo: der Jugoslawien- und der Bosnienkrieg bei Emmanuel Darley: *Un des malheurs* (2003), in Olivier Pys Stück *Requiem pour Srebrenica* (1999), bei Louise Lambrichs: *Nous ne verrons jamais Vukovar* (2005) oder bei Mathias Énard: *Zone* (2008), oder die Kriege und der Völkermord in Afrika, insbesondere in Ruanda, angefangen mit der Theaterperformance: *Rwanda 1994* (Jacques Delcuvellerie), und mit den Doku-Romanen von Jean Hatzfeld, von *Dans le nu de la vie* (2000) bis *La Stratégie des antilopes* (2007). Diese Literatur bedient sich ebenso der Fiktion (Darley, Énard) wie der Dokumentation (Py, Hatzfeld), sie reagiert aber unmittelbar auf Ereignisse der Gegenwart und will ihnen gegenüber Stellung nehmen, um nicht zu sagen: sich engagieren.

Der Zustand der Welt und der Zustand der Literatur

Die französische Literatur kennt eine lange Tradition der Auseinandersetzung mit der sozialen, politischen und kulturellen Welt, bis hin zur engagierten Literatur des Existenzialismus. Die Theorieliteratur seit dem *Nouveau Roman*, und insbesondere Gruppen wie *Tel Quel*, sind jedoch davon überzeugt, eine „poetische Revolution" (Julia Kristeva) der Sprache könne auch die Welt verändern, sei geradezu die Voraussetzung einer wirklichen Veränderung. Diese Theorieliteratur, wie es das von Jean Rouaud, Le Clézio, Amin Maalouf u.a. unterzeichnete Manifest „Pour une littérature-monde en français" (Le Monde, 18.3.2007) etwas verspätet proklamiert, ist Anfang der 1980er Jahre nicht mehr zeitgemäß: „Le monde revient. Et c'est la meilleure des nouvelles. N'aura-t-il pas été longtemps le grand absent de la littérature française?" Dies illustrieren Romane wie die im gleichen Jahr (1982) erscheinende *Sortie d'usine* (s. o.) und *L'excès l'usine* von Leslie Kaplan. Zwar praktizieren diese Romane keine „Literatur der Arbeitswelt", auch weil der Glaube abhanden gekommen ist, von der Literatur aus die Welt verändern zu können. Doch sie lassen sich in Form von Fragmenten und Momentaufnahmen auf die Fabrikrealität ein. Bon, der diese Literatur bis zur *Autobiographie des objets* (2012) fortsetzt, versucht mittels einer Stimmenpolyphonie die oft gewaltsame Intensität der gelebten Realität bestimmter sozialer Situationen zum Ausdruck zu bringen, wobei gerade die Inkohärenz vieler Diskurse der sozialen Aussichtslosigkeit in besonderem Maße Rechnung trägt und poetischen Charakter gewinnt (*C'etait toute une vie*, 1995). Das schließt nicht aus, dass die soziale und industrielle Realität direkt thematisiert wird: in Aurélie Filipettis (der späteren Kultusministerin) *Les derniers jours de la classe ouvrière* (2003), Gérard Mordillats *Les vivants et les morts* (2005) und Bons *Daewooo* (2004), geht es um Fabrik- oder Zechenschließungen im Osten Frankreichs. Doch es handelt sich weniger um eine sozio-ökonomische Kritik der Industrie- und Sozialpolitik als um Stimmen die, häufig in ihrer Sprache und in ihrem Stil das Ausmaß der menschlichen Katastrophen zum Ausdruck bringen – die Wahlen der letzten Jahre oder Didier Eribons *Retour à Reims* (2009) lassen die politischen Konsequenzen dieses sozialen Umbruchs erkennen.

Eine besondere Form, den sozio-ökonomischen Umwälzungen Rechnung zu tragen, sind die Orten und lokalen Kontexten gewidmeten Romane. François Bon zeigt mit den *Instantanés* (Momentaufnahmen) von *Paysage fer* (2000) bei der Fahrt von Paris nach Nancy, wie sich beim Blick aus dem

Fenster die Industrielandschaft verändert. Jean Rolin unternimmt in *Zones* (1995) eine Exploration der Pariser Banlieue, und Thierry Beinstingel deutet schon im Titel (*Ils désertent*, 2012) an, wie und in welchem Ausmaß ein neuer, diesmal sozialer „désert français" im Entstehen begriffen ist. Dabei wird deutlich, dass mit diesen Ortsveränderungen bis hin zu neu entstehenden „terrains vagues", auch sprachliche Transformationen verbunden sind, mit denen der Neoliberalismus die soziale Realität mittels eines „newspeak" akzeptabel erscheinen lassen will (insbesondere in Beinstingels *Retour aux mots sauvages*, 2010).

In diesem Kontext sind auch die Romane der ersten Periode von Michel Houellebecq zu sehen. Insbesondere sein vielbemerkter Erstlingsroman *Extension du domaine de la lutte* (1994) führt die Konsequenzen des Verlustes sozialer Bindungen in der postindustriellen Arbeitswelt brutal vor, und die vielkritisierte Sexualität der Romane des Autors hat ein durchaus soziales Pendant: „la sexualité est un système de hiérarchie sociale", d.h. die sexuellen reproduzieren die sozialen Unterschiede. Insofern sind seine Romane wie die *Particules élémentaires* (1998) eine „Antwort" auf die Auflösung und Zerstörung des sozialen Kontextes und auf die Debatte um einen „neuen" Realismus, für den im Gegensatz zum *Nouveau Roman* eines Robbe-Grillet die Beschreibung von Objekten nicht nur „effets de réels" (Roland Barthes) produziert, sondern menschliche Beziehungen „authentisch" (*La carte et le territoire*, 2010) widerspiegeln kann und soll.

Ein ähnlich kritisch-pessimistisches Panorama eines Frankreichs am (sozialen) Abgrund liefert die *Vernon Subutex*-Trilogie von Virginie Despentes (2015–2017), „un sacré roman sur la France contemporaine" (Le Monde). Die drei Fortsetzungsromane spielen in einem marginalen Milieu, verarbeiten zeitgenössische Ereignisse (das Attentat von Nizza, Nuits debout) und entwerfen das Bild einer Gesellschaft, die keinen Zusammenhalt mehr besitzt und von Partikularinteressen zerstört wird. Dass eine solche Romanfolge zum Bestseller werden kann, sagt Einiges über den Zustand der französischen Gesellschaft, vor allem aber über das Bild, das sich viele Franzosen von ihr machen, aus.

Eine Form und Konsequenz der literarischen Auseinandersetzung mit der sozialen Welt ist lange Zeit das Engagement. Die Theorieepoche der 1960er und 1970er Jahre bringt die Ablösung des totalen Intellektuellen à la Sartre durch den spezifischen (Foucault). Beide Formen des Engagements, vor allem aber jenes in (zumeist linken) Parteien und Organisationen erfahren seit den 1980er Jahren eine kritische Aufarbeitung, etwa bei Jean Rolin (*Organisation*, 1996) in Hinblick auf die *Gauche Prolétarienne* oder bei François Salvaing (*Parti*, 2000) in Hinblick auf die KPF. In Olivier Rolins *Tigre en papier* (2002) sind es die verlorenen Illusionen was die Gruppe angeht, der auch sein Bruder Jean angehörte, doch geht es ihm zugleich um die Motivationen, die junge Leute nach 1968 dazu brachte, in den „Untergrund" zu gehen sowie darum, was „Revolution" in der Gegenwart noch sein kann. Bei Antoine Volodine zeigt sich das Engagement in dystopischen Romanen, die in der totalitären Welt des „Post-Exotismus" spielen. In dieser Orwellschen Welt bildet die oral verbreitete Literatur ein Element des Widerstandes (*Des anges mineurs*, 1999) und ist zugleich einen Teil von ihr, in Romanen wie *Danse avec Nathan Golshem* (2012) stellt die (literarische) Erinnerung an verlorene Kämpfe eine letzte Form des Widerstandes und des Engagements dar. Deren traditionellere Form bilden zahlreiche Kriminalromane, die sich schon vor der Wende der 1980er Jahre auf die Welt und ihre Realität einlassen mussten. Das gilt für Jean-Patrick Manchette ebenso wie Frédéric H. Fajardie, insbesondere für Didier Daeninckx, der mit seinen *Meurtres pour mémoire* (1984) das Modell für einen neuen Typ von Kriminalromanen liefert, in denen der Ursprung des aktuellen Verbrechens in der Geschichte zu suchen ist, in diesem Roman in den Verbrechen und Repressionen von Maurice Papon zur Zeit der Kollaboration und des Algerienkrieges. Seitdem greift Daeninckx immer wieder Tabus der französischen Vergangenheit auf, von der *Grande Guerre* (*Le der des ders*, 1985) bis zur Résistance (*Missak*, 2009).

Eine neue sozio-kulturelle Funktion der Literatur?

Die französische Literatur lässt sich also (anders als in den 1960er und 1970er Jahren) umfassend auf das Jahrhundert der Extreme ein, wobei deutliche Schwerpunkte zu erkennen sind (*Grande Guerre*, Shoah). Dieser Blick auf das vergangene Jahrhundert ist Ausdruck einer Erfahrung, die sich von der Erfahrung Deutschlands deutlich unterscheidet. Der neue Star der französischen Historiographie, Patrick Boucheron, ist so weit gegangen, in der Literatur eine Herausforderung der Geschichtswissenschaft zu sehen: „On nomme littérature la fragilité de l'histoire" (*Le Débat*, 2011), und Ähnliches gilt für die Soziologie, die Anthropologie oder die Kulturwissenschaften. Das heißt, die Literatur ist keine Kompensationsinstanz für die Versäumnisse oder weiße Flecken anderer Wissenschaften, sondern eine Reflexionsinstanz sui generis.

Dies gilt in der Gegenwartsliteratur in besonderer Weise für die Geschichte. Die Goncourt-Preise seit 2010 illustrieren dies deutlich: von 2016 (Leïla Slimani: *Chanson douce*) abgesehen, handelt es sich ausnahmslos um Romane, die sich historischen Themen und Problemen widmen: dem Orient in Geschichte und Gegenwart bei Mathias Énard (*Boussole*, 2015), der Geschichte des Spanischen Bürgerkriegs und seiner Folgen (Lydie Salvayre: *Pas pleurer*, 2014), dem Ende der *Grande Guerre* und den Zwanziger Jahren (Pierre Lemaître: *Au revoir là-haut*, 2013), einem Korsika- und Rom-Untergangsszenario bei Jérôme Ferrari (*Le sermon sur la chute de Rome*, 2012), den französischen Kriegen des 20. Jahrhunderts (Alexis Jenni: *L'art français de la guerre*, 2011), und Michel

Houellebecq wird für einen Gegenwarts- und Zukunftsroman (*La carte et le territoire*, 2010) ausgezeichnet. Darin dokumentieren sich nicht nur Vorlieben und Verpflichtungen der Goncourt-Juroren, sondern auch die Bedürfnisse der französischen Leser und Leserinnen.

Zudem ist es kein Zufall, dass sich die interessanteste und aktivste Autorengruppe der Gegenwart den Namen *Incultes* gegeben hat, um sich von der Intellektuellenkultur abzusetzen. Ziel ist es, kulturelle Hierarchien abzubauen und die Literatur sowohl zur Populärkultur wie zur Philosophie hin zu öffnen. Die Gruppe gibt von 2004 bis 2010 eine Zeitschrift gleichen Namens und inzwischen Bücher unter ihrem Namen heraus und besteht aus mehr als zehn Autoren, darunter die inzwischen bekannten Mathias Énard (Goncourt 2015) und Maylis de Kerangal (Médicis 2010). Sie hat sich nicht nur wie jede junge Gruppe zum Ziel gesetzt, sich gegen die Schriftsteller der vorangehenden Generation durchzusetzen, sondern auch, mit der Literatur die (gesellschaftliche) Wirklichkeit in all ihren Formen aufzuspüren. Wie sich ihre Romane auf die Realität einlassen, zeigen de Kerangals *Naissance d'un pont* (2010), die Geschichte eines Brückenbaus, ebenso wie ihr Bestsellerroman einer Herztransplantation, *Réparer les vivants* (2013), oder Énards *Zone* (2010) und *Boussole* (2015). In gewisser Weise resümiert die Existenz eines solchen Kollektivs die Entwicklung der französischen Literatur seit 1980.

Angesichts dieser Entwicklung der französischen Literatur in den letzten (fast) vierzig Jahren überrascht es nicht, dass sie sich auch konkret auf die Politik einlässt. Von 2006 bis 2007 begleitet Yasmina Reza Nicolas Sarkozy während des Präsidentschaftswahlkampfs: ihre Erzählung *L'aube le soir ou la nuit* (2007) entwirft ein trotz aller Sympathien kritisches Bild des zukünftigen Präsidenten, das seine Schwächen ebenso deutlich zeigt wie die des politischen Systems und die Entwicklung der folgenden zehn Jahre verstehen lässt. Dies gilt auch für das Wahlkampfschwerpunktheft von *Inculte* (März 2007) mit dem ironischen Titel *Changer tranquillement la France de toutes nos forces, c'est possible*. Fünf Jahre später begleitet Laurent Binet den Wahlkämpfer François Hollande. Sein Doku-Roman *Rien ne se passe comme prévu* (2012) und dessen Misslingen („Un texte qui se lit sans plus de passion que d'ennui", *Télérama*) nehmen das Scheitern dieser Präsidentschaft vorweg. Der spektakulärste Präsidentschaftsroman, *Soumission*, wird 2015 von Michel Houellebecq veröffentlicht. Wegen der unmittelbar folgenden *Charlie Hebdo*-Attentate von enormer öffentlicher Aufmerksamkeit begleitet, erzählt dieser ironische Antizipationsroman die Wahl eines muslimischen Präsidenten im Jahre 2022. Mit seinem zwischen Utopie und politisch-sozialer Realität changierenden und sie karikierenden Roman gelingt es Houellebecq, den Zustand Frankreichs, seiner politischen Kultur und seiner Medien kritischer und angemessener darzustellen als es die meisten politisch-gesellschaftlichen Analysen vermögen.

„Frankreich erzählt sich" also umfassend, kritisch und vielseitig mit der Gegenwartsliteratur, und ohne die literarischen Bilder des Nachbarlandes sind Politik, Gesellschaft und Kultur unseres Nachbarlandes kaum angemessen zu verstehen. Neben kanonisierten Schriftstellern, wie Le Clézio und Modiano, gibt es eine Gruppe jünger Autoren (Énard, Houellebecq, N'Diaye, Reza), die weltweit gelesen werden und sich in unterschiedlicher und faszinierender Weise mit der französischen Gegenwart auseinandersetzen. Vor allem aber kennt die französische Literatur keine (Theorie-)Tabus mehr, sondern lässt sich auf die heutige Welt und ihre Geschichte umfassend und ihrer Komplexität Rechnung tragend ein. Es handelt sich also um eine lebendige Literatur, deren Lektüre nicht nur Anregungen und Kenntnisse, sondern auch Vergnügen verschafft.

Literatur

Asholt, Wolfgang (2014): Von der Ära Mitterand bis zur Gegenwart. In: Grimm, Jürgen/Hartwig, Susanne (Hrsg.): Französische Literaturgeschichte. 6. Auflage, Stuttgart, S. 386–417.

Ferrari, Jérôme/Ruhe, Cornelia (2017): Den gegenwärtigen Zustand der Dinge festhalten. Zeitgenössische Literatur aus Frankreich. Zusammengestellt von Jérôme Ferrari und Cornelia Ruhe. In: die horen. Zeitschrift für Literatur, Kunst und Kritik. Band 267.

Viart, Dominique (2013) (Hrsg.): Anthologie de la littérature contemporaine française. Romans et récits depuis 1980. Paris 2013.

Abstracts

Matthias Lemke: Im Krisenmodus – Eine andere Geschichte der V. Republik

Matthias Lemke skizziert die Geschichte der V. Republik entlang ihrer Krisen, die der Republik ihren besonderen Charakter verliehen haben. Bereits die Gründung der V. Republik war von der Erfahrung politischer Instabilität im Institutionengefüge der Vorgängerrepublik geprägt. Die IV. Republik zerbrach auch an ihrer Unfähigkeit, die Konflikte in den Kolonien (Indochina, Nordafrika) zu lösen. Als im Mai 1958 die IV. Republik infolge ständig wechselnder Regierungen und des Algerienkonflikts auseinanderbrach, kehrte der 1946 als Ministerpräsident zurückgetretene Charles de Gaulle erneut an die Macht zurück. Mit der Verfassung der V. Republik erhielt er jene exekutiven Vollmachten, die er zwölf Jahre zuvor gefordert hatte. Die beiden Gründungskrisen wurden von sogenannten Bestandskrisen abgelöst, die die V. Republik durchzogen und prägten: Das semipräsidentielle Regierungssystem – charakterisiert durch eine starke Exekutive und eine im Zaum gehaltene Legislative – wurde durch die Maiereignisse 1968 erstmals nachhaltig erschüttert. Ein kontinuierlich stabiler Rechtsextremismus, Kohabitations-Regierungen ab den 1980er Jahren, die Ausgrenzung sozioökonomisch marginalisierter Milieus sowie eskalierende Ungleichheitsverhältnisse sind weitere Bestandskrisen. Die jüngste Krise schließlich sind die islamistisch motivierten Attentate des Jahres 2015, die zum dauerhaften Ausnahmezustand führten.

Joachim Schild: Das politische System Frankreichs – Stabiles Regieren mit Exekutivdominanz

Das politische System der V. Republik ist durch die dominierende Rolle des Staatspräsidenten charakterisiert. Ein weiteres Kernmerkmal ist das eher schwache Parlament, das mit der Verfassung von 1958 „diszipliniert" wurde. Dies hat in der Folge die Machtposition des Präsidenten enorm gestärkt. Ohne institutionelle oder starke politische Gegengewichte ist er mit umfangreichen Rechten ausgestattet und damit zentraler Akteur im französischen Institutionengefüge. Dennoch ist er auf die Zustimmung anderer Akteure (Parlament, Premierminister) angewiesen. Seit mehr als 60 Jahren ist Frankreich durch stabiles Regieren aufgrund seiner Verfassung und verlässlicher parlamentarischer Mehrheiten geprägt. Trotz merklicher Unzufriedenheit mit der politischen Elite genießt die Demokratie als Regierungsform aufgrund ebendieser Stabilität breite Zustimmung innerhalb der französischen Bevölkerung. Nach der Erörterung der Institutionenordnung sowie zentraler Verfassungsgrundsätze, die die Befugnisse der politischen Akteure und das Zusammenspiel der Institutionen bestimmen, nimmt Joachim Schild die durch Neugründungen, Spaltungen und kurzlebige Bündnisse geprägte Parteienlandschaft Frankreichs in den Blick. Abschließend werden das französische Wahlrecht und Wahlsystem skizziert.

Christine Pütz: Frankreichs Parteiensystem im Wandel

Das Wahljahr 2017 hat erhebliche Umwälzungen in der französischen Parteienlandschaft mit sich gebracht. Der deutliche Wahlsieg Emmanuel Macrons ließ den Stimmenanteil der etablierten Parteien merklich schrumpfen. Dies erklärt sich u. a. zum einen durch eine neue Konfliktlinie in der gesellschaftspolitischen Debatte (Öffnung versus Abschottung und Re-Nationalisierung), zum anderen durch sich seit geraumer Zeit abzeichnende Entwicklungen in Frankreichs Parteiensystem. Christine Pütz nimmt in ihrem Beitrag drei Phänomene in den Blick: Sie skizziert das zersplitterte Parteiensystem und erörtert die Um- und Neustrukturierung entlang der neuen gesellschaftlichen Konfliktlinie Abschottung versus Öffnung. Abschließend beschreibt sie die auf Macron bezogene Sammlungsbewegung als Ausdruck einer Systemkrise.

Dominik Grillmayer: Die Wahlen 2017 und Macrons erstes Amtsjahr

Das Wahljahr 2017 hat in Frankreich zu einer Reihe von Überraschungen geführt. Wer hätte Anfang des Jahres gedacht, dass Emmanuel Macron als Sieger aus den Präsidentschaftswahlen hervorgeht? Und wer traute anschließend seiner Bewegung *En Marche*, die mittlerweile unter dem Namen *La République en Marche* (LaREM) firmiert, eine absolute Mehrheit in der ersten Parlamentskammer, der *Assemblée nationale*, zu? Am Ende des Wahlmarathons in vier Runden (die Präsidentschafts- und Parlamentswahlen zusammengenommen) fand sich Macron in einer komfortablen Situation wieder, die es ihm (theoretisch) ermöglicht, durchzuregieren und seine im Wahlkampf angekündigte Reformagenda Schritt für Schritt umzusetzen. Dominik Grillmayer skizziert in seiner Wahlanalyse zunächst die Ausgangslage im Vorfeld der Wahlen und konzentriert sich sodann auf diejenigen Faktoren, die für den Wahlsieg von Emmanuel Macron ausschlaggebend waren. Bereits die Bilanzierung der ersten Monate im Amt zeigt, dass angesichts der gesellschaftlichen Spaltung und Frankreichs verkrusteter Strukturen versöhnende Impulse und einschneidende Reformen notwendig sind. Wird Macron ein politischer Neuanfang, den Frankreich so dringend braucht, gelingen?

Nino Galetti, Nele Katharine Wissmann: Sechs Thesen zu Frankreichs Islamdebatte

Frankreichs Verhältnis zum Islam ist bis heute diffizil. Die französische Islamdebatte wird u. a. durch Frankreichs Kolonialgeschichte und das Laizismus-Gebot erschwert. Sechs Thesen von Nino Galetti und Nele Katharina Wissmann führen durch die Gemeinsamkeiten und Unterschiede der französischen und deutschen Islamdebatte und benennen zugleich integrationspolitische Handlungsoptionen. Die Thesen zeigen aber auch jene Bereiche auf, in denen Frankreich gesellschaftspolitische Anstrengungen unternehmen muss, um eine effiziente Integrationspolitik gestalten zu können. Die Islamdebatte lässt keine Schwarz-Weiß-Malerei zu. Sie kann nur dann erfolgreich ablaufen, wenn man sich – so das Fazit – der Heterogenität der Einstellungen der Muslime im Land bewusst ist und dieser Diversität gerecht wird.

Abstracts

Benjamin Schreiber: Das französische Sozialmodell vor alten und neuen Herausforderungen

Aufgrund seines ausgesprochen hohen Leistungsniveaus ist Frankreichs sozialer Wohlfahrtsstaat eine nationale Errungenschaft. Angesichts ökonomischer, finanzieller und demografischer Herausausforderungen kann sich Frankreich diese hohe soziale Absicherung allerdings nicht mehr leisten. Ein schwaches Wirtschaftswachstum, hohe Arbeitslosigkeit und ein gespaltener Arbeitsmarkt gefährden die finanzielle Tragfähigkeit der Sozialsysteme. Der Umbau des Sozial- und Wohlfahrtsstaates steht auf der politischen Tagesordnung seit Jahrzehnten ganz oben. Benjamin Schreiber skizziert die Grundzüge des französischen Sozialmodells und erörtert vier zentrale Herausforderungen, die trotz Reformanstrengungen immer noch existent sind und den Problemdruck erhöhen. Zu diesen Herausforderungen zählen die wachsenden Finanzierungsprobleme des Sozialsystems, dessen Effizienz, die Legitimität, Transparenz sowie Akzeptanz des Systems und schließlich die Frage der Absicherung neuer sozialer Risiken, mit denen die französische Gesellschaft konfrontiert ist.

Eileen Keller: Frankreichs Wirtschaft

Nachdem Frankreichs Wirtschaft längere Zeit eher durch Negativschlagzeilen auf sich aufmerksam gemacht, setzt der im Mai 2017 ins Amt gewählte französische Präsident alles daran, dies zu ändern. Während in der Vergangenheit immer wieder die Reformunfähigkeit des Landes, seine mangelnde Wettbewerbsfähigkeit und ein nicht an die aktuellen Rahmenbedingungen angepasstes Sozialmodell angeprangert wurden, betont der neue Präsident mit Vehemenz, dass sich Frankreich geändert habe. Seinen Aussagen verleiht er mit einer Reihe von Reformen Nachdruck, die, in der Tat, das Bild des Landes bei ausländischen Investoren deutlich gebessert haben. Um die Stärken, aber auch die Schwächen von Deutschlands wichtigstem Wirtschaftspartner über Momentaufnahmen hinaus zu verstehen und einzuordnen, muss man diese in den französischen Entwicklungskontext der vergangenen Jahrzehnte sowie die wirtschaftspolitischen Rahmenbedingungen einbetten. In einem ersten Schritt gibt Eileen Keller einen kurzen Überblick über wichtige makroökonomische Kennzahlen der französischen Volkswirtschaft. Anschließend wird diese analytisch im Rahmen von Typologien unterschiedlicher Wirtschaftsforderungen verortet. Davon ausgehend werden in einem dritten Schritt wichtige Implikationen für das derzeitige Funktionieren und die Entwicklung der französischen Wirtschaft sowie wichtige Reforminitiativen erörtert.

Jonas Metzger, Thomas Freisinger: Die deutsch-französischen Beziehungen

Frankreich und Deutschland – es gibt in der Europäischen Union (EU) keine zwei Mitgliedstaaten, die für den europäischen Integrationsprozess derart gewichtig waren und es zukünftig weiterhin sein werden. Das Besondere dieser Beziehung erklärt sich durch die Aussöhnung zweier lang verfeindeter Länder nach 1945. Ein wesentliches institutionelles Fundament der deutsch-französischen Partnerschaft ist der Élysée-Vertrag von 1963, der einen qualitativen Sprung in der Annäherung beider Staaten darstellt und die nach dem Zweiten Weltkrieg begonnene Aussöhnung „krönte". Thomas Freisinger und Jonas Metzger skizzieren die Etappen der Annäherung und die wechselvollen Beziehungen zwischen Frankreich und Deutschland. Mit den Kontroversen vergangener Jahre – vor allem im Bereich der europäischen Integrations-, der

Wirtschafts- und Währungspolitik – wussten beide Länder in der Regel produktiv umzugehen. Tragfähige Kompromisse führten zu richtungsweisenden Impulsen und Entscheidungen in der EU. Und dennoch ist das Gleichgewicht der deutsch-französischen Beziehungen in beiden Ländern ein sensibles Thema. Gelegentliche Verstimmungen belasten die erfolgreiche Kooperation. Daher stellt sich spannende Frage, ob es Emmanuel Macron und Angela Merkel gelingen wird, das deutsch-französische Tandem wieder in Schwung zu bringen.

Lisa Möller: Zivilgesellschaftliche Beziehungen zwischen Deutschland und Frankreich

Die deutsch-französischen Beziehungen nach 1945 entwickelten sich zu einer Erfolgsgeschichte. Lisa Möller nimmt in ihrem Beitrag die zivilgesellschaftlichen Beziehungen zwischen Deutschland und Frankreich in den Blick. Eingangs wird zunächst der sozialwissenschaftliche Terminus „Zivilgesellschaft" erläutert. Daran schließt sich ein historischer Abriss der zivilgesellschaftlichen Beziehungen zwischen beiden Ländern an. Der historische Überblick zeigt, dass politische Annäherungen stets Hand in Hand mit zivilgesellschaftlichen Annäherungen gingen. Jenseits der Politik gibt es inzwischen eine Vielzahl von zivilgesellschaftlichen Netzwerken zwischen beiden Ländern. Dies wird exemplarisch mit den vielfältigen Aktivitäten deutsch-französischer Kooperationen (z. B. Städtepartnerschaften, Deutsch-Französische Gesellschaften, Deutsch-Französisches Jugendwerk) belegt. Nach dieser Bestandsaufnahme werden vier aktuelle Problemfelder skizziert, mit denen sich die zivilgesellschaftlichen Netzwerke derzeit konfrontiert sehen.

Clémentine Roth: Frankreich und die Europäische Union

Als Mitglied der Europäischen Union (EU) ist Frankreich in ein dichtes Netz von Kooperationen eingebunden. Dies schränkt zwar seine nationale Handlungsfähigkeit und Entscheidungsfreiheit ein, schafft aber auch neue politische Möglichkeiten. Die enge Kooperation der Mitgliedstaaten und das Mehrebenensystem der EU haben dazu geführt, dass die Mitgliedsländer der EU ihre nationalen Politiken einander angleichen und damit politisch enger zusammenrücken mussten. Dieses Phänomen wird gemeinhin als Europäisierungsprozess bezeichnet. Trotz langer und tiefgreifender Kooperation bestehen jedoch weiterhin grundsätzliche Unterschiede zwischen Deutschland und Frankreich. Diese unterschiedlichen Vorstellungen beziehen sich unter anderem auf die Frage der Finalität Europas, die Legitimität der angewandten Verfahren, die Szenarien bezüglich der weiteren Entwicklung der EU oder die Rolle der Akteure, die Frankreichs Europapolitik mitbestimmen. Clémentine Roth erörtert zunächst die politischen Parameter und zentralen Leitbilder der französischen Europapolitik. Danach wird Frankreichs Rolle in der EU umrissen. Abschließend widmet sich die Autorin denjenigen Institutionen und Akteuren, die die französische Europapolitik wesentlich definieren, koordinieren und vertreten.

Ronja Kempin: Frankreichs Weltpolitik zwischen Anspruch und Wirklichkeit

Die verfassungsgemäßen außen- und sicherheitspolitischen Vollmachten des französischen Staatspräsidenten spiegeln Frankreichs Anspruch auf eine herausgehobene Rolle in der internationalen Politik wider. In der Tradition seiner Vorgänger berief sich Emmanuel Macron im August 2017 folgerichtig auf den Anspruch, Frankreich müsse auch weiterhin außen-und sicherheitspolitisch eine unabhängige, mit besonderem Sendungsbewusstsein ausgestattete Großmacht sein. Diese Leitmotive und die daraus abgeleiteten Instrumente der Sicherheits- und Außenpolitik setzen Frankreich in deutliche Konkurrenz zum weltpolitischen Führungsanspruch der USA. Der Aufbau einer eigenen Nuklearstreitmacht, Frankreichs zeitweiliger Rückzug aus der NATO und die eigenständige Politik in Afrika festigten die französische Sonderrolle im Rahmen der internationalen Beziehungen. Angesichts geringer werdender Haushaltsmittel und schwindender Einflusssphären (z. B. in Afrika) hat sich inzwischen allerdings eine eher nüchterne Sichtweise durchgesetzt. Trotz militärischem Engagement gegen den internationalen Terrorismus muss Frankreich – so Ronja Kempin – eine angemessene Balance zwischen seinen außen- und sicherheitspolitischen Ansprüchen und seinem realen Handlungsvermögen finden.

Jo Berlien: Elsass-Ballade, Europa-Blues

Jo Berlien ist ein Grenzgänger, der zwischen Straßburg und Deutschland pendelt. Tagtäglich wird er mit deutsch-französischen Befindlichkeiten und mit Fragen der elsässischen Identität konfrontiert. Die zwischen Schwarzwald und den Vogesen gelegene Region Elsass hatte es nie leicht mit ihrer Identität – und mit ihren Sprachen sowieso nicht. Mehrmals zwischen Frankreich und Deutschland hin- und hergerissen, wechselten die Elsässer zwischen 1871 und 1945 viermal ihre Nationalität. Der elsässische Künstler Tomi Ungerer bezeichnete seine Heimat einst als „Toilette Europas". Immer sei es besetzt! Die Elsässer mussten sich im Wechsel der Zeitläufte mehrmals anderen politischen Kulturen und Sprachen anpassen. Dies erklärt letztlich auch das ambivalente Verhältnis zu Deutschland nach 1945. Viele Elsässer sehen sich immer noch zuerst als Elsässer und dann (vielleicht) als Franzosen. Jo Berlien reiht Alltagsszenen, Beobachtungen, Fakten und Gesprächsauszüge zu einem Kaleidoskop aneinander. Ein Kaleidoskop freilich, das mit Klischees spielt, vermeintliche Gewissheiten ins Wanken bringt, gängige Vorurteile erschüttert, Elsässern, Deutschen und Franzosen den Spiegel vorhält.

Nicolas Hubé: Frankreichs Presse- und Medienlandschaft

Die französische Presse- und Medienlandschaft erlebt seit geraumer Zeit einen gewaltigen Strukturwandel. Der Zeitschriftenmarkt leidet unter dramatischen Einbrüchen. Die Auflagenhöhen der Printmedien gehen zurück, Gratiszeitungen verdrängen seriöse Tageszeitungen, der Qualitätsjournalismus gerät ins Hintertreffen, Werbeeinnahmen und die Kapitaldecke der Pressehäuser sinken kontinuierlich. Printmedien und traditionelle Medienformate werden durch das Internet radikal verändert. Dies betrifft auch die audiovisuellen Medien. All dies hat letztlich Konsequenzen für die Art und Qualität der Berichterstattung. Eine weitere Besonderheit kommt hinzu: Frankreichs Medienmarkt ist hoch konzentriert und liegt in der Hand von einigen wenigen finanzstarken Industriekonzernen. Nicolas Hubé beschreibt die Umbrüche in der Medienbranche, schildert die daraus resultierenden Konsequenzen und warnt vor dem Verlust redaktioneller Unabhängigkeit, die lange Zeit ein hervorstechendes Merkmal der französischen Presse war.

Wolfgang Asholt: Frankreich erzählt (sich) – Ein Land im Spiegel der Literatur

Der Beitrag über die zeitgenössische französische Literaturlandschaft setzt mit der Wende der 1980er Jahre ein. Drei Charakteristika prägen fortan die Literatur Frankreichs: Das Subjekt und damit auch die Autorinnen und Autoren selbst rücken in den Mittelpunkt. Die außerliterarische Realität, das Sich-Einlassen auf die Zeitgeschichte, und schließlich das Erzählen und die Geschichte gewinnen (gleichsam im doppelten Sinne) an Gewicht. Anhand von Autorinnen, Autoren und von deren Werken wird zunächst das autobiographisch-autofiktional motivierte literarische Schaffen skizziert, gefolgt von der „Wiederentdeckung" der Zeitgeschichte und der Aufarbeitung einer schwierigen und oft auch schmerzhaften Vergangenheit mit erzählerischen Mitteln. Indem Erster und Zweiter Weltkrieg, die Shoah, Frankreichs Kolonialzeit und der Algerienkrieg zu Referenzpunkten werden, wird die Literatur zu einem Teil der Erinnerungskultur. Ein weiterer Schwerpunkt ist der literarischen Auseinandersetzung mit der sozialen, politischen und kulturellen Realität gewidmet. Der „Zustand der Welt" und die Reflexion der Gegenwart spiegeln sich in neueren französischen Werken wider. Ohne diese literarischen Bilder – so das Fazit von Wolfgang Asholt – sind Frankreichs Politik, Gesellschaft und Kultur kaum angemessen zu verstehen.

Autorinnen und Autoren

Prof. Dr. Wolfgang Asholt (geb. 1944); Promotion (1975) und Habilitation (1982) in Münster; Professuren für Französische bzw. Romanische Literaturwissenschaft in Osnabrück, Potsdam und Osnabrück (bis 2011). Wolfgang Asholt ist seit 2013 Honorarprofessor am Institut für Romanistik der Humboldt-Universität zu Berlin. Er nahm u. a. Gastprofessuren in Orléans, Paris IV, Paris III und Clermont-Ferrand wahr. Er ist Mitherausgeber des Frankreich Jahrbuchs (1995–2004), von Lendemains (2000–2012), Comité éditorial u. a. von Allemagne d'ajourd'hui, Revue des sciences humaines, Romantisme. Seit 2014 ist er Mitglied im Conseil des Centre Culturel International von Cerisy. Seine Forschungsschwerpunkte sind: französische und spanische Literatur des 19. und 20. Jahrhunderts, französische Gegenwartsliteratur, Avantgarde-Forschung und Avantgarde-Theorien, Theorie(n) der Weltliteratur.

Prof. Dr. Frank Baasner ist in Paris, Bonn und Belgien aufgewachsen. Nach dem Studium der Romanistik und Psychologie in Bonn, Bologna und Paris promovierte er mit einer Arbeit zur europäischen Aufklärung. Er hat seinen Lehrstuhl an der Universität Mannheim. Gastprofessuren führten ihn nach Valencia, Salzburg und Linköping. 2003 wird er ordentliches Mitglied der Akademie der Wissenschaften in Mainz. Seit 15 Jahren leitet er das Deutsch-Französische Institut (dfi) in Ludwigsburg.

Jo Berlien ist freier Journalist und Autor. Er hat als Ghostwriter und Redenschreiber für die Politik in Berlin und Brüssel gearbeitet und für seine journalistische und literarische Arbeit diverse Preise erhalten. Er lebt mit seiner Familie im Schwarzwald und in Straßburg.

Prof. Siegfried Frech ist Publikationsreferent bei der Landeszentrale für politische Bildung Baden-Württemberg und verantwortet die Zeitschrift „Bürger & Staat" und die Didaktische Reihe. Er ist Honorarprofessor (Didaktik der politischen Bildung) am Institut für Politikwissenschaft der Eberhard Karls Universität Tübingen.

Thomas Freisinger, Absolvent des Masters „European Affairs" im Rahmen des deutsch-französischen Studienprogramms zwischen Sciences Po Bordeaux und der Universität Stuttgart, hat sich in den Studienschwerpunkten Europäisches Recht und Interessensvertretung spezialisiert. Er ist als interner Berater für Changemanagement und Prozessimplementierung tätig.

Dr. Nino Galetti wuchs in Böblingen auf und studierte Politische Wissenschaften, Völkerrecht und Romanistik in Konstanz und Bonn. Schon während des Studiums arbeitete er im Deutschen Bundestag. 2006 wechselte er zur Konrad-Adenauer-Stiftung und arbeitete dort zunächst im Bereich Internationale Zusammenarbeit, später als Leiter des Vorstandsbüros. Seit August 2015 ist er Repräsentant der Konrad-Adenauer-Stiftung in Paris. 2008 erhielt er den Wissenschaftspreis des Deutschen Bundestages.

Dominik Grillmayer ist Politologe und wissenschaftlicher Mitarbeiter am Deutsch-Französischen Institut (dfi) in Ludwigsburg. Neben der politischen Aktualität in Deutschland und Frankreich beschäftigt er sich mit den Anpassungsprozessen, die beide Länder im Kontext des weltweiten Standortwettbewerbs anstoßen, insbesondere in den Bereichen soziale Sicherung, Beschäftigungspolitik und Arbeitsbeziehungen sowie in Bezug auf ihre territoriale Organisation.

Dr. Nicolas Hubé ist seit 2007 Professor an der Sorbonne (Université Paris 1 Panthéon-Sorbonne). Er promovierte in Straßburg und an der FU Berlin. Zwischen 2013 und 2015 war er Gastprofessor an der Europa-Universität Viadrina. Seine Arbeits- und Forschungsschwerpunkte sind Politische Kommunikation und Journalismus. Nicolas Hubé leitet seit 2015 den Masterstudiengang Politische und Institutionelle Kommunikation. Er ist Co-Chair der Arbeitsgruppe Politische Kommunikation des Französischen Vereins für Politikwissenschaft (AFSP). Zurzeit arbeitet er über die Beziehungen zwischen Journalisten und Politikern in Deutschland sowie die Rolle der Bundespressekonferenz.

Autorinnen und Autoren

Dr. Eileen Keller ist wissenschaftliche Mitarbeiterin am Deutsch-Französischen Institut (dfi) in Ludwigsburg und betreut dort den Arbeitsbereich Wirtschaftspolitik. Im Anschluss an ihr Studium der Sozialwissenschaften in Stuttgart und Bordeaux hat sie in Berlin und Paris zur Entwicklung der Rolle der Banken in Deutschland und Frankreich promoviert, als Postdoc am Europäischen Hochschulinstitut in Florenz geforscht und an der James Madison University unterrichtet. Ihre Forschungs- und Themenschwerpunkte sind: deutsche und französische Wirtschaftspolitik, europäische Finanz- und Wirtschaftsintegration.

Dr. Ronja Kempin ist Senior Fellow der Forschungsgruppe EU/Europa an der Stiftung Wissenschaft und Politik (SWP) in Berlin. Die SWP berät den Bundestag und die Bundesregierung ebenso wie die Wirtschaft in außenpolitischen Fragen. Von 2010 bis 2104 war sie Leiterin der Forschungsgruppe EU-Außenbeziehungen an der SWP. 2014 arbeitete sie als Beraterin und Referentin in der politischen Abteilung (Referat 202, GSVP) im Auswärtigen Amt in Berlin. Ronja Kempin forscht zu Fragen europäischer Sicherheits- und Verteidigungspolitik, insbesondere zur Gemeinsamen Sicherheits- und Verteidigungspolitik der EU (GSVP) sowie zu den Sicherheits- und Verteidigungspolitiken Frankreichs und Deutschlands. Sie hat Politikwissenschaft in Marburg, Berlin, Rennes und Paris studiert und am Otto-Suhr-Institut für Politikwissenschaft der Freien Universität Berlin promoviert. Zu ihren Arbeitsstationen gehören der Deutsche Bundestag, das Copenhagen Peace Research Institute, das Institut du Relations Internationales et Stratégiques und die Harvard University.

PD Dr. Matthias Lemke ist Privatdozent für Politikwissenschaft an der Helmut-Schmidt-Universität/Universität der Bundeswehr Hamburg und Forschungsstipendiat am Deutschen Historischen Institut Paris. Seit dem 1.1.2018 ist er Professor für Politikwissenschaft an der Hochschule des Bundes für öffentliche Verwaltung. In seiner Forschung konzentriert er sich auf die Analyse von neoliberaler Ökonomisierungstechnik, die öffentliche Plausibilisierung von Ausnahmezuständen, ihre Wirkung auf demokratische Institutionengefüge und die Anwendungsmöglichkeiten von Verfahren der Digital Humanities in der Politischen Theorie und Ideengeschichte.

Jonas Metzger studiert im Master Empirische Politik- und Sozialforschung an der Universität Stuttgart und ist dort sowie an der DHBW Karlsruhe als wissenschaftliche Hilfskraft tätig. Im Rahmen des deutsch-französischen Doppelstudiums der Universität Stuttgart und Sciences Po Bordeaux hat er zwei Studienjahre in Bordeaux verbracht. Zu seinen Studienschwerpunkten zählen neben den deutsch-französischen Beziehungen die vergleichende Forschung der Bildungs- und Sozialpolitik sowie die Politische Theorie der Moderne.

Lisa Möller ist Studentin im Master European Studies an der Europäischen Universität Viadrina in Frankfurt (Oder) und am Sciences Po Strasbourg. Seit April 2016 ist sie als Geschäftsführerin im Deutsch-Französischen Jugendausschuss e. V. (DFJA) ehrenamtlich tätig und engagiert sich dort insbesondere für die Weiterentwicklung deutsch-französischer Städtepartnerschaften und die intergenerationelle Zusammenarbeit.

Dr. Christine Pütz ist Referentin für die Europäische Union bei der Heinrich-Böll-Stiftung. Davor arbeitete sie an Forschungs- und Bildungseinrichtungen wie dem Centre Marc Bloch Berlin, dem Mannheimer Zentrum für Europäische Sozialforschung und dem CEVIPOF/Sciences Po in Paris. Schwerpunkt ihrer Tätigkeit in Wissenschaft und politischer Bildung ist die Europa- und Frankreichforschung sowie Demokratie- und Parteienforschung. Daneben bietet sie Workshops und Coaching für Doktoranden und Studierende an und schult sie darin, für ihre Forschungsarbeiten Interviews zu führen.

Dr. Clémentine Roth studierte Englisch, Geschichte und Politikwissenschaft in Paris, Toronto und Straßburg. 2017 hat sie an der Bremen International Graduate School of Social Sciences mit der Arbeit „Why narratives of history matter: Serbian and Croatian political discourses on European integration" promoviert. Zuvor war sie zwei Jahre als wissenschaftliche Mitarbeiterin am Deutsch-Französischen Institut (dfi) in Ludwigsburg, wo sie sich vor allem mit Themen der deutsch-französischen Beziehungen und Aussöhnung sowie Frankreichs Europapolitik beschäftigte. Sie arbeitet mittlerweile als Projektleiterin für das Steinbeis-Europa-Zentrum/Steinbeis 2i GmbH.

Autorinnen und Autoren

Prof. Dr. Joachim Schild hat Politikwissenschaft, Volkswirtschaftslehre, Soziologie und Romanistik an den Universitäten Bamberg, Toulouse Le Mirail und an der Freien Universität Berlin studiert. Das Diplom in Politikwissenschaft hat er an der FU Berlin abgelegt. 1999 promovierte er an der Universität Stuttgart. Von 1990 bis 2002 war er wissenschaftlicher Mitarbeiter am Deutsch-Französischen Institut (dfi) in Ludwigsburg. Von 2002 bis 2003 war er in der Forschungsgruppe Europäische Integration der Stiftung Wissenschaft und Politik (SWP) in Berlin als wissenschaftlicher Mitarbeiter tätig. Seit Ende 2003 hat er eine Professur für Politikwissenschaft/Vergleichende Regierungslehre an der Universität Trier. Er hat zahlreiche Publikationen vorgelegt zu den deutsch-französischen Beziehungen, zur französischen Europapolitik, zur politischen Ökonomie europäischer Integration und zum politischen System der V. Französischen Republik.

Benjamin Schreiber ist seit 2009 wissenschaftlicher Mitarbeiter im Pariser Büro der Friedrich-Ebert-Stiftung. Vorher war er drei Jahre lang als Abgeordnetenmitarbeiter im Bundestag tätig. Er hat auch für das Forschungszentrum CIRAC in Levallois-Perret (Frankreich) und das Deutsch-Französische Institut (dfi) in Ludwigsburg gearbeitet. Benjamin Schreiber hat einen Magisterabschluss in deutscher Literatur und Landeskunde sowie einen Masterabschluss in Politikwissenschaft.

Nele Katharina Wissmann ist seit April 2016 wissenschaftliche Mitarbeiterin im Auslandsbüro Paris der Konrad-Adenauer-Stiftung. Die Politikwissenschaftlerin hat an der Universität Paderborn und an der Pariser Sorbonne studiert. Von 2009 an war sie als Projektmanagerin und wissenschaftliche Mitarbeiterin im französischen Think Tank Institut français des relations internationales (Ifri) in Paris tätig und verantwortete dort u.a. den Deutsch-Französischen Zukunftsdialog.

Wissenschaft und Unterricht

Rainer Bendick, Ulrich Bongertmann, Marc Charbonnier, Franck Collard, Martin Stupperich, Hubert Tison (Hg.)

Deutschland und Frankreich
Geschichtsunterricht für Europa

France – Allemagne
L'enseignement de l'histoire pour l'Europe

Warum sollte sich eine deutsche oder französische Lehrkraft für Geschichte für die Probleme ihrer Kollegen jenseits der Grenze interessieren? Warum überhaupt eine deutsch-französische Veröffentlichung zum Geschichtsunterricht? Schließlich verbreiten unsere Unterrichte schon lange keine einseitigen oder falschen Darstellungen des anderen Landes mehr.

Doch anstelle nationalistischer Inhalte wird durchaus eine Art „didaktischer Nationalismus" sichtbar. Der Umgang mit Geschichte und die Standards für guten Geschichtsunterricht werden dies- und jenseits des Rheins sehr unterschiedlich definiert. Historiker und Didaktiker beider Länder zeigen Wege aus diesem Dilemma und nehmen über die bilaterale Einigung hinaus einen Geschichtsunterricht für Europa in den Blick.

ISBN 978-3-7344-0598-3, 352 S., € 36,90
E-Book: 978-3-7344-0599-0 (PDF), € 29,99

Mit Beiträgen von
Rainer Bendick, Bruno Benoit, Yohann Chanoir, Marc Charbonnier, Nicolas Charles, Franck Collard, Franziska Flucke, Etienne François, Peter Geiss, Thorsten Heese, Philippe Joutard, Magdalena Kämmerling, Maguelone Nouvel-Kirschleger, Florian Niehaus, Guy Pervillé, Claire Ravez, Rainer Riemenschneider, Nathalie Schmitt-Wald, Martin Stupperich, Hubert Tison und Gilles Vergnon

WOCHEN SCHAU VERLAG
... ein Begriff für politische Bildung

Bürgerbibliothek

Uwe Andersen (Hg.)

Das Europa der Bürger

Europa besser verstehen und daran mitwirken

Die Europäische Union 2016: Bislang ist die EU vor allem von den politischen Repräsentanten gestaltet und vorangetrieben worden. Die Bevölkerung ist mehr oder minder passiv gefolgt. Kann Europa so funktionieren? Muss der europäische Integrationsprozess angesichts wachsender Konflikte in der EU nicht zunehmend durch einen Ansatz „von unten" ergänzt werden? Dafür bedarf es einer sich herausbildenden europäischen Zivil- und Bürgergesellschaft.

Die Autoren des Bandes diskutieren Chancen und Probleme einer europäischen Zivilgesellschaft anhand ausgewählter zentraler Anwendungsfelder der europäischen Integration: die politische Partizipation, die sozialpolitische Einbindung und das wichtige und zugleich politisch besonders kontroverse Vertiefungsbeispiel des Euros als Einheitswährung. Schließlich werden die Probleme der EU-Erweiterung an unterschiedlichen Beispielen neuer Beitrittskandidaten untersucht. Die praktische politische Bildungsarbeit kommt dabei ebenfalls nicht zu kurz.

ISBN 978-3-89974966-3, 160 S., € 15,80

Mit Beiträgen von

Uwe Andersen | Gotthard Breit | Holger-Michael Arndt | Markus W. Behne | Sigmar Fischer | Wolfram Kuschke | Peter Massing | Kai Pfundheller | Stefan Rappenglück | Stefan Schieren | Bettina Schmitt | Wichard Woyke

www.wochenschau-verlag.de | www.facebook.com/wochenschau.verlag | @wochenschau-ver

WOCHEN SCHAU VERLAG
... ein Begriff für politische Bildung

Reihe Länderwissen

Bernd Henningsen, Sven Jochem, Siegfried Frech (Hg.)

Das politische Skandinavien

Gesellschaft, Wirtschaft, Politik & Kultur

Wenn wir an Skandinavien denken, fallen uns mustergültige Demokratien, offene und egalitäre Gesellschaften mit einem hohen Maß an sozialer Gerechtigkeit, ein vorbildlicher Wohlfahrtsstaat und leistungsfähige Volkswirtschaften ein. Der Rest Europas blickt mit Neid auf die Spitzenplätze der nordischen Länder in den PISA-Studien. Von außen betrachtet erscheinen die Länder Skandinaviens als homogene Einheit.

Ist in Skandinavien wirklich alles besser? Wie erklärt sich der bildungspolitische Erfolgskurs? Was macht eigentlich die nordeuropäische Politik aus? Kann man überhaupt von „dem Norden" sprechen? Diese Leitfragen beantwortet das vorliegende Buch.

ISBN 978-3-7344-0050-6, 288 S., € 19,80

E-Book: ISBN 978-3-7344-0123-7, € 15,99

Südamerika
ISBN 978-3-89974716-4
288 S., € 19,80

Italien
ISBN 978-3-89974643-3
352 S., € 19,80

Brasilien
ISBN 978-3-89974899-4
304 S., € 19,80

www.wochenschau-verlag.de | www.facebook.com/wochenschau.verlag | @wochenschau-ver